PIECES CONTENUES
dans ce second Volume.

LE MARIAGE DE CAMBISE, Tragi-Comedie.

STRATONICE, Tragi-Comedie.

LES COUPS DE L'AMOUR ET DE LA FORTUNE, Tragi-Comedie.

LE FEINT ALCIBIADE, Tragi-Comedie.

AMALASONTE, Tragedie.

LE FANTÔME AMOUREUX, Tragi-Comedie.

LE
MARIAGE
DE
CAMBISE
TRAGI-COMEDIE

Repreſentée en 1656.

Tom. II.   A

ACTEURS.

GOBRIAS Huissier de Prexaspe.
DARIUS, Fils de Palmis.
MEGABISE Capitaine Persan.
PREXASPE Favori de Cambise.
OTANE Capitaine Persan.
CAMBISE Roi de Perse.
ARSACE Capitaine des Gardes de Cambise.
PALMIS, Princesse Favorite de la Mere de Cambise.
MELANTE Confidente de Palmis.
ATOSSE Fille de Palmis, sœur de Cambise.
ARISTONNE Sœur de Cambise, Fille de Palmis.
PHEDIME Confidente d'Atosse.
LADICE Confidente d'Aristonne.
SUITE.

La Scene est à Memphis.

LE MARIAGE DE CAMBISE.

TRAGI-COMEDIE.

ACTE I.
SCENE PREMIERE.

GOBRIAS, DARIUS *en habit de Berger.*

GOBRIAS *pouſſant Darius hors d'un cabinet.*

Sors, Berger inſolent, le Favori du Roi
Ne ſouffre point chez lui des hommes tels que toi.
DARIUS.
Des Hommes tels que moi, dont tu fais peux de conte;
Souffre de tels mépris ſans recevoir de honte:
Mon ame en cet affront n'a rien à partager

A 2

Tu me connois trop peu pour pouvoir m'outrager,
Dans ce rebut honteux rien de moi ne s'engage,
Et l'habit d'un Berger reçoit seul tout l'outrage.
Mon cœur t'est inconnu, mais pour en juger mieux,
Tâche d'en découvrir quelque chose en mes yeux.
Prens soin d'y remarquer quelqu'éclat qui te porte.
Mais déja sans m'entendre il a fermé la porte. *
C'est ainsi qu'à la Cour, par un sort rigoureux,
Qui n'a que du mérite est rarement heureux,
Et qu'au gré des flateurs, que la faveur excite,
Qui n'a que bonheur a toûjours du mérite.
La fortune en ces lieux tenant tout abbatu,
Usurpe tout l'honneur, qu'on doit à la vertu :
Et, par de faux brillans, fait beaucoup moins connoître,
Ce que les hommes sont, que ce qu'ils feignent d'être,
Il ne faut pas aussi se rebuter d'abord ;
Tâchons encor d'entrer, voici quelqu'un qui sort.

SCENE II.

MEGABISE, DARIUS.

MEGABISE.

Evitons le péril, où Prexaspe s'expose ;
Avertissons le Roi du dessein, qu'il propose,
Allons sans différer.

DARIUS.

Ah, de grace, Seigneur !
Si jamais la pitié pût toucher votre cœur,
Pour implorer secours contre une violence,
Jusqu'où l'on void Prexaspe ordonnez que j'avance,
Daignez prendre ce soin.

* *Gobrias rentre & ferme la porte du Cabinet.*

DE CAMBISE.

MEGABISE.
                    Je n'en ai pas le tems,
Et j'ai des soins ailleurs beaucoup plus importans.

DARIUS *seul*.

Ainsi des Courtisans le cœur bas, & farouche,
Ne prend autre interêt, que celui qui le touche,
Et dans ses propres soins, chacun d'eux attaché,
Par ce qui touche autrui ne peut être touché.
L'action la plus juste, & la plus éclatante,
Lors qu'elle est sans espoir leur est indifferente.
Ils n'estiment jamais ce qui ne leur sert pas.
La vertu toute pure est pour eux sans appas,
A leur gré la Fortune est seule aimable & belle,
Et tous font vanité d'être aveugle comme elle.
Mais il faut voir Proxaspe, il peut tout prés du Roi,
Son amitié toûjours fut ardente pour moi,
Et je croirois ici lui faire une injustice,
Si de quelqu'autre main j'acceptois un service.
Entre les vrais amis, où rien n'est partagé,
Il est doux d'obliger plus que d'être obligé,
Et des plus grands bien-faits la douceur la plus chere,
Est à les recevoir beaucoup moins qu'à les faire.
Chacun n'a pas en soi son plus fort interêt,
Ils cherchent..... mais on ouvre, & Prexaspe paroit.

SCENE III.

PREXASPE, OTANE, GOBRIAS, DARIUS.

PREXASPE à *Otane*.

CE péril, quoi que grand, n'étonne point une ame,
Que la Fortune flatte, & que l'amour enflâme,
Mon cœur dans ce dessein fortement affermi,

A 3

Le Mariage

Ne peut être content d'être heureux à demi.

DARIUS à Prexaspe.

Grace aux Dieux vous sortez comme je le desire.

PREXASPE à Gobrias.

Que l'on nous laisse seuls, que chacun se retire.
Il faut avecque soin avertir nos amis,   *à Otane.*
D'executer ce soir ce qu'ils nous ont promis.

DARIUS.

Si l'état où je suis vous trompe, ou vous étonne,
Apprenez.

PREXASPE.

Aujourd'hui je n'écoute personne.

DARIUS.

Voiez-moi de plus prés, & me connoissez mieux.

PREXASPE.

Que cet homme importun soit chassé de ces lieux.

DARIUS.

Ce mépris est cruel, mais le Roi qui s'avance
Vient être le témoin de cette violence,
S'il a de la justice il me doit proteger.

SCENE IV.

CAMBISE, MEGABISE, PREXASPE, OTANE, DARIUS, ARSACE, GOBRIAS, *Suite.*

CAMBISE.

Quel sujet vous anime, & qu'a fait ce Berger ?

DARIUS.

Seigneur, mon impuissance est ce qui les anime ;
Ma mauvaise fortune ici fait tout mon crime :
Et leur mépris pour moi vous fait voir que pour eux,
C'est être criminel, que n'être pas heureux.

CAMBISE.

Vous recevrez de moi plus qu'ils ne vous refusent,
Vous êtes Darius, ou tous mes sens s'abusent,
Oui, vous l'êtes sans doute, & ce déguisement,
Ne vous peut à mes yeux cacher entierement,
La grandeur de votre ame en un sort si contraire,
Découvre malgré vous son brillant caractere,
Et de votre vertu tous les traits glorieux,
A travers vôtre feinte éclatent dans vos yeux.

DARIUS.

Je n'osois pas, Seigneur, concevoir l'esperance,
D'être connu de vous aprés dix ans d'absence.

CAMBISE.

Vos craintes me font tort, vos services passez,
Ont trop touché mon cœur pour en être effacez.
C'est par votre valeur que l'Egypte conquise
Avec toute l'Asie à mes loix est soûmise,
Je me vois dans Memphis Maître de l'Univers;
Amasis ne vit plus, son fils est dans mes fers.
Et dans cet heureux sort, je n'ai point d'avantage
Que ma gloire ne doive à votre grand courage.
Mais aprés tant de soins, dont le fruit m'est si doux,
Je ne puis m'empêcher de me plaindre de vous,
Par votre éloignement, & trop prompt, & trop rude,
Vous m'avez malgré moi couvert d'ingratitude,
Vous me jugiez ingrat, si prétendiez moins
Que d'avoir votre part du succez de vos soins,
Et ne me pouv'ez faire une plus grande offence,
Que de vous dérober à ma reconnoissance.

DARIUS.

Les Dieux d'ingratitude ont exempté les Rois,
Un Sujet dés qu'il naît releve de leurs droits:
Et quoi qu'on fasse aprés de plus considerable,
Tant que l'on est vivant on leur est redevable:
Si je vous rends beaucoup, je vous dois encor plus.
J'ai hazardé pour vous les jours qui vous sont dûs,
Et j'ignore quel prix il faut que l'on souhaite,
Pour avoir essaié d'acquiter une dette.

A 4

Quelques heureux succez, qui vous soient arrivez,
Ce n'est qu'à la Fortune, à qui vous les devez ;
Et ma témérité ne seroit pas commune,
De me faire paier ces soins de la Fortune ;
Quand même vous dévriez récompenser ma foi,
Quand tout votre bonheur ne seroit dû qu'à moi ;
La vertu que j'aurois dans un degré suprême
Auroit dû ne chercher de prix qu'en elle-même,
Et quelque bien d'ailleurs qui me fût presenté,
Mon cœur s'il l'eût reçû ne l'eût plus mérité.
Je ne sai point de prix digne qu'on le préfere,
Au plaisir d'avoir fait ce que l'on a dû faire,
Et le charme commun d'un salaire accepté,
Auroit de ce plaisir soüillé la pureté.
Je me voi cependant réduit par ma disgrace,
A vous venir ici demander une grace.

CAMBISE.

Parlez, de ce malheur je ne puis m'affliger,
Puisque je ne pourrois sans lui vous obliger.

DARIUS.

Au fonds du Bois prochain, dans un lieu de retraite,
Dont j'ai trouvé toûjours la douceur si parfaite,
Tandis que je chassois, avec trop de rigueur.
On vient de m'enlever & ma Mere & ma Sœur.

CAMBISE.

Q Ciel ?

DARIUS.

Ne croïez pas, Seigneur, que j'apprehende,
Que votre ordre autorise une audace si grande.
Vous l'ignorez......

CAMBISE.

Non, non, jugez-en autrement,
On a suivi mon ordre en cet enlevement,
Mais n'apprehendez pas que je cherche à leur nuire,
Déja dans ce Palais je les ai fait conduire,
Elles changent d'habits, & dans quelques momens
Votre Mere viendra savoir mes sentimens,
Je lui veux annoncer un bonheur pour sa fille.

DE CAMBISE.

Et je prétends si haut porter votre famille,
Que vous verrez des Rois de votre sort jaloux,
Et n'aurez que les Dieux seuls au-dessus de vous,
Pour vous rendre d'abord ma faveur confirmée,
Je vous fais General de toute mon Armée.

PREXASPE.

Vous n'avez-pas, peut-être encor considéré,
Seigneur, que de ce rang vous m'avez honoré.

CAMBISE.

Il n'importe, & de plus, quoique Prexaspe die,
Je vous fais Gouverneur de toute la Lidie,

PREXASPE.

De toute la Lidie ! oubliez-vous, Seigneur,
Que votre Majesté m'en a fait Gouverneur ?

CAMBISE

Il m'en souvient, Prexaspe, & c'est sans injustice,
Que de votre débris je veux qu'il s'agrandisse;
Vous lui devez ceder mes faveurs aujourd'hui,
Et dés ce même instant tous vos biens sont à lui.

DARIUS.

Dispensez moi......

CAMBISE.
Souffrez un choix si legitime,
On ne refuse rien d'une main qu'on estime,
Et je serois autant outragé que surpris,
Si vos refus pour moi témoignoient vos mépris,
Prexaspe a merité sa disgrace, & ma haine,
Dans son appartement souffrez que l'on vous méne,
Arsace, prenez soin, qu'il soit mis à l'instant,
Dans un état conforme au destin qui l'attend.

SCENE V.

PREXASPE, CAMBISE, MEGABISE, OTANE, *Suite.*

PREXASPE.

Où me voi-je réduit !
CAMBISE.
Quoi, Prexaspe murmure,
Puisqu'il est mécontent, Gardes, qu'on s'en assure ;
Mais faites publier que ce n'est que sur lui ;
Que mon juste couroux doit s'étende aujourd'hui,
Et qu'il laisse impunis ceux que ces artifices,
Par crainte ou par espoir ont rendu ses complices.
PREXASPE.
Contre la trahison le murmure est permis ;
Je découvre un perfide entre mes vrais amis,
On m'a trahi, Seigneur, & dans cette surprise
Sans me plaindre de vous, j'accuse Megabise.
CAMBISE.
Il est vrai qu'il m'a dit qu'en lâche ravisseur,
Vous deviez enlever la Princesse ma Sœur ;
Mais une sœur, qui trouve en moi bien plus qu'un frere,
Elle, qu'avec le sang l'amour m'a rendu chere,
Et que, suivant des Loix, qui peuvent m'excuser,
Les Mages assemblez, m'ont permis d'épouser.
Enfin j'ai sçû de lui, qu'en quittant cette Ville,
Vous étiez en Scythie assuré d'un azile,
Mais vous devez savoir, qu'en de tels attentats,
Il eût été perfide à ne vous trahir pas
Où est toûjours fidelle alors qu'on sert son Maître,
Et c'est manquer de foi, qu'en avoir pour un Traître ;
Le murmure est permis contre la trahison,
Mais n'accusez que vous, & vous aurez raison.

PREXASPE.
Mon crime n'est pas tel qu'on vous le fait paroître,
Si je suis criminel, je suis forcé de l'être,
On doit moins m'accuser, que me plaindre en ce jour.
CAMBISE.
Et qui peut vous forcer à me trahir ?
PREXASPE.
L'Amour,
Oui, Seigneur, oui l'Amour, ce Démon tout de flames,
Que ne respecte point la liberté des ames,
Ce Dieu, qui sur le Trône assujettit les Rois,
Me force d'être Amant sans consulter mon choix,
Et m'impose en Tyran la contrainte cruelle,
D'être sujet ingrat, que d'être Amant fidelle.
CAMBISE.
Dans nos cœurs par degrez l'amour devient puissant,
Il y naît, & toûjours il est foible en naissant,
Et s'il a de la force au moment, qu'il nous blesse,
Il ne la peut tirer que de notre foiblesse.
Il est vrai qu'on se flatte, & qu'ordinairement,
Les foiblesses d'amour excuse aisément ;
Mais la moindre foiblesse, & la plus excusable,
Lors qu'elle offence un Roi, rend un sujet coupable :
De ce premier devoir, rien ne peut exempter,
L'Amour est un erreur, qu'on a peine à quitter,
Mais à l'égard des Rois par un droit legitime,
Tout crime est punissable, & toute erreur est crime.
PREXASPE.
Vos droits sont absolus dans ce rang glorieux,
Mais n'en abusez pas.
CAMBISE.
J'en rendrai conte aux Dieux.
Que l'on garde en lieu seur ce sujet téméraire ;
Déja de Darius je voi venir la Mere.

SCENE VI.
CAMBISE, PALMIS, MELANTE.
CAMBISE.

Mais quelle est ma surprise, ô Ciel! m'est-il
 permis,
De croire, que je voi la Princesse Palmis?
Palmis, qui de ma Cour s'est jadis retirée,
Quand la Reine ma Mère au tombeau fut entrée,
Et qui depuis dix ans, qu'elle ne paroît plus,
A toûjours fait retraite en des lieux inconnus.
PALMIS.
Seigneur, si de mon sort il faut vous rendre conte,
Mon nom est assez beau pour l'avoüer sans honte,
Et l'exil volontaire, où j'ai borné mes veux,
Pour être dénié n'a rien d'assez honteux,
Oüi, vous voyez Palmis, cette même Princesse,
Que Cassandane aimoit avec tant de tendresse,
Cette Reine admirable aiant perdu le jour,
Je ne pus rien trouver de charmant à la Cour,
Et mes justes ennuis m'ôterent toute envie,
D'avoir aprés sa mort quelqu'attache à la vie.
Mais contrainte de vivre encor pour mes enfans,
Je quittai pour le moins, le Monde, & les vivans,
Et par un choix conforme à mes sentimens sombres,
Je cherchai dans les Bois du repos, & des Ombres,
CAMBISE.
C'est trop plaindre une Reine, & c'est trop vous
 bannir,
Une autre vous rappelle, & doit vous retenir.
PALMIS.
Je sai que votre sœur, par les mains d'Hymenée
Au gré de votre amour, doit être couronnée,

Elle peut m'arrêter, & pour moi dans ces lieux,
Le sang de Cassandane est toûjours précieux.
CAMBISE.
Mon Hymen de plus prés touche votre famille,
Et mon amour pour Reine a choisi votre fille.
PALMIS.
Aristonne pour Reine ! auriez-vous le dessein
D'ôter à votre sœur le Sceptre, & votre main ?
Quand suivant vos desirs, par un arrest propice,
Les Mages ont permis que l'Hymen vous unisse ?
CAMBISE.
Tandis que leurs conseils ont semblé résister,
J'ai senti mon amour sans cesse s'augmenter,
Mais cette passion dont j'eus l'ame occupée,
Aïant tout surmonté, s'est enfin dissipée,
Comme un foible Ruisseau dés sa source mourant,
Qui, s'il est arrêté, se transforme en Torrent,
Et qui calmant bien-tôt sa violence extrême,
L'obstacle dissipé se dissipe lui-même.
PALMIS.
Je m'étonne, Seigneur, que cet Hymen pour vous,
En devenant permis n'ait plus rien qui soit doux,
Que l'amour vous noircisse, alors qu'il vous anime,
Et cesse de vous plaire, en cessant d'être crime.
CAMBISE.
Non, je fuis cet Hymen, qu'on m'a permis à tort,
Parce qu'avec le crime, il a trop de rapport,
Les Mages pour me plaire, ont avec artifice,
En déguisant nos Loix, voilé mon injustice,
Leurs raisons m'ont permis l'inceste en mes Etats,
Mais ma propre Raison ne me le permet pas,
Et ne craignant plus rien du côté de la terre,
Je regarde le Ciel, & je crains le Tonnerre.
Je ne puis oublier pour ma tranquilité,
L'Oracle, que rendit le Dieu de la clarté,
Lors que ma Sœur naissant, il annonça la flame,
Qu'elle devoit un jour allumer dans mon ame,
Et nous prédit des maux, qui ne pourront finir,

Si par les nœuds d'Hymen nous nous laissons unir.
Ce n'est pas que mon ame en des erreurs nourrie,
Se fut d'un si grand mal facilement guérie,
Si l'amour par un coup, & plus doux, & plus beau,
N'eût fermé cette plaie avec un trait nouveau.
Pour guérir de ma Sœur l'atteinte violente,
Ma Raison se trouvoit encor trop impuissante,
Lors qu'une autre Beauté fit pour ma guérison,
Ce que n'avoit encor pu faire ma raison :
Votre fille étouffant mes ardeurs criminelles,
Purifia mes feux par des flâmes nouvelles,
Me fit aimer sans crime, & m'aprit qu'en ce jour,
L'amour seul dans mon cœur pouvoit vaincre l'amour.
Les miens m'avoient quité dans l'ardeur d'une chasse,
Quand le Ciel me l'offrit pour finir ma disgrace,
Elle étoit endormie, & sans se faire voir,
Ses yeux firent d'abord éclater leur pouvoir,
Je sentis lors couler dans mon ame charmée,
Mille torrens de feux d'une source fermée.
Mon cœur fut au devant d'un coup si glorieux,
Et ne coûta pas même un regard à ses yeux,
Mais de ce feu naissant la douceur fut troublée,
Par mes premiers soupirs elle fut éveillée,
Et fuiant aussi-tôt, sans vouloir m'écouter,
Je la vis disparoître, & ne pus l'arrêter,
Aïant sçu toutefois le lieu de sa retraite,
Suivant les mouvemens de mon ame inquiete,
Avec les siens ici je l'ai fait amener,
Pour les combler d'honneurs, & pour la couronner.

PALMIS.

Mon interêt me porte à consentir sans peine,
Que votre amour l'éleve au rang de Souveraine,
Mais le vôtre m'engage à ne vous celer pas,
Qu'en l'élevant si haut, vous descendrez trop bas ;
Là Nature a ses droits, mais dans cette avanture,
Le devoir me défend ce que veut la Nature,
Je suis Mere, & sujette, & ces noms oposez,
Rendent mon cœur douteux, & mes vœux divisez ;

Mais l'ordre du destin, que seul je considere,
Me fit être sujette, avant que d'être Mere,
Et je ne puis souffrir qu'un indigne lien,
Soüille le sang Roial, pour honorer le mien.
CAMBISE.
Votre sang sort des Rois, mais fut-il moins illustre,
Sans me rien dérober, j'en puis croître le lustre,
Et le fils de Cyrus sans rien faire de bas,
Peut partager sa gloire, & ne l'amoindrir pas.
Comme le Dieu du jour, que la Perse révere,
Détruit l'obscurité sans perdre sa lumiere,
Et n'est pas moins brillant alors que ses raions
Répandent son éclat sur ce que nous voions.
Un Roi, qui justement s'en peut dire l'image,
Ne perd rien de sa gloire alors qu'il la partage,
La honte qui détruit ne le peut attaquer,
Et sa grandeur consiste à la communiquer.
PALMIS.
Tout le crime est pour moi, si cet Hymen s'acheve.
CAMBISE.
C'est trop vous abaisser quand un Roi vous éleve;
On peut être modeste en de pareils succés,
Mais ce n'est l'être plus, que l'être avec excés.
PALMIS.
Je crains que votre feu....
CAMBISE.
   Quoi, que pouvez-vous craindre ?
Que s'il est sans obstacle il ne vienne à s'éteindre ?
Qu'un bien si glorieux pour vous ne soit trop haut ?
Et qu'il ne vous échape en l'acceptant trop tôt ?
Non, allez de mes feux avertir Aristonne,
Et qu'un si grand bonheur n'ait rien qui vous étonne,
Je ne changerai point ce que j'ai proposé.

SCENE VII.

PALMIS, MELANTE.

PALMIS.

Que je suis malheureuse, & qu'il est abusé !
Que mon sort est cruel, & ma douleur profonde,
Que je crains qu'Aristonne à ses feux ne réponde !

MELANTE.

Bien que de Darius elle pense être sœur,
L'amour qu'elle a pour lui doit chasser votre peur.

PALMIS.

Il n'est pas encor tems, qu'on cesse de lui taire,
Qu'elle en peut être amante, & qu'il n'est point son frere.
Peut-être es-tu trompée, & par quelque faux jour,
Sa tendresse à tes yeux a passé pour amour.

MELANTE.

Je l'ai bien observée, & sans beaucoup d'adresse
On discerne aisément l'amour de la tendresse.
Mais feriez-vous pas mieux de découvrir au Roi
Ce qui doit l'empêcher de prétendre à sa foi ?

PALMIS.

Non, je connois trop bien son humeur violente,
Plus un obstacle croît, plus son désir augmente,
Tout l'espoir qui me reste, est de nous dérober,
Au crime que sur nous il veut faire tomber,
Et si je voi durer l'amour qui le possede,
Une secrette fuite est mon dernier remede.
Mais voions Aristonne, & sans rien déclarer,
Au dessein que je forme, allons la préparer.

Fin du premier Acte.

ACTE II.

SCENE PREMIERE.

ATOSSE, ARISTONNE, PHEDIME, LADICE.

ATOSSE.

Quoi, vous paroissez triste, & semblés mécontente,
Au milieu des faveurs que le sort vous presente,
Et par des sentimens qui n'ont guére d'égaux,
Vous recevez des biens comme on reçoit des maux.

ARISTONNE.

Mon cœur accoutumé parmi la solitude,
Aux plaisirs des grandeurs sent fort peu d'habitude,
La presence d'un bien ne donne de plaisir,
Qu'autant que son absence a causé de desir,
Et quelque grand bonheur que le destin m'envoie,
M'aiant fait peu d'envie, il m'en vient peu de joie,
Ma Mere qui connoît la Cour, & ses revers,
Vient de m'entretenir sur tant d'honneurs offerts,
Et par des maux obscurs m'a fait assez comprendre,
Que du rang où je monte il faut bien-tôt descendre,
Et que tous les presens que la fortune fait,
Sont des biens apparens, & des maux en effet.
Pour vous, qu'une naissance auguste & peu commune,
A placée au-dessus des coups de la Fortune,
Et que les nœuds d'amour joints aux liens du sang,

Vont affermer au Trône en un glorieux rang;
Vous devez du destin être assez satisfaite,
Pour goûter une joie, & solide & parfaite,
Puisque vous auriez tort dans cette illustre Cour,
De craindre la Fortune, ou d'accuser l'amour.

ATOSSE.

Il est vrai, qu'à mes yeux la Couronne est charmante;
Mais je n'ose toucher la main qui la presente,
L'amour veut des transports qui sont bien differens
De la simple amitié qu'on doit à ses parens;
L'instinct qui vient du sang, & qui jamais ne change,
Ne peut sans se corrompre endurer de mélange,
Et l'amour de ses droits jaloux au dernier point,
Auroit honte d'unir ce que le sang a joint,
Cambise m'est si cher, qu'il ne peut plus me plaire;
Le nom d'Amant en lui répugne au nom de Frere,
Son Hymen quoi que beau me doit être odieux,
Il blesse la Nature, il offence les Dieux,
Et quelqu'appas qu'on trouve en un rang si sublime,
Je l'achetterois trop s'il me coûtoit un crime !
Malgré la passion que j'ai pour la grandeur,
Depuis peu, sans regret, je lui vois moins d'ardeur,
J'aime à le voir guérir : mais ma plus grande joie,
Vient d'un vaillant Guerrier, que le Ciel nous renvoie;
D'un Heros, dont la grace égale la valeur,
Et dont j'ai déja sçu que vous êtes la sœur.
Ce que ses soins pour nous ont fait de magnanime,
M'a contrainte pour lui de prendre tant d'estime.
Que sachant qu'il vous touche avec des nœuds si doux
Je ne puis m'empêcher d'en prendre aussi pour vous.

ARISTONNE.

Je n'obtiendrois jamais une faveur si chere,
Si je ne la devois au mérite d'un frere.
Mais vous lui faites tort aussi si vous doutez,
Qu'il demeure insensible aux traits de vos bontez,
Je me sens obligée à rendre témoignage,
Qu'il m'a parlé de vous avec tant d'avantage,
Que je ne pense pas, Madame, qu'aujourd'hui,

Vous puissiés souhaiter plus d'estime de lui.
####### ATOSSE.
Mais ne vous a-t-il point, dans l'ardeur qui l'anime,
Rien témoigné pour moi de plus que de l'estime ?
####### ARISTONNE.
Je veux bien l'avoüer.....
####### ATOSSE.
L'aveu m'en sera doux.
####### ARISTONNE.
Il a tout le respect qu'on peut avoir pour vous.
####### ATOSSE.
Quoi, rien que du respect ?
####### ARISTONNE.
Quoi ? que peut-il plus faire ?
Pour n'être point ingrat, & pour vous satisfaire ?
De toutes vos bontés il n'est pas informé,
De ceux que l'on estime, on veut être estimé,
On va jusqu'au respect, quand il est legitime,
Mais qui demande plus, a plus que de l'estime.
Vous ne répondez point !
####### ATOSSE.
Ah, que vous me pressez !
####### ARISTONNE.
En ne me disant rien, vous m'en dites assez,
On a beau déguiser une flame secrette,
Les yeux sont éloquents quand la bouche est muette,
Vos regards malgré vous disent que j'ai raison.
####### ATOSSE.
Vous triomphés de moi par une trahison ;
Pour mieux l'executer tous mes sens se soulévent,
Ma voix l'a commencée, & mes regards l'achévent.
####### ARISTONNE.
Cet amour vous fait honte, & vous en rougissés.
####### ATOSSE.
Ma rougeur ne vient pas de ce que vous pensés.
Ce qui me fait rougir en avoüant que j'aime,
Est l'aveu de l'amour, plûtost que l'amour même,
Darius est aimable, & mon esprit charmé,

Ne le sauroit trouver indigne d'être aimé :
Mais l'orgueil de mon rang, qui de peu s'effarouche,
Souffre plûtôt ce feu dans mon cœur, qu'en ma bouche:
Et l'Amour, dont le charme a pû m'assujetir,
Me semble bien plus rude à nommer qu'à sentir.
ARISTONNE.
Ne craignez rien de moi, je vous promets, Madame,
De ne découvrir point le secret de votre ame.
ATOSSE.
C'est vouloir me servir, que lui vouloir cacher
L'aveu que vous venez ici de m'arracher,
Il m'est avantageux que votre frere ignore,
La conqueste d'un cœur qui se deffend encore,
Et je dois souhaiter qu'il ne puisse savoir,
Et quelle est ma foiblesse, & quel est son pouvoir,
Je croi que toutefois vous ne pourrez vous taire.
Mais je sens bien déja que vous m'êtes si chere,
Que quand vous lui pourriez faire tout deviner,
J'aurois fort peu de peine à vous le pardonner.
ARISTONNE.
Ah ! n'aprehendez pas qu'en rompant le silence,
J'abuse de l'honneur de votre confidence,
Ce frere qui m'est cher, malgré des nœuds si doux,
N'aprendra rien de moi, qui soit honteux pour vous,
Ce que vous m'avez dit suffira pour m'instruire.
ATOSSE.
Je sçai bien que j'ai dit ce que j'ai dû vous dire,
Mais sachez que quiconque en ma peine se voit,
Ne dit pas ce qu'il veut, en disant ce qu'il doit,
Et qu'en un trouble égal à celui qui me touche,
Le cœur parle souvent autrement que la bouche.
ARISTONNE.
Dites-moi donc, Madame.
ATOSSE.
Aristonne, il suffit,
Vous en savez assez, je n'en ai que trop dit.

SCENE II.
ARISTONNE, LADICE.
ARISTONNE
Ah Ladice ! est-il rien d'égal à ma disgrace !
LADICE.
De quels maux voiez-vous, que le sort vous menace,
Madame, jusqu'ici vous vous plaignez à tort.
ARISTONNE.
Les maux dont je me plains ne viennent pas du sort,
J'eus toujours pour mon frere une extrême tendresse,
Aprens qu'il est aimé.   **LADICE.**
   De qui ?   **ARISTONNE.**
              De la Princesse,
Elle l'aime.   **LADICE.**
       Et quel mal vous vient de cet amour ?
Est-il un plus grand bien pour lui dans cette Cour ?
ARISTONNE.
Tu ne sçais rien encor. Ce qui me desespere,
C'est qu'elle me choisit pour le dire à mon Frere.
LADICE.
Hé bien, si vous l'aimez, vous devez vous hâter,
Une heureuse nouvelle est bien douce à porter.
ARISTONNE.
Helas !   **LADICE.**
      Vous soûpirez, & demeurez muette ?
Votre peine a sans doute une cause secrette,
Mais vous me la cachez, & je connois qu'enfin,
Pour moi votre cœur change avec votre destin.
ARISTONNE.
Je ne perdrai jamais la juste confiance
Que j'eus toûjours en toi, dés ma plus tendre enfance,
Et tu peux à la Cour, ainsi que dans nos bois,
Dessus le même cœur prendre les mêmes droits.
Mais ne t'étonne pas, si dans mon trouble extrême,
Je te tais un malheur, que je cele à moi-même,
Et si ma bouche ici n'ose te déclarer,

Un secret que mon cœur s'efforce d'ignorer,
Il faut ceder pourtant au remords qui m'accable,
A trop cacher son mal, on le rend incurable,
Il faut qu'il soit connu pour le pouvoir guérir,
Et pour le bien connoître, il faut le découvrir.
Du péril où je suis, sois donc juge sévere,
Tu sçais qu'avec ardeur j'aimai toujours mon frere,
Mais je crains bien pour lui d'avoir eu plus d'ardeur,
Que le frere n'en doit attendre de la sœur ;
A peine je sortois de l'âge le plus tendre,
Qu'un instinct tout nouveau pour lui me vint surprendre,
Il me fut tout-à-coup plus cher qu'auparavant,
Je sentois plus de joie à le voir plus souvent,
Bien que notre séjour fut triste & solitaire,
Je le trouvois charmant quand j'y voiois mon frere,
Et nos jeux les plus doux, malgré tous leurs appas,
Me sembloient ennuieux lors qu'il n'en étoit pas.
Pour lui paroître aimable, & lui devenir chere,
J'eus un empressement, qui n'est pas ordinaire,
Par je ne sai quel soin aveugle & curieux,
J'affectois d'être propre, & de plaire à ses yeux,
Je voulois qu'il passât l'amitié fraternelle,
Et qu'il ne me loüât jamais que d'être belle.
Je l'appellois mon frere avec peine, entre nous ;
Ce beau titre à mon gré n'étoit pas assez doux,
Et le nom de sa sœur, par un choix qui m'étonne,
Me plaisoit moins de lui, que le nom d'Aristonne.
J'avois beau lui parler, sous le mot d'amitié,
De ce que je sentois je cachois la moitié,
Et pour tout exprimer, mon cœur dans sa foiblesse,
N'étoit guére content du terme de tendresse,
Tu vis mon desespoir, lors que par un beau choix,
Il quitta pour la guerre, & nos jeux, & nos bois,
Et tu vis mes plaisirs, lors que posant les armes,
Il quitta pour nos bois, & la Cour & ses charmes ;
Mais quand pour m'embrasser, il me tendit les bras,
J'eus ce que pour un Frere une Sœur ne sent pas,

Je parlai de tendresse, & sentis autre chose ;
Je rougis malgré moi, sans en savoir la cause,
Et les premiers transports qui surprirent mes sens,
Me semblérent trop doux pour n'être qu'innocens ?
Que te dirai-je enfin, si tost que la Princesse,
M'a découvert pour lui le tourment qui la presse ;
J'ai senti que d'abord cette inclination,
A pour elle en mon cœur mis de l'aversion ;
Mais cette aversion n'a pas été semblable,
A celle qui fait voir ce qu'on hait haïssable,
Je l'ai vuë au contraire, avec beaucoup d'appas,
Que devant mon dépit je n'y remarquois pas ;
Et suivant un caprice à peine concevable,
J'ai semblé la haïr de la voir trop aimable.
Voila ce qui toujours rend mon cœur interdit,
Ce n'est pas amitié, je te l'ai déja dit,
Dis, dis-moi ce que c'est, si tu le peux connoître,
Si ce n'étoit amour, enfin que pourroit-ce être ?

LADICE.

C'est de l'amour, Madame, il n'en faut point douter,
A ce feu criminel vous deviez résister,
Et si vous prétendiés sauver votre innocence,
Il faloit avec soin l'éteindre en sa naissance.

ARISTONNE.

Ah ! devant que ce Monstre à ce point fut venu,
Je l'aurois étouffé si je l'avois connu,
Mais, helas ! en naissant, cette ardeur criminelle,
Se cacha sous le nom d'amitié fraternelle,
J'étois injuste amante, & suivant mon erreur,
Je croiois seulement n'être que bonne sœur.
Pour me surprendre mieux, l'amour dans sa naissance,
Prit de la pieté l'ombre, & la ressemblance,
Et plus j'aimois mon frere avec un feu si noir,
Plus je croiois alors faire bien mon devoir,
J'ai pris jusqu'à present par la même imposture,
Les mouvemens d'amour pour ceux de la Nature ;
Et jusqu'ici mon cœur par le sang abusé,
S'est fait une vertu d'un crime déguisé.

LADICE.

Pour vous guérir, Madame, il faut qu'avec adresse,
Vous rendiez votre frere amant de la Princesse,
Et vous devez sur tout, pour votre commun bien,
Lui cacher votre amour, & l'instruire du sien.

ARISTONNE.

Ce moien est fort seur, mais il n'est pas possible,
Je veux que Darius pour moi soit insensible,
Mais je souhaite aussi, sans savoir bien pourquoi,
Qu'il le soit pour tout autre, aussi-bien que pour moi,
Et promettre aujourd'hui de l'avertir qu'on l'aime,
Ce seroit t'abuser, & m'abuser moi-même.

LADICE.

Mais que prétendez-vous ?

ARISTONNE.

Lui dire mon erreur,
Afin que son mépris m'en donne de l'horreur,
Jusqu'à ce jour pour moi ses soins & ses caresses,
Ont fait croître pour lui mon crime & mes foiblesses,
Et quand par la douceur mon mal semble s'aigrir,
Je veux par son contraire essaier de guérir,
Je ferai de mon crime une si noire image,
Que pour moi son dédain ira jusqu'à l'outrage,
Et que malgré son charme, il faudra que mon cœur,
Convertisse en dépit tout ce qu'il a d'ardeur.
C'est le dernier remede au tourment qui me presse,
Et comme mon amour provient de sa tendresse,
Ce n'est pas sans raison que j'espere à mon tour,
Que sa haine excitée éteindra mon amour,
Je ne puis autrement être jamais guérie,
Mon frere vient ici, laisse-nous, je te prie,
Je prétens étaler tout mon crime à ses yeux,
Mais Ladice, en secret, je m'expliquerai mieux,
Et dans l'aveu du mal qu'il faut que je surmonte,
Plus j'aurois de témoins, & plus j'aurois de honte.

SCENE

SCENE III.
DARIUS, ARISTONNE.
DARIUS.

Vous m'obligez, ma Sœur, d'éloigner ce témoin,
Jamais de vous parler je n'eus tant de besoin,
Et jamais pour m'ôter tout prétexte à me taire,
L'éloignement d'un tiers ne fut si necessaire,
Mon cœur cherche à s'ouvrir, & j'en dois arracher
Un secret, qui me pese, & qui vous doit toucher.

ARISTONNE.
Mon Frere, un même soin nous presse l'un & l'autre,
Mon cœur cherche à s'ouvrir aussi-bien que le vôtre,
Et j'en dois arracher avec même souci,
Un secret qui me pese, & qui vous touche aussi.

DARIUS.
Commencez donc, ma Sœur, à parler la premiere,
J'ouvrirai mieux mon ame, ensuite toute entiere,
Et m'expliquant d'abord j'apprehende qu'après,
Vous ne me vouliez plus découvrir vos secrets.

ARISTONNE.
Parlez, & m'épargnez de semblables contraintes,
Comme j'ai vos desirs, mon Frere, j'ai vos craintes,
Et j'apprehende aussi, que vous me pourriez bien,
Taire votre secret, si j'avois dit le mien,
Ne voulez-vous donc pas......

DARIUS.
Ah, ce discours m'étonne !
Puis-je ne vouloir pas, ce que veut Aristonne ?
Je veux donc vous déplaire, & vai vous offencer.

ARISTONNE.
Ah, vous m'en dites plus que je n'en dois penser !
Vous pouvez m'offencer, mais je sens bien, mon Frere,
Que difficilement vous me pourrez déplaire.

LE MARIAGE

DARIUS.
Flattez moins un ingrat qui vous ose trahir.
Je vais vous irriter, & vous m'allez haïr.

ARISTONNE.
Jusqu'au dépit pour vous j'irai bien avec peine;
Mais je ne puis jamais aller jusqu'à la haine.

DARIUS.
Vous sçavez qu'Aristonne est avant dans mon cœur
Et que frere jamais n'a tant aimé sa sœur.

ARISTONNE.
Je sçai votre tendresse, & sens pour me confondre,
Que je n'y réponds pas, comme j'y dois répondre.

DARIUS.
La tendresse en mon cœur n'est pas seule en ce jour
J'ai beaucoup plus encor, enfin j'ai de l'amour.

ARISTONNE.
Helas !

DARIUS.
Vous vous plaignez déja de ma foiblesse.

ARISTONNE.
Vous avez de l'amour, ah c'est pour la Princesse,
Plus cette passion va croître, & s'établir,
Et plus votre amitié pour moi va s'affoiblir,
Vous m'allez oublier pour songer à lui plaire,
Et plus vous l'aimerez, moins je vous serai chere.

DARIUS.
Je benirois le sort, s'il nous étoit si doux,
J'ai de l'amour. ma Sœur, mais helas, c'est pour vous.

ARISTONNE.
Ciel !

DARIUS.
Vous êtes surprise, & vous la devez être.
Mais mon mal est trop grand pour ne le pas connoître,
En vain mon lâche Amour, afin d'être souffert,
Du voile de tendresse en naissant s'est couvert,
Il ne s'en peut cacher dans sa grandeur extrême,
Et par son trop de force il se trahit lui-même,
Il se fait voir sans ombre, à travers mon erreur,

Mais il ne se fait voir, que pour me faire horreur;
Et ne peut achever par cette flame obscure,
D'offusquer les clartez, que j'ai de la nature,
Je ne sens pas encor, qu'en mon cœur combattu
Mon crime ait pû détruire un reste de vertu,
Et je sens que pour peu, que votre soin m'anime,
Ce reste de vertu peut détruire mon crime.
Comme d'un feu commun je ne suis pas noirci,
Ce que je veux de vous n'est pas commun aussi,
Avec la même ardeur, qu'un amant ordinaire,
Veut ne déplaire pas, j'aspire à vous déplaire,
Mon amour est un Monstre, & je viens vous l'offrir.
Pûtôt pour l'étouffer, qu'afin de le nourrir;
Tout contraire aux amants, qui cherchent de l'estime,
Je ne veux rien de vous, qu'un mépris legitime,
Et loin d'oser comme eux pretendre à des faveurs,
Je vous viens pour tout bien demander des rigueurs.
J'avois crû jusqu'icy, qu'en un amour extrême,
C'est afin d'être aimé, qu'on dit toûjours qu'on aime,
Mais je sens que malgré l'Amour qui m'a trahi,
Je dis que je vous aime, afin d'être haï,
Haïssiez donc sans peine, un amant detestable,
A force de bontez, vous m'avez fait coupable,
Et ne pouvez prétendre après m'avoir surpris,
De me rendre innocent, qu'à force de mépris.
De l'éclat de vos yeux tout mon crime procede:
Comme ils firent mon mal, qu'ils fassent mon remede;
Et puisque mon erreur vint de les voir trop doux,
Afin de la destruire, armez-les du courroux,
Soyez-moi rigoureuse, ou par grace, ou par peine;
Afin de me punir, donnez-moi vôtre haine.
Ou si le sang vous porte encore à me cherir,
Donnez-moi vôtre haine afin de me guerir.
Mais quoi vous soupirez ! & ne m'osez rien dire !
ARISTONNE.
Ah que ne dit-on pas alors que l'on soupire !
DARIUS.
Pour dire que l'on aime un cœur s'explique ainsi.

B 2

Pour dire que l'on hait, soupire-t-on aussi ?
Deux contraires transports agiroient-ils de même ?
ARISTONNE.
Je ne sai comme on hait, & sai trop comme on aime.
DARIUS.
Vous aimez ! ah, mon cœur à peine s'y résout,
Haïssez moi beaucoup, mais n'aimez rien du tout,
Qu'aucun ne soit aimé, quand je renonce à l'être.
ARISTONNE.
Vous me connoissez mal.
DARIUS.
                 Faites-vous donc connoître !
ARISTONNE.
Puis-je m'exprimer mieux, qu'en n'osant m'exprimer,
Et ne vous haïr pas, n'est-ce pas vous aimer ?
DARIUS.
Vous m'aimeriez, ma Sœur ?
ARISTONNE.
               Il est trop vrai, mon Frere,
C'étoit l'aveu secret, que j'avois à vous faire.
Nous esperions tous deux de nous faire haïr,
Et par le même espoir nous nous voions trahir,
Nous sommes impunis, pour vouloir même peine,
Nous nous sommes tous deux trouvez dignes de haine,
Mais un charme cruel, que j'accuse à mon tour,
Ne nous a fait trouver capables que d'amour.
DARIUS.
Ainsi donc nos deux cœurs, qu'un feu commun possede,
Ont pour fuir même mal cherché même remede,
Et tous deux entraînez par un malheur égal,
Cherchant même remede, on trouve même mal.
ARISTONNE.
Oui, notre union seule à nos desirs s'oppose,
Nous nous refusons tout, en voulant même chose.
Nos cœurs se font la guerre, en faisant même effort,
Et ne s'accordent rien pour estre trop d'accord.
DARIUS.
Je dois avoir regret d'une telle avanture,

Mais l'amour est toûjours si doux de sa nature,
Que toute la vertu, dont je me suis armé,
A peine à m'inspirer du regret d'estre aimé.
ARISTONNE.
C'est un crime en ce lieu qu'une vertu tremblante,
Plus le péril accroît, plus il faut qu'elle augmente,
Si nous n'avons la haine, ayons-en les effets,
Craignons-nous, fuions-nous, ne nous voions jamais.
DARIUS.
Ne nous voions jamais ! ô sentence trop dure.
ARISTONNE.
Quoi, vous y résistez ! & votre cœur murmure !
DARIUS.
Mon cœur de la moitié n'est point encor si bas;
J'en murmure, Aristonne, & n'y resiste pas.
Je connoi que l'absence est l'unique remede,
Que je puis opposer au mal qui nous possede:
Quand pour avoir trop vû l'on s'est laissé charmer
C'est en cessant de voir, qu'on peut cesser d'aimer.
Mais quoi que l'on connoisse, & quoi que l'on pré-
　　sume
Ce remede toûjours est rempli d'amertume ;
Et quand mon foible cœur tâche à s'y préparer,
S'il n'y résiste pas, il en peut murmurer,
Mon trouble augmente au point, qu'il faut que je vous
　　laisse,
Si j'avois vos appas vous auriez ma foiblesse,
Et vous seriez sensible à de semblables coups,
Si vous perdiez en moi, ce que je perds en vous.

ARISTONNE.
Ah, pour peu que mon Frere encore m'entretienne
Peut-estre ma foiblesse égalera la sienne,
Et peut-estre pour peu, que j'ose l'écouter,
Je n'aurai pas la force après de le quitter.
DARIUS.
Je sai votre vertu, rien ne la peut confondre,

LE MARIAGE

ARISTONNE.

Et qui m'en répondra, si je n'ose en répondre ?

DARIUS

Quoi sans me dire rien vous fuiez.

ARISTONNE.

Oüi, je fuis.
Que vous pourrois-je dire en l'état où je suis ?
Mes tendresses pour vous ne sont plus legitimes,
Et je tâche en fuiant de m'épargner des crimes.

Fin du second Acte.

ACTE III.

SCENE PREMIERE.
PALMIS, DARIUS.

PALMIS.

Qu'ai-je apris, Darius? l'on vient de m'avertir,
Que vous vous préparez sans mon ordre à partir ?
Quel bizarre caprice aujourd'ui vous arrache
A la faveur d'un Prince où l'honneur vous attache,
Et qui répand sur vous avec tant de splendeur,
Et toute son estime, & toute sa grandeur.

DARIUS.

Chacun me croit heureux, le sort m'est favorable,
Mais qui n'est pas content, est toûjours miserable,
On a beau nous combler, & de biens & d'honneur,
Nos desirs peuvent seuls regler notre bonheur,
Et de quelques faveurs dont un Roi nous honore,
N'avoir pas ce qu'on veut c'est n'avoir rien encore.
Un esprit tant qu'il souffre, & n'est pas satisfait,
Reçoit comme des maux tous les biens, qu'on lui fait,
Et pour un cœur qui suit un charme qui l'attire,
Il n'est plus d'autre bien que celui qu'il desire.

PALMIS.

Mais où trouverez-vous un plus glorieux sort ?
Et qu'allez-vous chercher !

DARIUS. Je vai chercher la mort.

PALMIS.

La mort! mais en quels lieux trouverez-vous la guerre;
Une profonde paix calme toute la terre.

DARIUS.

On a beau de la guerre avoir éteint l'ardeur,
On la trouve par tout quand on l'a dans le cœur,
Et je ne sens que trop qu'une paix si profonde,
Ne calme point mon ame en calmant tout le monde.

PALMIS.

Quel desespoir jamais fut plus hors de saison ?

Accablé de bonheur, perdés-vous la raison ?

DARIUS.
Ah ! c'est ce desespoir qui vous paroît funeste,
Qui peut seul vous prouver que la raison me reste.

PALMIS.
Si la raison vous reste, au moins je reconnoi,
Qu'il ne vous reste plus de tendresse pour moi.
Devés-vous justement quiter sans répugnance,
Une Mere qui fonde en vous son esperance ?
Et fuir, sans témoigner des sentimens plus doux,
Une Sœur qui vous aime ?

DARIUS.
    Ah ! que me dites-vous ?

PALMIS.
Se peut-il qu'Aristonne à partir vous dispose ?
De vos ennuis secrets seroit-elle la cause ?

DARIUS.
Vous l'avés deviné, cette Sœur que je fuis,
Me contraint à partir, & fait tous mes ennuis.

PALMIS.
Vous vous aimiés beaucoup, qu'elle fureur soudaine,
Fait à tant d'amitié succeder tant de haine ?

DARIUS.
Je ne hai point ma Sœur, & je ne pars d'ici,
Que parce que je l'aime, & qu'elle m'aime aussi.

PALMIS.
Vous devés vous aimer, l'union fraternelle,
Doit rendre entre vous deux la haine criminelle.

DARIUS.
Nous devons nous haïr, & le nœud fraternel,
Rend entre nous encor l'amour plus criminel.

PALMIS.
L'amour ! que dites-vous ?

DARIUS.
    Des veritez cruelles :
Mais c'est trop déguiser nos erreurs mutuelles,
Et d'un titre innocent mon forfait revêtu,
N'a que trop abusé du nom de la vertu,

Il faut que ma raison par un soin legitime,
Cesse au moins d'être aveugle, en discernant mon crime,
Et que mon lâche cœur, qui ne l'a sçu bannir,
En vous le déclarant, commence à s'en punir,
J'ai confondu l'amour avecque la nature,
Soüillé tout votre sang par une flame impure,
Voulu joindre deux cœurs pour jamais séparez,
Et par d'indignes nœuds en rompre de sacrez,
Pour me faire haïr d'une Sœur trop aimée,
Je l'ai de tout mon crime avec soin informée,
J'ai cru trouver en elle un Juge rigoureux ;
Mais helas ! le succez a bien trahi mes vœux,
Et mon cœur accablé par une autre injustice,
Où je cherchois mon Juge, a trouvé mon complice,
Notre amour est égal, & notre unique espoir,
Est de cesser d'aimer, en cessant de nous voir,
Nous cherchons à guér'r, & chacun se dispose,
S'il ne peut fuir le mal, d'en fuir au moins la cause,
Le plaisir d'être aimé rend les amans heureux,
Et c'est ce qui nous rend miserables tous deux ;
Leur charme est notre peine, & par un sort barbare,
L'amour qui les unit est ce qui nous sépare.

PALMIS.

Ne songez plus, mon fils, à cet éloignement,
Soiés toujours aimé, soiés toujours amant.

DARIUS.

Moi, le frere, & l'amant d'une beauté si chere.

PALMIS.

Oüi, soiés son amant, vous n'êtes point son frere.

DARIUS.

Je ne suis point son frere, est-il vrai ? mais helas,
Si vous m'avés trompé, ne me détrompés pas,
Un crime qu'on ignore est toujours excusable,
Et qui n'est qu'abusé, n'est qu'à demi coupable,
Je ne suis point son frere ! ah ce bien est si grand,
Qu'on doit peu s'étonner de ce qu'il me surprend.

PALMIS.
Ma foi vous en doit être un certain témoignage ;
Mais gardez d'abuser d'un si grand avantage,
Il m'importe beaucoup, que vous soyez discret,
Et qu'Aristonne seule ait part à ce secret.
DARIUS.
S'il n'est pas ignoré de l'Objet, que j'adore,
Il n'importe fort peu, que tout autre l'ignore.
Mais n'étant point son frere, & croyant vos avis,
Je doi ne croire plus que je sois vostre fils.
PALMIS.
Ah ! c'est ce qu'à present je dois encor vous taire.
DARIUS.
Sans être vôtre fils vous m'êtes plus que Mere,
Me donner ce que j'aime, en m'ôtant mon erreur,
Sans étoufer ma flame, en étoufer l'horreur,
Faire d'un feu si noir, une ardeur legitime,
Faire cesser ensemble, & ma peine, & mon crime,
Me rendre ma vertu, sans m'oster mon amour,
C'est plus faire pour moi, que me donner le jour.
PALMIS.
De tout ce qui vous sert j'ai voulu vous instruire,
Et ne vous dirai rien de ce qui peut vous nuire.
DARIUS.
Mais d'Aristonne encor vous ne m'avez rien dit.
PALMIS.
Vous n'êtes point son frere, & cela vous suffit.
DARIUS seul.
Il me suffit sans doute en un trouble semblable,
De devenir content, sans demeurer coupable,
Et c'est assez pour être, & content, & charmé,
D'être libre d'aimer, & certain d'être aimé.
Cherchons viste Aristonne; en un tel avantage,
On redouble sa joye alors qu'on la partage,
Quand on aime beaucoup, par un bien sacré,
On doit moins vivre en soy qu'en l'objet adoré,
Et le plus grand plaisir, que l'Amour abandonne,
Est moins celui qu'on prend, que celui que l'on donne

Hâtons-nous de trouver cette chere beauté,
Pour ajoûter sa joie à ma felicité,
Il est tems maintenant que mon amour s'apprête.

SCENE II.

PREXASPE, DARIUS, Gardes.

PREXASPE.

AH! Seigneur à vos pieds j'apporte ici ma tête.
DARIUS.
Que faites-vous, Prexaspe!
PREXASPE.
      Un juste & triste effort,
Seigneur, le Roi vous rend arbitre de mon sort,
Suivant son ordre exprés de votre seule envie,
Doit aujourd'hui dépendre ou ma mort ou ma vie.
Et craignant tout d'un Juge irrité contre moi,
Vous apporter ma tête est tout ce que je doi.
DARIUS.
Oui, je suis irrité, mais c'est de votre crainte,
J'ai souffert vos mépris sans en former de plainte ;
Mais l'injuste fraieur, dont vous êtes surpris,
M'outrage beaucoup plus, que n'ont fait vos mépris,
Vous m'avez méconnu sans mériter de blâme,
L'erreur fut de vos yeux, & non pas de votre ame,
Mais quand vous me craignez dans un rang glorieux,
L'erreur est de votre ame & non pas de vos yeux,
Méconnoître des traits qui changent d'ordinaire,
N'étoit pour m'outrager qu'une erreur trop legere,
Mais méconnoître un cœur qui ne sauroit changer
C'est un crime trop grand pour ne pas m'outrager.
PREXASPE.
Ma vie est en vos mains, qui peut vous satisfaire.

B 6

DARIUS.
Non, pour moi votre vie est encore trop chere,
Et malgré votre erreur & votre indignité,
Puis qu'elle est en mes mains elle est en seureté.

PREXASPE.
Quoi, je pourrois......

DARIUS.
    Allez ; vous pouvez tout prétendre,
Dans cet appartement vous n'avez qu'à m'attendre,
J'espere vous montrer, quand j'aurai vû le Roi,
Qu'on trouve rarement un ami tel que moi.
Rien ne s'oppose plus à ce que je desire.

SCENE III.
ATOSSE, DARIUS, PHEDIME.

ATOSSE.
Quoi, sans me regarder Darius se retire ?

DARIUS.
Je vai......

ATOSSE.
   Où donc ? parlez ; si vos yeux en sont crus,
Votre ame est interdite, & vos desirs confus.

DARIUS.
Je vai trouver ma sœur, & je sens qu'en mon ame,
L'amour.

ATOSSE.
Hé bien, l'amour.

DARIUS.
   Je me confonds, Madame.

ATOSSE.
Vous voulez feindre, en vain, votre cœur vous trahit,
Et me confirme encor ce que vos yeux m'ont dit.

DE CAMBISE.

DARIUS.

Je vai me retirer pour fuir votre colere,
Cette confusion doit ici vous déplaire.

ATOSSE.

Non, rien ne vous oblige à détourner vos pas;
Votre confusion ici ne déplaît pas;
D'un secret qui me touche elle sert à m'instruire,
Et m'en apprend bien plus que vous n'en croiez dire.

DARIUS.

Que pourriez-vous savoir?

ATOSSE.

Que vous êtes charmé,
Je sai de plus.

DARIUS.

Quoi donc?

ATOSSE.

Que vous êtes aimé,
Votre sœur mieux que moi n'en est pas informée,
Je connoi la beauté dont votre ame est charmée.

DARIUS.

Dieux! que me dites-vous, quoi vous la connoissez?

ATOSSE.

Vous nommer votre sœur, c'est vous en dire assez.

DARIUS.

Et vous savez l'amour de la beauté que j'aime?

ATOSSE.

Oüi, je lis dans son cœur comme dans le mien même,
Et sur sa passion, suis si digne de foi,
Qu'elle même n'en peut répondre mieux que moi.
D'Aristonne & de vous je sai l'intelligence,
Elle-même a voulu m'offrir sa confidence,
Je l'ai vuë en secret, & je découvre ici,
Qu'en secret en ce jour vous l'avez vuë aussi.

DARIUS.

Je l'avouë, il est vrai vous savez tout, Princesse,
Mais helas! qu'aurés-vous pensé de ma foiblesse?
Mon temeraire amour vous aura fait horreur.

ATOSSE.
Au contraire avec soin, j'excuse votre erreur,
La naissance entre vous a mis un grand obstacle,
Je sçai que pour le vaincre il vous faut un miracle,
Mais l'obstacle entre vous fut-il encor plus grand,
Un miracle est aisé quand l'amour l'entreprend.

DARIUS.
Vous avez de mon sort l'entiere connoissance,
Oüi, je ne suis heureux que par cette assurance
Je ne doi mon salut qu'à cet espoir charmant.

ATOSSE.
Vous aimez donc beaucoup ?

DARIUS.
Ah, j'aime infiniment,
Pour celle que je sers ma flâme est immortelle,
Le Ciel n'a rien produit de plus aimable qu'elle,
Et de tous ceux qu'amour a soûmis à sa loi,
Aucun ne fut jamais plus amoureux que moi,
Comme ce rare objet, à qui rien ne ressemble,
A des autres beautez tous les charmes ensemble,
Mon cœur, qui pour se rendre a fait un si beau choix,
A des autres amans tous les feux à la fois.

ATOSSE.
Votre sœur vous pourra dire mieux que moi-même,
Combien vos feux sont chers à celle qui vous aime.

DARIUS.
Laissez-moi donc la voir.

ATOSSE.
N'aiez aucun souci,
Je l'ai faite avertir que je l'attens ici,
Je voi que pour parler d'une flame si belle,
Vous êtes avec moi moins libre qu'avec elle :
Assûrez-vous pourtant que j'y prens interêt.

DARIUS.
Vos bontez : mais, Madame, Aristonne paroît,

SCENE IV.
ARSACE, DARIUS, ATOSSE, ARISTONNE, PHEDIME, LADICE.

ARSACE à *Darius*.

Le Roi veut vous parler, venez en diligence.
DARIUS.
J'irai.
ARSACE.
Mais il attend avec impatience ;
Seigneur, pour l'obliger n'arrêtez point.
DARIUS.
Helas !
Qu'en trouvant la Fortune on trouve d'embaras,
Et que j'éprouve bien à mon desavantage,
Qu'une grande Faveur n'est qu'un grand esclavage.

SCENE V.
ATOSSE, ARISTONNE, PHEDIME, LADICE.

ATOSSE.

J'Ai sçû de votre frere avant que de vous voir,
Un secret que de vous je desirois savoir,
Aprés ce qu'il m'a dit, je n'ai rien à vous dire.

ARISTONNE.
Quoi donc, que savez-vous?

ATOSSE.
Tout ce que je desire,
Que je fais dans son cœur ce qu'il fait dans le mien,
Enfin je sai qu'il m'aime.

ARISTONNE.
Et le savés-vous bien?

ATOSSE.
Oüi, je n'ai plus besoin que l'on m'en éclaircisse,
Je n'en saurois douter sans lui faire injustice,
Jamais fidelle amant ne s'est mieux exprimé,
Pour montrer sa tendresse aux yeux qui l'ont charmé,
L'aveu plein de respect de l'amour qui le touche,
A bien eu de la peine à sortir de sa bouche,
Mais cet aveu n'est pas ce qui m'instruit le mieux,
Et sa bouche en a dit beaucoup moins que ses yeux,
Vous saviez mon secret, Aristonne, & je pense
Que déja par vos soins il en a connoissance.

ARISTONNE.
Ah! plûtost.

ATOSSE.
C'est à tort que vous vous effraiez,
Peut-être avez-vous fait mieux que vous ne croiez,
Ne desesperez pas qu'un heureux hymenée,
Ne puisse unir son sort avec ma destinée,
Darius peut prétendre, & mon cœur & ma foi.
Adieu, continués de lui parler de moi.

SCENE VI.
ARISTONNE, LADICE.

ARISTONNE.

Ladice, qu'ai-je apris ?
LADICE.
Quel nouveau soin vous presse ?
ARISTONNE.
Helas ! Darius change, il aime la Princesse.
LADICE.
Mais à quoi donc enfin voulés-vous l'obliger ?
ARISTONNE.
A n'aimer rien, Ladice, & non pas à changer.
LADICE.
Perdés de votre amour ces soins illegitimes ;
D'un amour criminel tous les effets sont crimes.
ARISTONNE.
Ah ! ne resiste point à mon dépit qui naît.
Il sert à ma vertu tout criminel qu'il est,
Ainsi que mon amour, mon dépit est un crime,
Mais mon dépit s'oppose à l'amour qui m'anime,
Et l'un combattant l'autre enfin suivant mes vœux,
J'espere qu'ils pourront se détruire tous deux.
LADICE.
Oubliés-le en effet ; puis qu'il en aime un autre,
Un si prompt changement doit exciter le vôtre.
ARISTONNE.
Il le doit, mais mon cœur ne s'y résout pas bien.
LADICE.
Mais, que voulés-vous donc ?

ARISTONNE.

Helas ! je n'en sai rien,
Mon cœur, si de ce nœud il faut qu'il se détache,
Veut bien que je le quitte, & non qu'on me l'arrache ;
Ou plûtôt, il voudroit, à le bien consulter,
Qu'il pût m'être permis de ne le pas quiter,
Je sai bien que mon sang qui fremit & s'allarme,
Me défend de prétendre à l'objet qui me charme.
Mais je sens que l'amour comme un bizarre enfant,
Se plaît à s'attacher à ce qu'on lui défend,
Moins un bien est permis, plus il y void de charmes ;
Il ne le peut quitter sans soûpirs & sans larmes,
Mais jusqu'au desespoir il se sent emporté,
S'il void aux mains d'un autre un bien qu'il a quité,
Quand d'un premier amour on s'est laissé surprendre,
Il est presque impossible après de s'en défendre,
Mais en effet crois-tu qu'on me doive blâmer,
Il est bien mal-aisé de vivre sans aimer,
Et dans une retraite à la notre semblable,
Il est aisé d'aimer ce qu'on void seul aimable.

LADICE.

Oüi, n'aiant vû qu'un frere, encor jusqu'aujourd'hui,
On peut vous excuser si vous n'aimez que lui.

ARISTONNE.

Ah que fais-tu Ladice ? & que m'oses-tu dire ?
Ne vois-tu pas que c'est aider à me séduire ?
Qu'ici mon amour parle, & non pas ma raison.
Et que ta complaisance est une trahison ;
Oppose-toi plûtôt au torrent qui m'entraîne,
Regarde mon amour avec des yeux de haine,
Ne l'examine plus, que pour le condamner,
Et prens-en de l'horreur afin de m'en donner.

LADICE.

Je condamne toûjours un amour si profane,
Mais si vous le gardez, en vain je le condamne,
Si vous avez dessein de ne le plus souffrir,
Condamnez-le vous-même, & le faites mourir.

ARISTONNE.
Hé bien je le condamne, hé bien il faut qu'il meure,
LADICE.
Plût au Ciel !
ARISTONNE.
C'en est fait, il mourra tout-à-l'heure,
Oüi, je veux à l'instant, pour finir mes forfaits,
Contraindre mon amour d'expirer pour jamais.
LADICE.
Le pourrez-vous ?
ARISTONNE.
Helas !
LADICE.
Vous soûpirez, Madame.
L'amour sans doute encor est vivant dans votre ame;
Ce soûpir vous apprend qu'il n'y sauroit mourir.
ARISTONNE.
Va, mon amour est mort, c'est son dernier soûpir.

Fin du troisiême Acte.

ACTE IV.

SCENE PREMIERE.

CAMBISE, DARIUS.

CAMBISE.

NE vous défendés plus de ma reconnoissance ;
Je vous dois ma grandeur, je vous doi ma puissance,
Et quand aveeque vous je partage ces biens ;
Je vous en dois encor la part que j'en retiens ;
Mais si, quand je partage avec vous ma Couronne,
Vous ne souhaités pas les biens que je vous donne ;
Peut-être qu'au milieu de ces biens présentés,
Je ne vous donne pas ceux que vous souhaités,
Parlés, & soiés seur que pour me satisfaire,
Je ne vous veux laisser aucun souhait à faire ;
Et que mon cœur qui doit sa gloire à votre bras,
Ne peut être content, si vous ne l'êtes pas.

DARIUS.

Vous me comblés, Seigneur, d'une bonté trop grande,
Je reçoi des faveurs, plus que je n'en demande ;
Et mérite si peu de si rares bienfaits,
Que je ne puis sans crime en former les souhaits.
Dans le rang glorieux où votre soin me place,

Si j'ose encor de vous souhaiter quelque grace,
Seigneur, c'est en faveur d'un ami malheureux,
Qui seroit innocent, s'il n'étoit amoureux,
J'ai reçu tous ses biens, souffrés qu'il les reprenne,
Prexaspe est trop puni, puis qu'il a votre haine,
Et l'heureux Darius, sans être interessé,
Puis qu'il a votre estime, est trop récompensé.

CAMBISE.

Votre vertu me charme, & mon cœur qui l'admire,
Ne se peut opposer à ce qu'elle desire,
Oüi, qu'il r'entre en ses biens, & qu'il en use mieux,
Mais qu'il s'éloigne au moins quelque temps de mes
    yeux.

DARIUS.

Pour ce Sujet ingrat, aprés son injustice,
L'exil est une grace, & non pas un supplice.
C'est plus qu'en sa faveur je n'osois esperer.

CAMBISE.

Auriés-vous quelque chose encore à desirer ?

DARIUS.

Mon plus ardent desir, & ma plus forte envie,
Sont de vous consacrer, & mes soins, & ma vie.

CAMBISE.

Ah Darius! cette offre a pour moi tant d'appas,
Qu'il ne m'est point permis de ne l'accepter pas,
Votre soin, qui pour moi fut toujours salutaire,
Jamais à mon repos ne fut plus necessaire ;
Vous pouvés seul remplir mes souhaits les plus doux,
Et faire plus pour moi, que je n'ai fait pour vous.

DARIUS.

C'est donc avec raison maintenant que j'avouë,
Que de mon heureux Sort il faut que je me louë.
Oui, Seigneur, à present je puis me dire heureux ;
Non de ce que le Sort surpasse tous mes vœux ;
Mais de ce qu'aujourd'hui la Fortune propice
M'offre l'occasion de vous rendre service.

CAMBISE.
Que cette ardeur fidele a de charmes pour moi :
J'attens un grand service ici de votre foi :
Mais dans ce zele ardent, je commence à connoître
Qu'il vous coûtera peu, quelque grand qu'il puisse
 être.
DARIUS.
Oüi, j'ai pour l'entreprendre un zele tout de feu :
Me coûtât-il la vie, il me coûtera peu.
Quelque grand qu'il puisse être, il me sera facile,
J'en ferois un serment, s'il n'étoit inutile,
Je fais ce que je dis sans autre engagement,
Et ma parole enfin vaut toûjours un serment.
CAMBISE.
Je le sai Darius, & je vous rends justice,
De vos fideles soins j'attends un grand service ;
Mais il ne vous impose aucune dure loi,
Il est aisé pour vous, & n'est grand que pour moi.
DARIUS.
Dites donc à quels soins il faut que je m'emploie ;
En retarder l'aveu, c'est retarder ma joie.
CAMBISE.
Sçachez que mon pouvoir n'a pû me garentir,
Du plus cruel tourment qu'on puisse ressentir.
Mon cœur tremble, & se plaint, lui qui fit tant le
 brave.
Mon Trône au lieu d'un Roi, ne porte qu'un Es-
 clave.
DARIUS.
Qui peut causer, Seigneur, un si grand changement ?
CAMBISE.
L'amour qui m'a forcé de devenir Amant.
DARIUS.
Mais que desirez-vous ?
CAMBISE.
      Ce qu'un Amant desire.
Ce mot seul de mes vœux vous doit assez instruire ;
On ne cherche qu'à plaire, alors qu'on est charmé ;

Et qui se dit Amant, dit qu'il veut être aimé.
DARIUS.
Il n'est pas mal-aisé de faire qu'on vous aime,
Et vous n'avez, Seigneur, besoin que de vous-même.
Ce bien vous est trop sûr pour l'attendre de moi ;
Pour être aimé sans peine, il suffit d'être Roi ;
L'éclat avantageux qui sort de sa Couronne,
Jette un charme brillant sur toute sa personne ;
S'il a quelque défaut, il s'en trouve voilé ;
S'il a quelque mérite, il en est redoublé,
Le cœur qui de l'amour se sçait le mieux défendre,
Si-tôt qu'un Roi l'attaque, est ravi de se rendre.
Quand on est sur un Trône, on est toujours char‑
    mant.
Et lors que l'on peut tout, on peut plaire aisément.
CAMBISE.
Au contraire, l'Amour, qui fuit ce qui le gêne,
Entre les inégaux, s'arrête avecque peine ;
Les inégalitez causent toujours des maux ;
Un amour mutuel veut des Destins égaux.
Il faut un doux raport de soins & de fortune,
Pour former en deux cœurs une chaîne commune :
Sans lui jamais l'amour ne peut être excité,
Et ce rapport toûjours naît de l'égalité.
Plus je voi de hauteur au Trône où je commande,
Et plus je me voi loin du cœur que je demande.
Le haut rang où m'adore une superbe Cour,
Est plus propre à causer le respect que l'amour.
Et de l'aimable objet, à qui mon cœur s'engage,
L'amour seul peut me plaire, & le respect m'outrage.
Le devoir pour aimer n'est qu'un empêchement,
Ce qui contente un Roi desespere un Amant :
Il faut pour être heureux être aimé quand on aime ;
Et l'amour pour son prix ne veut que l'amour mê‑
    me.
DARIUS.
Je voi peu la Princesse, & n'ose présumer
Que je puisse servir à vous en faire aimer.

CAMBISE.

Je n'aime plus ma Sœur, que rien ne vous étonne;
J'aime la vôtre.

DARIUS.

O Dieux ! vous aimés Aristonne.

CAMBISE.

Je la veux couronner.

DARIUS.

Vous me rendés confus.
Mais si vous consultés....

CAMBISE.

Je ne consulte plus.
Sans moi l'amour a sçu la rendre Souveraine,
Regner dessus un Roi, c'est être déja Reine :
Mon cœur est sa conquête, elle en peut disposer;
Et qui donne son cœur ne peut rien refuser.

DARIUS.

Considerés, Seigneur....

CAMBISE.

Considerés vous-même,
Que cet Hymen m'épargne une injustice extrême;
Et que le juste amour que j'ai pour votre Sœur,
A d'un feu criminel purifié mon cœur.

DARIUS.

Si j'osois m'expliquer sur une ardeur si grande....

CAMBISE.

Votre conseil n'est pas ce que je vous demande,
J'aime, & je cherche à plaire, & dans un soin pareil,
J'ai besoin de secours, & non pas de conseil.
Ne vous obstinés point à combattre une flâme,
Que des nœuds immortels ont unie à mon ame.
Je ne puis plus guérir d'un mal si plein d'apas ;
Et quand je le pourrois, je ne le voudrois pas.
Je n'ai pas encore eu l'aveu de votre Mere,
Mais comme elle à mes vœux ne soiés point con-
  traire;
Vous allés par mon ordre ici voir votre Sœur,
Du plaisir de régner vantés-lui la douceur,

Dites-

Dites-lui bien l'amour, que sa beauté me donne.
Presentez-lui mon Cœur, avecque ma Couronne.
Mais faites s'il se peut, que cet Objet vainqueur
Estime ma Couronne un peu moins, que mon Cœur.

DARIUS.
Pour la faire répondre à vôtre ardeur extrême,
Seigneur, vous feriez mieux de lui parler vous-même,
La chaleur de l'Amour n'est que dans un Amant ;
L'Ami le plus fidelle en parle froidement.
La vive expression d'un tourment, qui nous touche,
N'a pas le même effet sortant d'une autre bouche ;
Un Tiers toûjours l'altere, & l'on doit présumer
Qu'il faut sentir l'Amour pour le bien exprimer.

CAMBISE.
Vous vous expliquerez mieux que moi, ce me semble,
La Grandeur, & l'Amour s'accordent mal ensemble.
Ce qui suit la Grandeur, est-ce que l'Amour fuit :
Il ne sçauroit souffrir les témoins, ni le bruit ;
Quand il est sur un Trône, il n'agit qu'en contrainte.
Plus il se trouve haut, plus il conçoit de crainte ;
Et cet Enfant timide, & sans discernement,
Par un trop grand éclat s'éfarouche aisément.
Aristonne vous aime ?

DARIUS.
     Oui, Seigneur, je confesse
Que pour Frere jamais Sœur n'eut plus de tendresse.

CAMBISE.
Il me suffit, voyez l'objet, qui m'a charmé.
On est aisément crû, lors que l'on est aimé.
Ce Service est bien grand, mais enfin je l'espere,
J'en ai vôtre parole.

DARIUS.
     Il faut y satisfaire.
Je vous obéirai, quoi qu'il puisse arriver.

Tom. II.   C

SCENE II.

ARSACE, CAMBISE, DARIUS.

ARSACE à Cambise.

Par vôtre ordre, Aristonne, ici vient vous trouver.
CAMBISE.
Qu'elle entre seule, & vous prenez soin de l'attendre,
J'entre en ce cabinet d'où je veux vous entendre.
DARIUS.
Nous entendre !
CAMBISE.
Oui, je veux d'ici vous écouter
Pour vous ôter tout lieu de me pouvoir flatter
Votre entretien secret m'apprendra sans rien feindre,
Ce qu'il faut, que j'espere, ou ce que je doi craindre.
DARIUS seul.
Il faut donc m'opposer, à mes vœux les plus doux !
O devoir trop funeste, où me réduisez-vous ?
Que ce qu'on nomme Honneur coûte cher d'ordinaire,
Que l'amour est charmant, & la vertu severe,
Et qu'un amant aimé se trouve combattu,
Lors qu'il doit immoler l'amour à la vertu.
Dieux ! Aristonne vient ! que ma disgrace est grande,
Si j'obtiens ce qu'il faut ici que je demande
Amour, je vai parler contre mon plus grand bien,
Fais pour me rendre heureux qu'on ne m'accorde rien.

SCENE III.

DARIUS, ARISTONNE.

DARIUS.

Comment, si prés de moi passer sans me rien dire ?
ARISTONNE.
Vous ne me cherchez pas.
DARIUS.
Quoi, ma Sœur se retire,
Sans vouloir m'écouter.
ARISTONNE.
Je voudrois le pouvo'r.
Mais le Roi promptement m'ordonne de le voir ;
Je crains de lui déplaire & de le faire attendre.
DARIUS.
Si vous lui voulez plaire, il ne faut que m'entendre.
ARISTONNE.
Aprés tant de bienfaits qu'il a versé sur nous,
Le dessein de lui plaire, est mon soin le plus doux.
DARIUS.
Je parle ici pour lui, n'en soiez point en doute,
Il l'ordonne, écoutez.
ARISTONNE.
J'obéïs, & j'écoute.
DARIUS.
Ce que je dois vous dire, est un bonheur si grand,
Qu'il peut charmer le Cœur le plus indifferent ;
Et vous devez savoir connoissant ma tendresse,
Dans un si grand bonheur combien je m'interesse.
ARISTONNE.
Pour moi votre tendresse a passé mon espoir.
Mais ce n'est pas de vous ce que je dois savoir ;

Parlez-moi du bonheur, que vous devez m'aprendre.

DARIUS.

Je fçai qu'en l'annonçant, je m'en vai vous furpren-
dre:
Mais je ferois coupable à vous le déguifer;
Ma Sœur, le Roi vous aime, & veut vous époufer.

ARISTONNE.

Ah Ciel !

DARIUS.

Je fçavois bien que vous feriez furprife,
Mais negligerez-vous une fi belle prife ?
Pourriez-vous n'aimer pas à voir deffous vos Loix,
Le Cœur imperieux du plus puiffant des Rois,
Et ne vous laiffer point charmer de l'avantage,
De regner fur un Prince, à qui tout rend hommage.

ARISTONNE.

Mon Cœur, qui de cette offre, a lieu de s'étonner
Se fent trop interdit, pour fe déterminer.
Pour confulter mon Ame, elle eft trop en tumulte;
Souffrez que ce foit vous ici, que je confulte,
Et que vôtre efprit libre, avec tranquilité,
Sur ma confufion jette quelque clarté.
Mon Deftin tout entier à vôtre choix fe livre,
Donnez-moi vos Confeils, je fuis prête à les fuivre.
Par eux votre amitié pour moi fe fera voir ;
Je croi que vous voudrez ce que je doi vouloir.

DARIUS.

Ah ! ma Sœur, quand on veut fçavoir s'il faut qu'on
aime.
On ne doit demander de confeil qu'à foi-même :
En Amour nos Defirs font feuls nôtre vainqueur,
Et rien n'eft jamais tant à nous que nôtre Cœur.

ARISTONNE.

Mon Cœur est trop confus, pour voir ce qu'il doit faire,
Je le mets en vos mains, disposez-en, mon Frere.
Mettez-y le Dessein d'aimer, ou de haïr ;
Il suivra vôtre choix, dussiez-vous le trahir.

DARIUS.

Apprenez que mon Cœur dans sa tendresse extrême,
Plûtôt que vous trahir se trahira lui-même.

ARISTONNE.

Vôtre Conseil m'en peut instruire en peu de temps.

DARIUS.

Vous le souhaitez donc ?

ARISTONNE.

C'est tout ce que j'attens.

DARIUS.

Regnez, c'est le conseil, que seul vous devez croire ;
Un grand Cœur doit toûjours s'attacher à la gloire,
Pour elle avec raison, on peut dédaigner,
Et la plus grande gloire, est celle de regner.
Un Prince, à qui tout cede, & que chacun revere,
Sur un Trône éclattant, ne doit pas vous déplaire.
Afin qu'il vous éleve au pouvoir Souverain,
Pouvez-vous faire moins, que lui donner la main ?
Et puis-je justement m'empêcher de vous dire,
Qu'il est doux d'accorder un Cœur pour un Empire ?

ARISTONNE.

J'ai promis de vous croire, assurez donc le Roi,
Que l'Hymen, qu'il souhaite, a des charmes pour moi.

DARIUS.

Quoi, vous l'épouserez ?

ARISTONNE.
C'est à quoi je m'engage.
Que pouvez-vous de moi souhaitter davantage?
DARIUS.
Enfin vous consentez à l'avoir pour Epoux?
ARISTONNE.
Oui, j'y consens, mon Frere, & pour l'amour de vous,
Que le Dieu des Persans vange sur moi l'outrage,
Que je ferai souffrir à sa plus noble image,
Si jamais je résiste, & si toûjours le Roi,
Ne peut absolument disposer de ma foi.
DARIUS.
S'être engagée au Roi pour m'être favorable!
Quelle faveur, grands Dieux!

SCENE IV.

CAMBISE, DARIUS.

CAMBISE *sortant de l'endroit où il écoutoit.*

Elle est incomparable,
J'estime les Estats par vos travaux conquis,
Beaucoup moins que le Cœur, que vos soins m'ont acquis;
Et ce petit Empire, où ma gloire se fonde,
M'est plus cher mille fois, que l'Empire du monde.
Quel bonheur est le mien!
DARIUS.
Seigneur, il est si grand,
Qu'à peine il vous étonne, autant qu'il me surprend.
CAMBISE.
Vous me faites trop voir qu'une ardeur peu commune,

Intereſſe votre ame en ma bonne Fortune.
DARIUS.
Ah ! c'eſt bien juſtement, que vous avez penſé,
Que dans votre heureux ſort je ſuis intereſſé.
Tout le bien qu'Ariſtonne accorde à vôtre flame,
N'a guere plus touché vôtre Cœur, que mon Ame.
Et je doute, Seigneur, qu'à l'offre de ſa foi,
Vous meſme vous ſoyez plus ſenſible que moi.
CAMBISE.
Ah c'eſt pouſſer trop loin l'excés de vôtre Zele.
Dieux ! que ne dois-je point à cette ardeur fidelle !
Pour le prix de vos ſoins je vous donne ma Sœur.
DARIUS.
La Princeſſe !
CAMBISE.
Oui, je veux vous en voir poſſeſſeur.
Je ne ſaurois payer ce bien par aucun autre:
Et je vous doi ma Sœur, puiſque j'obtiens la vôtre.
DARIUS.
Ah c'eſt trop....
CAMBISE.
C'eſt le moins, que vous doive un grand Roi ;
Et ſi c'eſt trop pour vous, ce n'eſt pas trop pour moi.
Ce reſpect, qui reſiſte à ma reconnoiſſance,
Choque un juſte deſir, & me tient lieu d'offenſe.
Je veux que dés ce ſoir, un lien immortel.
Nous uniſſe tous quatre, au pied d'un meſme Autel.
Je vai y donner ordre.
DARIUS Seul.
O Fortune infidelle ;
Qui par tant de douceur me devient ſi cruelle ;
Je te défie encor de me tyranniſer,
Ta malice eſt à bout, tu viens de l'épuiſer,
Pour accabler un Cœur, qui n'eſt pas ordinaire,
Une atteinte commune eût été trop legere ;
Et ne me trouvant pas ſenſible à tes rigueurs,
Tu m'as fait rencontrer ma peine en tes faveurs.
Tu combles de mépris tous ceux, que tu menaces ;

Tu fais des malheureux, à force de difgraces.
Mais tu m'as voulu nuire en me comblant d'honneur;
Et m'as fait miferable, à force de bonheur.
Et toi, dont la bonté fait mon plus grand martire,
Grand Roi, qui m'as ravi tout le bien, où j'afpire,
Et qui me veux ôter par une dure loi,
Jufqu'à la liberté de me plaindre de toi:
Pardonne ce murmure à ma douleur extrême;
Pourquoi, pour m'aimer trop, me prends-tu ce que j'aime?
Et pour dernier furcroît de peine, & d'embarras,
Pourquoi me donnes-tu ce que je n'aime pas?
Je n'ai point de defir pour des faveurs fi hautes;
Je ne veux pour tout bien, que le Cœur, que tu m'ôtes.
Ce que je n'aime pas ne me peut être un bien;
Donne-moi ce que j'aime, ou ne me donne rien.
Le bonheur, où je tends d'une ardeur peu commune,
Dépend de l'Amour feul, & non de la Fortune.

SCENE V.
ATOSSE, DARIUS, PHEDIME.

ATOSSE.

Quoy Darius murmure !
DARIUS.
Oui pour vous, & pour moi,
Madame, hâtez-vous d'aller trouver le Roi.
ATOSSE.
Mais quel est le malheur, dont vôtre esprit s'allarme ?
DARIUS.
Le Roi veut vous ôter le seul bien, qui vous charme.
Il adore Aristonne, & forme le Dessein
De vous ôter le Sceptre, en lui donnant la main.
ATOSSE.
J'attendrai ce malheur sans peine, & sans colère.
Le Sceptre est bien charmant, mais Cambise est mon Frere,
Et quelque soit ce bien, vous devez présumer,
Que ce n'est pas le seul, qui me puisse charmer.
DARIUS.
Si ce danger pour vous n'est pas considerable,
Devenez plus sensible à celui qui m'accable.
ATOSSE.
Parlez, que craignez-vous ?
DARIUS.
De mortelles douleurs,
Trop de bonheur m'expose au plus grand des malheurs ;

Apprenez que le Roi, croiant m'être propice,
Veut qu'aujourd'hui l'Hymen avec moi vous unisse.
Je ne puis obéir à ce juste devoir.
Mon cœur ne sauroit plus être en votre pouvoir :
Aristonne peut seule à mes yeux être belle :
Vous savez que je l'aime & ne puis aimer qu'elle,
Et je suis obligé de ne vous point cacher.
Que toutes vos Beautez ne me pourroient toucher.
Allez vous opposer à ce malheur insigne,
Privez-moi d'un honneur dont je ne suis pas digne,
Et tâchez d'empêcher par vos justes refus,
Qu'on me force à donner un cœur que je n'ai plus.

SCENE VI.

ATOSSE, PHEDIME.

ATOSSE.

Il n'aime que sa sœur, dit-il, & me méprise,
Ah, mon dépit, Phedime, égale ma surprise !
Et son coupable aveu m'à déja fait changer,
Les soins d'en être aimée, à ceux de m'en venger.

PHEDIME.

Pour vous en bien venger, vous ne sauriez mieux faire
Que de gagner un Sceptre, en épousant un Frere.

ATOSSE.

J'épouserois le Roi sans doute, avec plaisir,
Mais le Sang, qui nous joint, m'en ôte le desir.
Et la seule vengeance, où mon cœur se dispose,
Est d'achever l'Hymen où Darius s'oppose.

PHEDIME.

Quoi, vouloir qu'avec vous un ingrat soit uni ?

ATOSSE.

Oüi, je veux qu'il m'épouse, afin qu'il soit puni.

Epouser par contrainte une Femme odieuse
Des peines d'un Amant est la plus rigoureuse.
Et pour punir l'ingrat qui m'ose rebuter,
C'est le plus grand tourment que je puisse inventer.
Si je suis malheureuse, il sera misérable
Ma peine par son mal deviendra supportable.
Il faudra, si par force, il m'épouse aujourd'hui,
Qu'il souffre autant pour moi ; que j'ai souffert pour lui.
Aussi-bien que l'amour, la vengeance a des charmes,
Les pleurs qu'il m'a coûté lui coûteront des larmes ;
Et j'aurai le plaisir d'arracher à son cœur,
Pour des soûpirs d'amour, des soûpirs de douleur.

Fin du quatriéme Acte.

ACTE V.

SCENE PREMIERE.

PALMIS, ARISTONNE, MELANTE, LADICE.

PALMIS.

IGnorez-vous encor ce que le Roi propose?
ARISTONNE.
A recevoir ma Foi je sçai qu'il se dispose.
PALMIS.
Mais n'avez-vous pas sçû, que pour la recevoir,
Il prétend vous conduire au Temple, dès ce soir!
ARISTONNE.
Oui, je sçai qu'animé d'un Amour sans exemple,
Il veut que dès ce soir on nous unisse au Temple.
PALMIS.
Une secrete fuite est l'unique moyen,
Qui puisse vous soustraire à ce facheux lien.
Fuyons diligemment.
ARISTONNE.
     Quoi, fuir ma Couronne?
Et vouloir mépriser la main, qui me la donne?
PALMIS.
Quoi, ne vouloir pas fuir un honneur si fatal?

ARISTONNE.
Quoi, voir un si grand bien, & le fuir comme un mal ?
PALMIS.
Pour les ambitieux les Couronnes sont belles ;
Mais il est d'autres biens pour les Amans fidelles :
Et je ne pense pas que de l'ambition,
Votre cœur fasse encor sa forte passion.
Darius est aimable, & l'on m'a fait entendre,
Que pour lui vous avez un sentiment fort tendre ;
Et qu'à bien discerner cet instinct tout de feu,
Si ce n'est pas amour, au moins il s'en faut peu.
ARISTONNE.
Quiconque vous l'a dit, ne vous a point trompée;
Mais cette indigne erreur s'est enfin dissipée.
Ma raison dans mon ame a pris son premier rang ;
Et les liens d'amour cedent aux nœuds du Sang.
PALMIS.
Darius peut sans crime aspirer à vous plaire.
L'amour peut vous unir, il n'est point votre Frere.
ARISTONNE.
Dieux ! que m'aprenés-vous ?
PALMIS.
   Que vous pouvés l'aimer,
Je l'en avois instruit pour vous en informer.
ARISTONNE.
Hélas !
PALMIS.
  Vous soûpirés, voulés-vous que je croie,
Qu'un avis si charmant vous donne peu de joie ?
ARISTONNE.
De cet avis fatal Darius informé,
Devient plus que jamais indigne d'être aimé.
PALMIS.
Mais à l'hymen du Roi pourriés-vous bien prétendre ?
ARISTONNE.
Je m'y suis engagée ; & ne m'en puis défendre.
Ma fuite même ici ne dépend plus de moi ;
On me garde, on me sert par les ordres du Roi.

On cesse d'être libre alors qu'on devient Reine,
Et le Sceptre souvent pese autant qu'une chaîne.
PALMIS.
Darius se plaindra.
ARISTONNE.
Bien loin de s'irriter,
Lui-même à cet Hymen m'ose solliciter.
PALMIS.
Et l'auriez-vous pû croire ?
ARISTONNE.
Il m'a si fort pressée,
Qu'à donner ma parole enfin il m'a forcée.
PALMIS.
Il n'a donc plus d'amour, puis qu'il vous cede au Roi.
ARISTONNE.
L'ingrat a de l'amour, mais ce n'est pas pour moi.
Et je ne suis pour lui dans son humeur legere,
Qu'un obstacle fâcheux dont il se veut défaire.
PALMIS.
C'est croire un peu trop tôt que son feu soit éteint.
ARISTONNE.
C'est le plus tard qu'on peut qu'on croit ce que l'on craint :
Une ame accoûtumée à fuir ce qui la blesse,
Ne croit sentir un mal qu'au moment qu'il la presse.
Et naturellement encline à se flâter,
Quand même elle le sent, tâche encor d'en douter.
PALMIS.
Mais quel charme a forcé Darius à se rendre ?
ARISTONNE.
Au charme des Grandeurs, il s'est laissé surprendre,
Et je tâche en paiant ses dédains de mépris,
De me laisser surprendre à ce qui l'a surpris,
Il aime la Princesse, & la Princesse l'aime.
PALMIS.
La Princesse ! au malheur

DE CAMBISE.

ARISTONNE.
Je l'ai sçu d'elle-même,
Et l'ingrat, qui me cause un si juste dépit,
N'a que trop confirmé ce qu'elle m'en a dit.
PALMIS.
Pour moi, comme pour vous, cette offense est cruelle:
Mais j'espere arrêter cette ardeur infidelle,
Et je vai pour détruire un dessein si fatal,
Mettre un remede extrême à cet extrême mal.

SCENE II.

ARISTONNE, LADICE.

ARISTONNE.

Pour le mal qui me presse, il n'est point de remede:
Il faut qu'à ma disgrace aveuglément je céde;
Mon choix est engagé, ses soins sont superflûs,
Et mon dernier espoir est de n'en avoir plus.
Rien n'est plus rigoureux qu'une esperance vaine:
Un mal qu'on n'attend pas, cause une double peine:
Et quiconque est réduit à n'attendre aucun bien,
Peut être encor content s'il peut n'esperer rien.
LADICE.
Mais ne serés-vous point sensible à quelque joie,
S'il faut que Darius se repente, & vous voie.
ARISTONNE.
Je goûterois sans doute un plaisir infini,
De le voir repentant: mais pour le voir puni,
Je voudrois le pouvoir accabler sous ma chaîne;
Je voudrois qu'il m'aimât, pour mieux sentir ma haine,

Et si son cœur pour moi peut être à souhaiter,
Je ne voudrois l'avoir que pour le rebuter,
Je lui ferois sentir, s'il s'enflamoit encore,
Combien on souffre à perdre un Objet qu'on adore,
Et qu'il n'est point de mal, qui ne soit enfermé,
Dans le cruel tourment d'aimer sans être aimé.
J'épouserois le Roi sans nulle répugnance,
Et même avec plaisir, au moins en apparence ;
Et de peur que mon mal n'adoucit trop le sien,
Quand j'en mourrois d'ennui, l'ingrat n'en sauroit rien.

LADICE.

Mais s'il vous est fidelle, & vous le fait connoître ?

ARISTONNE.

Pourquoi me parles-tu de ce qui ne peut être ?
Quand même il se pourroit qu'il m'eût gardé sa Foi,
Je garderois la mienne en épousant le Roi.
Je ne puis desormais rompre cet hymenée ;
Je n'ai plus à choisir, ma parole est donnée.
Darius m'a lui-même engagée aujourd'hui,
Et n'étant plus à moi, je ne puis être à lui.
Mais mon cœur irrité de sa lâche inconstance,
Le perdra sans regret : je le voi qui s'avance ;
Je sens pour lui déja mon cœur trop adouci :
Ladice, pour ma gloire éloignons-nous d'ici.

SCENE III.

DARIUS, ARISTONNE, LADICE.

DARIUS.

HE' quoi! toujours me fuir, sans me laisser dé-
fendre?
ARISTONNE.
Que me demandés-vous?
DARIUS.
Un moment pour m'entendre.
ARISTONNE.
Voulez-vous point encor me parler pour le Roi?
DARIUS.
J'ai trop parlé pour lui, je veux parler pour moi.
ARISTONNE.
Je ne croi pas avoir le temps de vous entendre :
Tout se prépare au Temple, il faut bien-tôt m'y ren-
dre.
Vous savés qu'un hymen est un soin important.
DARIUS.
Ce que je veux vous dire importe bien autant.
Avant que me quiter, souffrez d'en être instruite.
ARISTONNE.
Ne m'arrêtez donc guére, autrement je vous quite.
DARIUS.
J'excuse ce mépris, qui vient de votre erreur,
Mais cessez de me voir comme un Objet d'erreur ;
Il est temps qu'à vos yeux mon Destin s'éclair-
cisse ;

Et qu'avec vôtre erreur vôtre mépris finisse.
Vous n'êtes point ma Sœur.

ARISTONNE.

Vous ne m'aprenez rien,
Que déja sans vos soins, je ne sçache fort bien.

DARIUS.

Je sçai quel est l'effort, où je vous ai portée ;
Vous en êtes surprise, & peut estre irritée.

ARISTONNE.

C'est mal connoître un Cœur juste comme le mien,
De croire qu'on l'irrite, en lui faisant du bien.
A suivre vos Conseils je trouve trop de gloire,
Pour n'en conserver pas à jamais la memoire ;
Vous seul à mon bonheur m'avez fait consentir,
Et ma plus forte envie est de m'en ressentir.
Vous m'avez fait choisir le plus grand avantage,
Qu'un Cœur bien elevé puisse prendre en partage.
Et quelque grand que soit ce bonheur proposé,
Peut-être, que sans vous, je l'aurois refusé.

DARIUS.

Quelque plaisir qu'on trouve à prendre un Diadême,
Pourrez-vous sans regret perdre un Cœur, qui vous aime ?

ARISTONNE.

Le Cœur d'un inconstant n'est pas un fort grand bien :
Au moment, qu'il échape on ne perd presque rien.
Et la possession d'une Couronne offerte
Pourroit me consoler d'une plus grande perte.

DARIUS.

Vous ? me croire inconstant ? connoissés mieux mon Cœur.
Il n'a point d'autre crime icy, que mon malheur.

ARISTONNE.

Comptez-vous pour malheur l'Amour de la Princesse ?
Non, non, excusez-vous plutôt sur sa tendresse.
Elle a beaucoup d'amour, de grandeur, & d'apas.
Vous seriez trop cruel, si vous ne l'aimiez pas ;

DE CAMBISE. 67

Et j'aurois grand regret de vous être importune,
Jusqu'à vous faire perdre cette bonne Fortune.
DARIUS.
Si jamais....
ARISTONNE.
Il sied bien toujours d'estre discret?
D'elle-mesme pourtant j'ai sçu tout le secret.
DARIUS.
Ah ! je connoi d'où vient une erreur si cruelle,
La Princesse est trompée & vous trompe avec elle.
Sans doute, expliquans mal mes transports les plus
    doux,
Elle s'est apliqué ce que j'ai dit pour vous.
Mais quand je l'ai revûë elle s'est detrompée,
Et vôtre erreur peut estre aisément dissipée.
ARISTONNE.
Vos Discours sur mon Cœur n'auront aucun credit;
Ce que vous avez fait prouve ce qu'elle a dit.
DARIUS.
Helas, ce que j'ai fait doit vous prouver encore,
Que ce soupçon outrage un Cœur, qui vous adore;
Apprenez que le Roi m'écoutoit à l'instant,
Que je vous conseillois cet Hymen important.
Et qu'un autre conseil avec trop de foiblesse,
Eût trahi mon devoir, son ordre, & ma promesse;
ARISTONNE.
Que vous êtes cruel de vouloir m'assurer,
D'un Amour, qu'à present j'ai besoin d'ignorer.
De tout ce qu'on ignore, il est doux de s'instruire :
C'est un desir ardent, que la Nature inspire,
Mais quoi qu'avec ardeur chacun vueille estre ins-
    truit;
Il est avantageux d'ignorer ce qui nuit.
Vous-mesme en d'autres nœuds vous m'avez enga-
    gée :
Du secours du dépit mon Cœur fortifié,
Plus aisément au Roi se fut sacrifié;
Et nul trouble pour vous n'eût jamais pû renaître,

Dans une ame, où vos soins ont mis un autre Maî-
 tre.
Laissés-moi, s'il se peut, une erreur qui me sert :
Je sens qu'en la perdant, tout mon repos se pert,
Et lors que nos erreurs au repos nous conduisent,
On doit les préferer aux véritez qui nuisent.
Pour grands que soient vos feux, tâchez de les ca-
 cher.
Ne me dites plus rien qui me puisse toucher.
C'est un bonheur charmant de se connoître aimée ;
A peine la douceur en peut être exprimée ;
Mais c'est un mal aussi, qu'on ne peut exprimer,
De se connoître aimée, & de n'oser aimer.
Epargnés à tous deux des ardeurs indiscretes,
Laissez joüir le Roi du don que vous lui faites.
Ne troublés plus mon cœur aprés l'avoir cedé ;
Il n'eut été qu'à vous si vous l'eussiez gardé,
Mais puisque c'est au Roi que votre choix le cede,
Souffrés que ce soit lui qui tout seul le possede.

DARIUS.

N'aprehendez plus rien ni de vous, ni de moi,
Je n'entreprendrai point d'ébranler votre Foi,
Et quand injustement j'oserois l'entreprendre,
Vous auriez de la force assez pour la défendre.
Faites tout ce que veut la plus severe Loi ;
Otez-moi votre amour pour le donner au Roi :
Mais séparez au moins l'innocence du crime ;
Et m'ôtant votre amour, laissez-moi votre esti-
 me :
Connoissés que jamais sous l'Empire amoureux,
On n'a conçu d'ardeur qui ne cede à mes feux ;
Et que de vos beaux yeux la pure & vive flame,
Ne s'est point alterée en passant dans mon ame.
Vos interêts, plûtôt que les ordres du Roi,
M'ont fait en sa faveur engager votre Foi.
J'ai voulu, sans penser aux maux que je m'aprête,

Aux dépens de mon cœur couronner votre Teste.
Et ne me repens point d'avoir contre mon bien,
Fondé votre bonheur sur le débris du mien,
D'une ardeur foible & basse une ame est animée,
Lors qu'elle se préfere à la personne aimée ;
Et d'un parfait amour un cœur bien enflamé,
Ne doit jamais agir que pour l'objet aimé,
Vous faire en me quittant choisir un Diadême,
C'est savoir vous aimer beaucoup plus que moi-
    même.
Et vous faire pour moi quitter un bien si doux,
Ce seroit en effet m'aimer bien plus que vous,
Je n'ai pû dans un sort confus comme le notre,
Prouver mieux mon amour, qu'en renonçant au vo-
    tre.
Mais en prenant le bien qui vous est presenté,
Souvenés-vous un peu de ce qu'il m'a coûté,
L'Empire où je vous porte en dépit de ma flame
M'interdit pour jamais l'Empire de votre ame ;
J'ai cedé pour vous mettre en droit de commander,
La gloire de vous plaire, & de vous posseder :
J'ai de tous mes plaisirs paié ce rang suprême,
Et j'ai pour trop aimer perdu tout ce que j'aime.

ARISTONNE.

Vos soins ont mal connu mes sentimens secrets ;
Ils ont plûtôt trahi, que pris mes interêts,
J'aimois mieux par l'effet d'une ardeur sans se-
    conde,
Vous voir seul sous mes loix, que d'y voir tout le
    monde.
Et prisois moins les biens, que vous me presentez,
Que la possession du cœur que vous m'ôtez.
La douceur de regner dans une ame enflamée,
Doit ceder au plaisir d'aimer, & d'être aimée.
Et pour les vrais amans, dans la plus belle Cour,
La Fortune n'a rien de si doux que l'amour.
J'étois amante enfin, plûtost qu'ambitieuse,
Il n'a tenu qu'à vous, que je ne fusse heureuse,

Mais puis que votre choix engage ailleurs ma foi,
Mon bonheur ne peut plus dépendre que de moi.
Le Roi me sera cher pour l'amour de moi-même ;
J'aimerai ce que j'ai, n'aiant pas ce que j'aime :
Je contraindrai mon cœur d'en être satisfait,
Et le devoir fera ce que l'amour eut fait.
Mais si quelque tendresse en votre ame se trouve,
J'en souhaite pourtant une derniere preuve.
DARIUS.
Dût-elle être en ma mort, l'ordre m'en sera doux ;
Mon cœur, quoi qu'il vous perde, est encor tout à vous.
ARISTONNE.
Vous m'obéirez donc ?
DARIUS.
     Oüi, je vous en assure.
Vous n'en sauriés douter sans me faire une injure ;
Perdre la vie est moins, que perdre tant d'apas,
Aprés ce que j'ai fait, que ne ferois-je pas ?
Ordonnés donc.
ARISTONNE.
   Hé bien, épousez la Princesse.
DARIUS.
Moi l'épouser ?
ARISTONNE.
    Oüi vous, j'en ai votre promesse.
Et sans excuse il faut lui donner votre foi,
Pour votre propre gloire, aussi-bien que pour moi.
Tant que vous seriez libre, il seroit difficile,
Que le Roi de mon cœur fut possesseur tranquile ;
Et je ne croirois pas malgré ma fermeté ;
Que toute ma vertu put être en seureté.
Deux ames qu'une fois l'amour unit ensemble,
Ne se séparent pas ainsi que bon leur semble,
Et quand tous leurs liens viennent même à finir,
Il n'est rien plus aisé que de les réunir,
Pour détacher nos cœurs, comme je m'y prépare,
Il ne nous suffit pas que le Roi nous sépare ;

Pour ne pouvoir plus prendre un nœud qui fut si doux,
Nous devons mettre encor la Princesse entre nous,
Si votre amour pour moi se change enfin pour elle,
Je craindrai peu d'aimer un amant infidelle ;
Et si vous méprisez l'amour qu'elle a pour vous,
Je pourrai bien haïr un infidele époux.

DARIUS.

Ah voiez si pour moi quelque bonté vous reste,
A quels tourmens m'expose un hymen si funeste,
Quel supplice plus grand peut-on imaginer,
Que de devoir un cœur, qu'on ne peut plus donner :
Est-il rien plus cruel pour une ame sincere,
Que s'engager d'aimer ce qui ne sauroit plaire ;
Et n'est-ce pas un mal, pire que le trépas,
D'être uni pour toujours à ce qu'on n'aime pas ?

ARISTONNE.

A souffrir ces tourmens vous m'avés sçu contraindre,
Quand vous les souffrirez, devés-vous vous en plaindre,
Et vous ferai-je tort, si mon cœur irrité,
Vous ôte le repos, que vous m'avés ôté ?
Un hymen fait par force est un suplice extrême :
Mais vous avez voulu m'y condamner vous-même,
Et j'ai droit en l'état où vous me réduisés,
De vous causer les maux que vous m'avés causés.

DARIUS.

Hé bien, Beauté cruelle, à ma perte animée,
Déchirés donc mon ame après l'avoir charmée ;
Et puisque sous vos loix j'ose encor m'exposer,
Regnez encor sur moi pour me tirannifer,
Je ne me défends plus en amant téméraire,
De tenir ma promesse, & de vous satisfaire,
Mais faites-moi pouvoir ce que vous m'ordonnés ;
Comment puis-je donner ce que vous retenés ?
Rendés-moi donc mon cœur en reprenant le vôtre,

LE MARIAGE

Si vous avez dessein qu'il puisse être à quelqu'autre,
Et pour aimer l'objet à qui mes vœux sont dûs,
Donnés-moi le moien de ne vous aimer plus,
Cessez de me charmer, & m'ôtez ma foiblesse.

ARISTONNE.

Armez-vous de vertu, j'apperçoi la Princesse :
Préparez votre main.

DARIUS.

                Ma main est prête, helas!
Mais je sens bien encor que mon cœur ne l'est pas.

SCENE DERNIERE.

CAMBISE, ATOSSE, PALMIS, ARISTONNE, DARIUS, LADICE, PHEDIME, MELANTE, MEGABISE. *Suite.*

CAMBISE.

De notre double hymen, enfin l'heure est venuë,
Pour ma Sœur, Darius, votre ardeur m'est conuë,
Nos déplaisirs communs ensemble vont finit ;
On nous attend au Temple, où l'on nous doit unir.

DARIUS.

Cet honneur surprenant, dont j'ai l'ame interdite,
Passe mon esperance, ainsi que mon mérite.

CAMBISE.

Je sai mieux que jamais tout ce que je vous doi :
Et veux faire pour vous, autant que vous pour moi.

DARIUS.

DARIUS.
Je crains de la Princesse un dépit équitable.
ATOSSE.
D'aucun dépit pour vous je ne suis point capable.
CAMBISE.
Et moi, j'atteste encor le Dieu de la clarté,
Que rien n'empêchera cet hymen arrêté,
Vôtre Mere y consent, & le Ciel le desire.
PALMIS.
L'écrit, que j'ai fait voir de tout le peut instruire.
CAMBISE *donnant un billet à Darius.*
Lisez-le Darius, dans les mains de Palmis,
Par la Reine ma mere autrefois il fut mis,
Et dés que je l'ai vû, mon ame convaincuë
A faire son devoir s'est enfin resoluë.
DARIUS *lit.*
Dans l'espoir d'éviter un amour détestable,
  Dont le Ciel menace mon Fils
  Pour sa Sœur un jour trop aimable;
Palmis prit au berceau ma Fille veritable,
Pour ôter de la Cour ses attraits ennemis ;
Et je pris en son lieu la Fille de Palmis.
    Cassandane.
PALMIS, *à Darius.*
   Ces mots, vous font assez connoître.
Qui vous devez aimer & quel sang vous fit naître,
Pour exempter le Roi d'un si funeste amour
J'élevois avec soin sa sœur hors de sa Cour :
Mais malgré tous mes soins le Sort irrevocable,
Sçut offrir à ses yeux cet Objet redoutable,
Et s'il n'eût pas promis de vous donner sa sœur,
Il eût eu de la peine à l'ôter de son cœur.
CAMBISE *à Darius.*
Oui, quoi que reconnu pour frere d'Aristonne,
Ce n'est pas sans effort, que je vous l'abandonne,
Malgré le sang, l'honneur, & ce que je vous doi,
Mon cœur murmure encore en vous cedant sa foi ;
Mais ce que je vous doi, l'honneur, & la Nature,
L'emportent sur mon cœur, malgré son vain murmure,

Tom. II.   D

Le sang, qui nous unit nous separe à jamais,
Reprenez votre don, joüissez-en en paix ;
Ce qu'il vous a coûté me force à vous le rendre ;
Aussi-bien vainement je voudrois y prétendre ;
Aristonne vous aime, & cet objet si doux,
Ne pouvant être à moi, ne peut être qu'à vous.

   DARIUS à Aristonne.
Quoi, je puis être à vous ?

   ARISTONNE.
     Quoi, j'obtiens ce que j'aime ?

   CAMBISE.
Si vous êtes contens nous le sommes de même.
Cette illustre Beauté cessant d'être ma sœur,
Peut recevoir sans crime & mon Sceptre & mon Cœur,
Elle m'offre sa main, & sans beaucoup de peine,
Dans mes premiers liens son pouvoir me rameine,
Rendons-nous dans le Temple, & par des nœuds puissans
Allons nous assurer des plaisirs innocens.

Fin du cinquième & dernier Acte.

STRATONICE
Tragi-Comedie.

STRATONICE,
TRAGI-COMEDIE.
DE
Mr. QUINAULT,
Representée en 1657.

ACTEURS.

BARSINE, Fille d'Eumenes & Niéce d'Attales, Roi de Pergame.
CEPHISE, Confidente de Barsine.
SELEUCUS, Roi de Syrie.
POLICRATE, Confidente de Seleucus.
ANTIOCHUS, Fils de Seleucus.
TIMANTE, Favori d'Antiochus.
PHILIPPE, Oncle de Stratonice.
STRATONICE, Fille de Demetrius, Roi de Macedoine.
ZENONE, Suivante de Stratonice.
ZABAS, Courtisan de Seleucus.
SUITE.

La Scene est dans Antioche.

STRATONICE,
TRAGI-COMEDIE.

ACTE I.
SCENE PREMIERE.

BARSINE.

Orgueilleux mouvement des ames genereuses,
Qui jamais sans régner ne peuvent estre heu-
  reuses,
Passions des grands cœurs, dont les soins glorieux
Ne sauroient rien souffrir qui soit au dessus d'eux,
Superbe ambition dont l'ardeur sans seconde
Ne se laisse borner que des bornes du monde :
Tu me flattois d'un rang que l'on me vient ravir,
Un autre va régner, & nous allons servir,
Et Stratonice enfin en Syrie arrivée.
Doit ce soir estre au Trône à mes yeux élevée.
Que me peut maintenant servir ton vain transport ?
Que fais-tu dans mon cœur lors que l'espoir en sort ?
Va, laisse-moi tomber dans un sort plus tranquile,

Ne me tourmente plus par un soin inutile,
Et souffre dans mes maux que j'aye au moins le bien
De ne rien desirer quand je ne puis plus rien.
Mais, ô vœux superflus! c'est en vain que je tente
De bannir de mon cœur le soin qui me tourmente;
Le Ciel, de qui nous vient nôtre inclination,
Avec l'ame en mon sein versa l'ambition,
Et cette ardeur aveugle, à mon ame attachée,
Par mes propres efforts n'en peut être arrachée.
En vain de ce torrent je me veux détourner,
Si je ne le veux suivre il sçaura m'entraîner;
J'en veux toûjours au Sceptre, & n'ai pas la puissance
D'en perdre le desir quand j'en perds l'esperance.
Mais s'il te faut souffrir, au moins, cruelle ardeur,
Fais place à d'autres feux, passe au fonds de mon cœur,
Pour arriver au Trône où tu pousses mon ame,
Souffre qu'à ton secours j'appelle une autre flame,
Et puisque ton pouvoir est trop foible en ce jour,
Permets-moi d'emprunter les forces de l'amour.
Nous pourrons triompher encor avec ses armes :
Pour tout le sang Royal mon visage a des charmes,
Et je voi sous mes loix également soûmis
Et le Roi de Syrie, & le Prince son fils.
Si je veux m'abaisser jusqu'à feindre que j'aime,
Stratonice n'a pas encor le Diadême,
Et Seleucus pour moi pourra tout aujourd'hui,
Pour peu que mes regards s'adoucissent pour lui.
Le Sort devoit un Sceptre au sang du grand Eume-
        nes,
Dont toute la chaleur a passé dans mes veines,
Mais malgré le refus du Sort injurieux,
Je n'ai pour l'obtenir besoin que de mes yeux.
Il est doux de porter au front une Couronne,
Quand la faveur des Dieux en naissant nous la donne;
Mais il est bien plus doux, & bien plus glorieux,
De la devoir encore à soi-même, qu'aux Dieux.

SCENE II.

CEPHISE, BARSINE.

CEPHISE.

Quoi, vous êtes, Madame, & rêveuse, & chagrine,
Dans un jour que le Roi pour votre hymen destine ?
Le Prince votre amant, avec toute la Cour,
Dans les murs d'Antioche est enfin de retour :
Le Roi, qui doit ce soir épouser Stratonice,
Veut qu'avec son hymen le vôtre s'accomplisse,
Et son unique Fils qui sera votre époux
Dévroit vous inspirer des sentimens plus doux.

BARSINE.

Bien que d'Antiochus je me croie adorée,
Notre union encor n'est pas trop assurée,
Et malgré ses desirs, & les ordres du Roi,
Notre hymen se peut rompre.

CEPHISE.
                        Et qui le rompra ?

BARSINE.
                                  Moi.

CEPHISE.

Vous, Madame, le rompre ?

BARSINE.
              Oui, Cephise, moi-même,
Le Prince a du mérite, il est digne qu'on l'aime,
Mais j'y trouve un défaut dont mon cœur est gêné.

CEPHISE.
Dieux, quel défaut, Madame ?
BARSINE.
Il n'est pas couronné ;
Et le cœur que je porte, & qu'on veut que je donne,
Croit être à trop bas prix à moins d'une Couronne.
CEPHISE.
Mais vous pouviez regner en épousant le Roi,
Avant qu'à Stratonice il engageât sa foi.
Vous avez pû choisir du Prince, ou de son Pere,
Vous avez à tous deux également sçû plaire,
Et si le Roi pour lui n'eût pas vû vos mépris,
Il n'auroit jamais pû vous ceder à son fils.
BARSINE.
Aprens, pour t'expliquer ce choix qu'on m'a vû faire,
Que j'aime Antiochus & que je hai son Pere,
Mon cœur pour Seleucus, malgré sa passion,
Est naturellement rempli d'aversion,
Et tu sçais que jamais un cœur n'est bien le maître
De ces instincts qu'en nous la Nature fait naître.
D'abord voyant le Roi sans femme, & déja vieux,
Et le Prince assuré de regner en ces lieux,
Je croyois, l'acceptant, toucher au Diadême,
Fuïr une main haïe, obtenir ce que j'aime,
Et satisfaire enfin dans mon cœur, par ce choix,
L'ambition, la haine, & l'amour à la fois.
Mais, helas ! cet espoir m'avoit bien abusée,
Une autre a pris la main que j'avois refusée ;
Le Roi sur la frontiere a vû Demetrius,
Où pour mieux confirmer les articles conclus,
Estant sollicité d'entrer dans sa famille,
Comme sceau de la paix, il a reçû sa fille.
S'il l'épouse ce soir, juge de mon effroi :
Le Prince est en peril de n'être jamais Roi,
Et le Roi peut donner ; pour comble de miseres,
Des Maîtres à son fils, en lui donnant des Freres,
Entre les Successeurs d'Alexandre le Grand,
Qui de tout l'Univers fut jadis Conquerant,

TRAGI-COMEDIE. 81

Je voi Demetrius dans la peur qui m'accable
Le plus entreprenant, & le plus redoutable.
Il soûtiendra sa fille, & mettra ses enfans,
Après la mort du Roi, dans le Trône où je tends,
Et je serai, sans prendre une plus haute marque,
Toûjours femme d'un Prince, & jamais d'un Monarque.
Je sens bien que mon cœur en effet est surpris.
De haine pour le Pere, & d'amour pour le Fils ;
Mais rien n'étant plus doux que le titre de Reine,
J'ai plus d'ambition que d'amour, ni de haine.
Le Prince, quoi qu'aimable, est indigne de moi,
Son Pere a peu d'apas, mais enfin il est Roi ;
Et le Sceptre qu'il tient, & dont l'éclat m'emporte,
Communique son charme à celui qui le porte.

CEPHISE.

C'est bien tard en l'état, Madame, où je vous voi,
Que vous entreprenez de regagner le Roi,
Et vous le deviez suivre en ce dernier voyage,
Pour détourner plûtôt ce fatal mariage.

BARSINE.

Moi, voir Demetrius ! & ne sçais-tu pas bien ?
Qu'Antigone son pere a fait mourir le mien,
Et qu'il est de ma gloire, & de la bien-seance
De haïr sa personne & de fuïr sa presence ?
Mais à voir Stratonice il faudra me forcer,
Par elle mon dessein doit ici commencer.
Je veux adroitement introduire en son ame
Du dégoût pour le Roi dont je veux être femme,
Et lui peindre son fils avec des traits si doux,
Qu'elle tint à bonheur de l'avoir pour époux ;
Voyons pourtant le Roi, c'est ici son passage,
Il sort, & vient lui-même aider à mon ouvrage.

CEPHISE.

Vous ne l'abordez pas ?

BARSINE.

            Non, pour mieux réüssir
Ce n'est pas mon dessein d'abord de m'adoucir,

D 5

SCENE III.

SELEUCUS, POLICRATE, BARSINE, CEPHISE.

SELEUCUS.

Quoi, Princesse, à me fuïr vous semblez déja prête ?
BARSINE.
J'allois sortir, Seigneur; mais le respect m'arrête.
SELEUCUS.
Il ne m'est pas nouveau de voir pour mes ennuis,
Que vous ayez toûjours à sortir d'où je suis.
BARSINE.
J'allois chez Stratonice, & quoi que sa naissance,
Me donne pour la voir beaucoup de répugnance,
L'apui que j'eus de vous, après mon pere mort,
M'engage pour vous plaire à faire cet effort.
J'ay crû vous obliger; mais j'ai beau me contraindre,
Il ne m'est pas nouveau de vous entendre plaindre.
SELEUCUS.
C'est de tout temps aussi que vos soins les plus doux
Sont de me donner lieu de me plaindre de vous.
BARSINE.
J'ai toûjours cependant tâché par quelque marque
De montrer mon respect pour un si grand Monarque.
SELEUCUS.
Ce n'étoit pas assez.
BARSINE.
          Aussi je reconnoi,
Que le respect n'est pas tout ce que je vous doi.

Je sçais encor, Seigneur, quelle reconnoissance
Mon cœur depuis trois ans doit à vôtre assistance :
Quand on m'ôta mon Pere en le privant du jour,
Vôtre bonté m'offrit azile en vôtre Cour.
SELEUCUS.
Je fis bien plus pour vous, dès que mes yeux vous virent
Je vous donnai mon cœur, mes soûpirs vous l'aprirent,
Et vous deviez, pour suivre en effet mes desirs,
Me rendre cœur pour cœur & soûpirs pour soûpirs.
BARSINE.
Après ce grand honneur, mon cœur eût fait un crime
De ne vous pas donner sa plus parfaite estime.
SELEUCUS.
La plus parfaite estime a beau paroître au jour,
Elle tient lieu d'outrage à qui veut de l'amour.
BARSINE.
L'excez de vos bontez d'abord dût me confondre,
C'étoit en abuser, Seigneur, que d'y répondre :
Peut-être que l'amour que vous vouliez de moi
Vous eût fait refuser la fille d'un grand Roi,
Et j'aurois crû vous faire en effet un outrage,
De vous avoir fait perdre un si grand avantage.
SELEUCUS.
Ce doit m'être un bonheur que d'être son époux,
Mais j'eusse encor été plus heureux d'estre à vous,
Et le bien que m'assure un nœud si necessaire,
Ne m'auroit jamais plû, si j'avois pû vous plaire.
Mais puisque tous mes soins n'ont fait que vous aigrir,
C'est ici le dernier qui vous reste à souffrir.
Graces à vos rigueurs, je viens enfin vous dire
Que mon cœur m'a promis de suivre un autre empire,
Qu'il ne veut plus troubler desormais vos appas,
Et quand il le voudroit qu'il ne le pourroit pas.

Voici le jour choisi pour le double hymenée,
Qui doit vous délivrer de ma flâme obstinée,
Et vous touchez enfin aux momens desirez,
Où nous serons tous deux pour jamais separez.
Aimez mon fils en paix, j'aimerai Stratonice;
Elle a dequoi forcer à lui rendre justice,
Et mes soûpirs peut-être enfin vous seront doux,
Quand vous les entendrez pour une autre que vous.

BARSINE.

Sans m'expliquer, Seigneur, agréez que j'acheve
Ce que je dois au rang où vôtre choix l'éleve.
Je lui voudrois en vain disputer vôtre amour,
Et vôtre hymen m'oblige à lui faire ma Cour.

SCENE IV.

SELEUCUS, POLICRATE.

SELEUCUS.

Elle me fuit l'ingrate, & ma foiblesse est telle,
Que j'ai bien de la peine à m'irriter contre elle;
Je ne sçai quoi toûjours m'empêche en sa faveur
De pouvoir à mon gré disposer de mon cœur.

POLICRATE.

Mais son dessein, Seigneur, devroit vous satisfaire;
Allant voir Stratonice elle cherche à vous plaire.

SELEUCUS.

Que tu sçais mal juger de son aversion!
L'ingrate pour me fuir cherche une occasion,
Elle en trouve un prétexte, & prend cet artifice
Plus pour ne me voir pas, que pour voir Stratonice;
Bien qu'elle se contraigne, elle croit plus avoir
De joye à m'éviter, que de peine à la voir.

TRAGI-COMEDIE.

Elle la doit haïr d'une haine mortelle,
Et cependant je voi qu'elle me hait plus qu'elle.
POLICRATE.
Jugez-en mieux.
SELEUCUS.
Pourquoi me flâtes-tu toûjours ?
Je me flâte moi-même assez sans ton secours.
Comment puis-je l'aimer sans qu'au fonds de mon
    ame
Quelque flâteuse erreur ne nourrisse ma flame ?
Je ne doi point douter de ses mépris ingrats,
Mais je serois guéri si je n'en doutois pas ;
Je la perdrois sans doute avec bien moins de peine,
Si j'étois en effet convaincu de sa haine,
Et déja mon amour seroit hors de mon cœur,
S'il n'étoit retenu par quelque espoir trompeur.
POLICRATE.
Soit qu'elle soit ingrate, ou soit qu'elle vous aime,
Son cœur est reservé pour un autre vous-même :
Et du moins le perdant, il vous doit être doux
Qu'il soit à votre fils s'il ne peut être à vous.
SELEUCUS.
Le Prince m'est bien cher ; jamais, je le confesse,
Un pere pour son fils n'eût la même tendresse ;
J'entre en tout ce qu'il souffre, & ne sens que trop bien
Que le sang qui l'anime est le plus pur du mien,
Cent fois en sa faveur tu m'as entendu dire,
Que je pourrois ceder jusques à mon Empire,
Mais aprens, quand on aime avec beaucoup d'ardeur,
Qu'on peut ceder plûtôt un Empire qu'un cœur.
Pour mon fils sans regret je perdrois une vie,
Dont j'ai mis dans son sein la meilleure partie,
Mais tel, qui sans regret, peut renoncer au jour,
Ne peut pas sans douleur renoncer à l'amour.
Mais ma douleur fut-elle encor plus violente,
A l'hymen de mon fils, il faut que je consente :
Le voici. Qu'il est pâle, & qu'il semble agité !

SCENE V.
SELEUCUS, ANTIOCHUS, POLICRATE, TIMANTE.

SELEUCUS.

Qui peut à mon abord vous rendre inquieté ?
Vous craignez mon amour, Prince, & je m'imagine,
Qu'on vous a dit qu'ici je parlois à Barsine :
Mais n'aprehendez rien ni d'elle ni de moi,
Elle vient de me fuir, Stratonice a ma foi,
Et je ne puis changer la parole donnée,
D'achever mon hymen cette même journée.

ANTIOCHUS.

Quand vous pourriez changer, je sai ce que je doi
Aux desirs de mon Pere, aux ordres de mon Roi,
Et vous pourriez me faire une plus grande injure,
Sans craindre de ma part ni plainte ni murmure.
Ce n'est pas toutefois que j'aie aprehendé,
Que vous m'ôtiez l'objet que vous m'avez cedé,
Je ne crains pas devoir manquer votre promesse ;
Mais vous n'avez pas craint de voir cette Princesse,
Et vous savez, Seigneur, si j'ose m'exprimer,
Qu'on doit craindre de voir ce que l'on craint d'aimer.

SELEUCUS.

Non, non, j'ai cru devoir aux yeux de la Princesse,
Faire un dernier effort pour vaincre ma foiblesse :
Je l'ai vûë, esperant, aidé par ses dédains,
De retirer mon cœur de ses ingrates mains ;
Et pour mieux affermir mon ame chancelante,
Par les derniers soûpirs de ma flâme mourante,

J'ai tâché d'exhaler tous les restes d'ardeur,
Qui pourroient être encor demeurez dans mon cœur.
ANTIOCHUS.
Il faut voir pour aimer, & d'où le mal procede,
C'est rarement, Seigneur, que provient le remede.
Vous croiez n'aimer plus, je n'en veux pas douter;
Mais qui croit n'aimer plus peut souvent se flater,
Et l'amour est un mal difficile à connoître,
Dont on n'est pas guéri toûjours quand on croit l'être.
SELEUCUS.
Dussai-je encor aimer Barsine malgré moi,
Malgré tout mon amour vous recevrez sa foi;
Et dût votre bonheur rendre ma mort certaine,
La fin du jour sera la fin de votre peine.
ANTIOCHUS.
Ah! plûtôt qu'à ce prix j'accepte un tel bonheur;
Je renonce à Barsine, épousez-la, Seigneur.
SELEUCUS.
Non, Prince, j'ai promis d'épouser Stratonice,
Il faut que ma promesse aujourd'hui s'accomplisse;
Et c'est m'obliger peu que de me presenter
Ce que je ne suis plus en état d'accepter.
ANTIOCHUS.
Depuis que Stratonice a vû partir son Pere,
Elle n'a daigné prendre aucun soin pour vous plaire;
Et son orgueil en vous trouve si peu d'apas,
Que vous l'obligerez de ne l'épouser pas.
SELEUCUS.
L'horreur pour Stratonice en vous n'est pas nouvelle;
Sans cesse vous tâchez de m'animer contre elle,
Et votre aversion vous pouvant abuser,
Vous n'êtes pas croiable en voulant l'accuser.
ANTIOCHUS.
L'aversion, Seigneur, n'est pas ce qui m'anime,
Je rends à ces apas ce qu'on leur doit d'estime,
Elle est belle, & ses yeux ont des charmes pour tous;
Mais son cœur est plus fier que ses yeux ne sont doux,
J'en conçoi moins d'espoir que je n'en prens d'allarmes,

Et son orgueil me touche encor plus que ses charmes,
Vous avez vû combien elle a pris de souci,
Pour faire retarder son hymen jusqu'ici,
Et combien lentement nous l'avons amenée,
Jusques en cette ville aux nôces destinée ;
Mille prétextes vains par ces soins inventez,
Nous ont en tant d'endroits si long-tems arrêtez,
Qu'elle sembloit aller par un fatal caprice,
Au lieu de vôtre hymen, comme au lieu d'un suplice,
Plus vôtre soin est grand, plus son mépris s'accroît,
Dés que vous paroissez, sa tristesse paroît,
Et si vous l'entendez quelquefois qui soûpire,
Ses yeux en même tems prennent soin de vous dire,
Que ce soûpir funeste échapé de son cœur,
Est bien moins un effet d'amour que de douleur,
Sa fierté même enfin à tel point est montée,
Qu'elle ne me peut voir sans paroître irritée,
Et sans que j'aie en rien mérité son couroux,
Si ce n'est pas l'honneur d'être sorti de vous.

SELEUCUS

Je r'entre, & ne veux pas en oüir davantage.
Un droit inviolable à cet hymen m'engage ;
Ma parole est donnée, il faut l'executer ;
Et puisque c'est un mal qu'on ne peut éviter,
Je le ressens assez sans que l'on m'en instruise,
Et j'ai plûtôt besoin que l'on me le déguise.

SCENE VI.

ANTIOCHUS, TIMANTE.

ANTIOCHUS.

C'En est fait, j'ai perdu mes soins & mon espoir,
Mon Pere épousera Stratonice ce soir.
Stratonice !

TIMANTE.

A ce nom vôtre pâleur augmente,
Reposez-vous, Seigneur.

ANTIOCHUS *tombant sur un siege.*

Que je souffre, Timante,
Et crains bien que le Ciel n'ait marqué dans mon sort,
L'heure de cet hymen pour celle de ma mort !

TIMANTE.

Le Roi n'est pas fort loin, & je lui vai apprendre
Le mal inopiné qui vient de vous surprendre.

ANTIOCHUS.

Arrête, & garde-toi de lui rien découvrir
D'un mal qu'il peut accroître, & qu'il ne peut
    guérir ;
Il ne m'est pas nouveau, je l'eus pour mon supplice
Dés le premier instant que je vis Stratonice.
Ah, que pour moi ce fut un malheureux instant !
Helas !

TIMANTE.

Vous soûpirez ?

ANTIOCHUS.

Ne m'observe pas tant ;
Laisse-moi te cacher la cause de ma peine,

STRATONICE,

TIMANTE

Je suis bien abusé, Seigneur, si c'est la haine,
Pour haïr Stratonice, on y void trop d'apas.
Vous changez de couleur ?

ANTIOCHUS

Ne me regarde pas.

TIMANTE

Je voi trop qu'à l'aimer votre ame s'abandonne.

ANTIOCHUS

Ah ! garde-toi donc bien d'en rien dire à personne.

TIMANTE

Vous voulez donc l'aimer ?

ANTIOCHUS

Moi, vouloir être amant
De celle qui toujours me hait obstinément ?
Qui prend même plaisir à me montrer sa haine,
Et qui toujours me fuit, ou me souffre avec peine ?
Moi, la vouloir aimer ? non, c'est trop me trahir,
Non, Timante, plûtôt je la voudrois hair,
Mais à te dire vrai, je sens malgré moi-même,
Que ce qu'on veut hair est souvent ce qu'on aime.

TIMANTE

C'est donc par quelque espoir d'avoir un jour sa foi
Que vous voulez contre elle aigrir toujours le Roi,
Et le dépit ardent que vous faites paroître,
N'est en effet qu'amour ?

ANTIOCHUS

Cela pourroit bien être,
Mais l'ingrate me hait.

TIMANTE

En êtes-vous certain ?

ANTIOCHUS

J'en voudrois bien douter, mais helas ! c'est en vain :
Ses soins pour m'éviter chaque jour m'en instruisent,
Quand je m'offre à ses yeux ses regards me le disent,
Et quand je veux parler pour m'en instruire mieux,
Sa bouche avouë encor tout ce qu'ont dit ses yeux,
La cruelle rougit d'une fureur soudaine,

autrement assurer de sa haine.
C'est l'ordinaire effet de l'invincible horreur,
Qui d'une Belle mere aigrit toujours le cœur,
Et qui fait qu'un Beau-fils, qu'un Pere favorise,
Lui semble un ennemi qu'il faut qu'elle détruise.
TIMANTE.
Mais Barsine vous aime, & vous croit son amant ?
Vous devez l'épouser ?
ANTIOCHUS.
C'est mon plus grand tourment.
Devant que j'eusse vû l'ingrate que j'adore,
Je l'aimois, & mon cœur voudroit l'aimer encore;
Mais je sens dans l'ardeur qui me vient enflamer,
Qu'on n'aime pas toujours ce qu'on voudroit aimer.
TIMANTE.
Du mal que vous souffrez la moindre connoissance
De l'hymen de Barsine aujourd'hui vous dispense,
Le Roi vous aime trop, Seigneur, pour vous presser.
ANTIOCHUS.
Mon mal est bien plus grand que tu ne peux penser,
Je me sens tout de flame, & toujours sans relâche,
Une fiévre maligne à mes humeurs s'attache ;
Mon ame a sçu par tout répandre sa langueur,
Mon sang a pris sa part du trouble de mon cœur,
Et mes esprits brûlans par leurs courses soudaines,
Ont enfin fait couler mon feu jusqu'en mes veines,
Mais rougissant de voir ce qui me fait brûler,
J'aime encor beaucoup mieux en mourir qu'en parler,
Mon amour fait mon mal, Timante, & je m'expose,
En découvrant l'effet, à découvrir la cause :
Je me sens si honteux, & j'ai tant de regret
De n'aimer plus qui m'aime, & d'aimer qui me hait,
Qu'aussi-bien je mourrois de honte & de tristesse,
Si l'ingrate que j'aime avoit sçu ma foiblesse.
Quoi ? l'orgueilleuse auroit le plaisir de savoir,
Que malgré moi mon ame est toute en son pouvoir ?
Qu'elle peut sur mon cœur beaucoup plus que moi-
même,

STRATONICE,

Qu'elle me hait enfin bien moins que je ne l'aime,
Et que c'est en effet pour elle que je meurs ?
Ah, ce seroit pour moi le plus grand des malheurs,
Elle n'aura jamais cette barbare joie,
Si je ne la hai pas, je veux qu'elle le croie,
Je veux, malgré l'amour dont je me sens surpris,
Montrer haine pour haine, & mépris pour mépris,
Et que l'indigne ardeur, dont j'ai l'ame enflâmée,
Soit une honte au moins dans mon cœur renfermée,
Dussai-je de douleur en mourir à l'instant,
Je veux voir son hymen d'un visage content,
Et conclure à ses yeux le fatal mariage,
Où je sçai qu'aussi-bien ma parole m'engage,
Je répons que Barsine aura ma main ce soir.
Mais je me sens encor trop foible pour la voir.
Rentrons.

TIMANTE.

Quoi ? vous craignez, Seigneur, de voir Barsine,
Quand votre cœur pour elle enfin se détermine ?

ANTIOCHUS.

Je crains de lui montrer un peu trop de froideur,
Je répons de ma main, mais non pas de mon cœur.

Fin du premier Acte.

ACTE II.

SCENE PREMIERE.

PHILIPPE, STRATONICE, ZENONE.

PHILIPPE.

JE ne permettrai point que l'hymen se differe,
Perdez-en le desir, je n'y puis satisfaire ;
Vous savez qui je suis.
STRATONICE.
              Oüi, je le sçai, Seigneur,
Vous pouvez tout sur moi, ma Mere est votre sœur,
Je sai qu'il faut ici par l'ordre de mon Pere,
Que je vous obéïsse, & que je vous revere ;
Je sçai qu'entre vos mains il a remis ses droits,
Et que tous vos desirs me sont autant de loix.
Je ne vous presse pas de rompre l'hymenée,
Où pour le bien public je me voi destinée ;
Mais pour me disposer à recevoir ces nœuds,
Laissez moi, s'il se peut, encore un jour ou deux,
Et daignez m'accorder ce terme pour détruire
Le trouble qui me gêne & que l'hymen m'inspire.
PHILIPPE.
Vous m'en dites beaucoup, mais j'en vois encor plus ;
Vous trouvez peu d'apas sans doute en Seleucus,

Et ce trouble secret, dont vous êtes gênée,
A plû & pour objet l'époux que l'hymenée,
Mais ce trouble sur vous eut-il plus de pouvoir,
Il faut que Seleucus vous épouse ce soir :
L'heure en est déja prise, & ce jour seul vous reste,
Employez-le à bannir cette haine funeste,
Songez qu'il faut regner, & que l'ambition,
Doit être des grands cœurs l'unique passion,
Qu'il ne faut rien haïr que ce qui vous peut nuire,
Qu'il ne faut rien aimer à moins que d'un Empire,
Preparez-y votre ame, & pour donner des loix,
Hâtez-vous d'obéir pour la derniere fois.

SCENE II.

STRATONICE, ZENONE.

STRATONICE.

Que ne sais-tu la peine où tu me vas réduire,
Cruel, qui veux me voir maîtresse d'un Empire ?
Que ne suis-tu mes vœux, & pour toute faveur,
Que ne me laisses-tu maîtresse de mon cœur !
Voi, Zenone, à quel prix est ma haute naissance,
Elle ne peut laisser mon cœur en ma puissance,
Et pour avoir le droit de me faire obéir,
Je perds la liberté d'aimer & de haïr.

ZENONE.

Mais contre Seleucus quel sujet vous anime ?
Madame, il n'a pour vous fait voir que de l'estime.

STRATONICE.

Zenone, il est certain, mais le Prince son fils
N'a pour moi jusqu'ici fait voir que du mépris.

TRAGI-COMEDIE.

ZENONE.
Le Roi cherche à vous plaire avec un soin extrême.
STRATONICE.
Le Prince Antiochus n'en use pas de même.
ZENONE.
Le Roi vous aimera, bornez-y vos souhaits.
STRATONICE.
Mais le Prince son fils ne m'aimera jamais.
ZENONE.
Vous rommez tant ce Fils, à vos desirs contraire,
Qu'on diroit qu'il vous touche un peu plus que son Pere.
STRATONICE.
Le Roi chérit le Prince, & son aversion,
De son Pere & de moi peut troubler l'union.
Voilà pourquoi j'en parle, & ce que j'en doi craindre.
ZENONE.
Vous n'avez pas encor sujet de vous en plaindre ;
Il est vrai qu'il fait voir pour vous quelque froideur,
Mais son indifference émeut trop votre cœur.
Croiez-moi, vous n'auriez ni regret ni colere,
De ne lui plaire pas s'il n'avoit pû vous plaire,
Et vous pourriez le voir sans douleur aujourd'hui
Indifferent pour vous, si vous l'étiez pour lui.
STRATONICE.
Quoi ? ne connois-tu pas quel soin & quelle peine
Je prends incessamment pour lui montrer ma haine ?
ZENONE.
Si vous le haïssiez, vous n'auriez pas besoin,
D'avoir pour le montrer tant de peine & de soin.
STRATONICE.
Je ne le voi jamais sans rougir de colere.
ZENONE.
Rougir est de l'amour un effet ordinaire.
STRATONICE.
Mais autant que je puis je fuis toûjours ses pas.

ZENONE.
Si vous ne le craigniez, vous ne le fuïriez pas.
STRATONICE
Hé bien, juge à ton gré de mon desordre extrême ;
Croi que je crains d'aimer, mais ne croi pas que j'aime.
ZENONE.
Mais vous-même croiez qu'il est à présumer,
Que l'on aime déja dés que l'on craint d'aimer.
STRATONICE.
Le Prince aime Barsine, & je n'y puis prétendre,
Il l'épouse ce soir. Mais que vient-on m'aprendre ?

SCENE III.

STRATONICE, ZABAS, ZENONE.

ZABAS.

Barsine vient, Madame, en ce lieu pour vous voir.
STRATONICE.
Barsine ? qu'elle vienne, il la faut recevoir.
ZENONE.
Ce nom vous fait pâlir, & malgré vous, Madame,
On voit jusqu'en vos yeux le trouble de votre ame ;
Mais à tort votre esprit contre elle est animé,
Le Prince, à ce qu'on dit, n'en est pas fort aimé.
STRATONICE
Crois-tu qu'on dise vrai ? Barsine feint peut-être,
On aime quelquefois sans le faire connoître.
ZENONE.
Pourriez-vous bien y prendre un si grand interêt,
Si vous ne l'aimiez pas.... mais Barsine paroît.

SCENE

SCENE I.V.

STRATONCE, BARSINE, ZENONE,
CEPHISE.

STRATONICE.

JE me trouve surprise, & sachant qui vous êtes,
Je n'osois esperer l'honneur que vous me faites.
BARSINE.
Je vous connois, Madame, & je sai qui je suis,
Le sang dont vous sortez a fait tous mes ennuis,
Je sai que pour détruire un puissant adversaire,
Votre Ayeul Antigone a fait mourir mon Pere,
Et que de nos maisons les cruels differens
Pouvoient me dispenser des soins que je vous rends.
Mais si votre Maison a détruit ma famille,
Vous prenez un époux dont je vai être fille,
Et je doi mon respect au rang où vous montez,
Comme je dois ma haine au sang dont vous sortez.
STRATONICE.
L'hymen de Seleucus m'est un grand avantage,
Puisque de votre haine enfin il me dégage,
Et qu'il me justifie en faveur de son rang,
Du seul crime qu'on puisse imputer à mon sang.
BARSINE.
L'hymen d'Antiochus ne m'est pas moins propice,
Puisqu'il faut qu'avec vous ce nœud sacré m'unisse ;
Et m'épargne, en faveur d'un devoir plein d'apas,
La peine que j'aurois à ne vous aimer pas.
Mais je souhaiterois qu'un nœud si favorable,
Vous pût être aussi doux qu'il doit m'être agreable,

Et pour combler mes vœux je voudrois que le Roi
Eût pour vous les apas que le Prince a pour moi.
STRATONICE.
Si le Prince vous plaît, croyez que dans son Pere
Je ne voi rien aussi qui ne me doive plaire,
Et que je vous souhaitte en recevant la foi,
Autant d'amour pour lui que j'en ai pour le Roi.
BARSINE.
Si vous aimez le Roi, je confesse, Madame,
Qu'on ne peut trop loüer la force de vôtre ame,
Et que l'on doit avoir sans doute en pareil sort
Une grande vertu pour un si grand effort.
Si pour le Prince encor vous étiez destinée,
Je vous verrois l'aimer sans en être étonnée,
Vôtre age avec le sien ayant plus de rapport,
Un peu d'amour pour lui ne surprendroit pas fort,
Il a des qualitez dont un cœur jeune & tendre
N'auroit pas peu de peine à se pouvoir défendre,
Et dont l'apas brillant, sans qu'on dût s'étonner
Pourroit rendre l'amour qu'on lui pourroit donner,
Mais que de vôtre cœur vous vous rendiez maîtresse,
Jusques à le forcer d'avoir de la tendresse
Pour un Roi qui n'a rien qui puisse en inspirer ;
C'est en quoi l'on ne peut assez vous admirer.
STRATONICE.
Mais contez-vous pour rien l'éclat qui l'environne,
Les charmes de son Trône, & ceux de sa Couronne,
Et toutes les douceurs du pouvoir souverain,
Où je vais prendre part en recevant sa main ?
Si mon choix vous surprend le vôtre aussi m'étonne ;
Le Roi vous presentoit son Sceptre, & sa personne,
Et je plains vôtre cœur abusé par vos yeux,
D'avoir choisi le Prince, ayant pû choisir mieux.
Tout ce qu'il a d'aimable est assez ordinaire,
Ou je me connois mal en ce qui devroit plaire :
Il me cache les traits que vous trouvez si doux,
Ou je n'ai pas les yeux si penetrans que vous,
Et je n'y trouve rien, quoi que vous puissiez dire,

Qui pût justifier le refus d'un Empire.
Il est vrai qu'il est jeune, & le Roi ne l'est pas.
Mais croyez-vous qu'un Trône, avec tous ses apas,
Ne doive pas paroître aux yeux d'une Princesse
Plus doux & plus brillant qu'un peu plus de jeunesse ?
Le Roi malgré son âge, est toûjours un beau choix ;
Un peu de cheveux gris ne sied point mal aux Rois ;
Et quand on peut atteindre à des grandeurs solides,
Un Diadême au front efface bien des rides.

BARSINE.

Quand l'ambition seule occupe tout un cœur,
Je crois que hors du Trône il n'est point de douceur,
Mais pour croire à ce point la grandeur précieuse,
Le Ciel ne m'a pas faite assez ambitieuse.

STRATONICE.

Quand l'amour touche une ame aussi je croirois bien,
Que hors de ce qu'on aime on n'estime plus rien,
Mais pour aimer le Prince, & ne m'en pas défendre,
Le Ciel m'a fait un cœur qui n'est pas assez tendre.

BARSINE.

Ainsi, grace au destin, nos cœurs seront tous deux
Par des biens differens également heureux :
Nulle de nous n'aura ce que l'autre souhaite,
Et chacune aura lieu d'être si satisfaite,
Qu'il ne pourra rester à pas une en secret,
Le moindre sentiment d'envie & de regret,
Mais il faut vous laisser, le jour d'une hymenée
Est toûjours, quoi qu'on die, une grande journée,
Et dans de pareils soins, on doit s'occuper mieux,
Qu'à perdre en vains discours un temps si précieux.

SCENE V.

STRATONICE, ZENONE.

STRATONICE.

Hé bien, avois-je tort, quand j'ai crû que Barsine
Pouvoit aimer le Prince à qui l'on la destine ?
Tout ce qu'elle en a dit vient de me confirmer,
Qu'elle y voit trop d'apas, pour ne le point aimer.

ZENONE.

Avois-je tort aussi, lors que j'ai crû, Madame,
Que le Prince en secret avoit touché vôtre ame ?
Sçauriez-vous à regret qu'elle y voit des apas,
Et qu'elle l'aime enfin, si vous ne l'aimiez pas,
Vous connoissez ma foy, ne cherchez plus d'adresse,
Vous l'aimez ? avouez-le.

STRATONICE.

Ah, Dieux, que tu me presses !
Je te laisse tout croire, & veux tout endurer,
Mais si je l'aime, au moins laisse-moi l'ignorer.

ZENONE.

Il est bien malaisé d'ignorer que l'on aime ;
L'amour se fait toûjours assez sentir lui-même,
Et quand un cœur se cache un mal si plein d'apas,
Il feint de l'ignorer, & ne l'ignore pas.
Vous déguisez en vain un si cruel martyre.
Quoi, vous baissez les yeux, & ne m'osez rien dire !

STRATONICE.

Que faut-il davantage ? avoir les yeux baissez,
Et n'oser dire rien, n'est-ce pas dire assez ?

ZENONE.
Enfin vous confessez que l'amour vous surmonte?
STRATONICE.
D'où me pourroit d'ailleurs provenir tant de honte?
Je sens ce qu'en effet je ne puis exprimer,
Mais je ne sçai pas bien encor si c'est aimer.
ZENONE.
Dieux! que me dites vous?
STRATONICE.
                Que veux-tu que je die?
L'amour m'est inconnu, je n'aimai de ma vie,
Mais pourtant, dans le trouble où mes sens sont reduits,
Je croi que quand on aime, on est comme je suis.
Oui, Zenone, en effet je commence à le croire.
Je commence à vouloir n'aimer plus pour ma gloire,
Mais si de ma frayeur j'ose te faire part,
Je crains de commencer à le vouloir trop tard,
Je crains que cette ardeur, dans mon cœur trop cachée,
Pour en pouvoir sortir, n'y soit trop attachée,
Et qu'un mal si honteux pour l'avoir trop souffert,
Ne puisse être gueri quand il est découvert,
Mais quand j'aurois au cœur d'assez grandes foiblesses,
Pour ne pas étouffer ces indignes tendresses,
Ne croi point que je manque à suivre mon devoir,
Ne croi point que le Roi n'ait pas ma main ce soir,
Je punirai ce cœur, qui ne me veut pas croire,
Ce cœur, qui veut aimer aux dépens de ma gloire,
Puisqu'il m'est infidelle, & qu'il veut aujourd'hui
Faire un choix malgré moi, j'en ferai malgré lui ;
Puisqu'il entreprend bien d'aimer pour mon supplice
Ce que je veux haïr avec tant de justice,
J'entreprendrai d'aimer ce qu'il pretend haïr,
Et je le trahirai, comme il m'ose trahir.
ZENONE.
C'est donc pour ce sujet, qu'avec tant de constance

E 3

Par tout d'Antiochus vous fuiez la presence?
STRATONICE.
Oui, je l'ai toûjours fui, de crainte qu'en effet
On ne connût que j'aime un ingrat qui me hait.
ZENONE.
Mais du Prince en effet connoissez-vous la haine?
STRATONICE.
Il ne s'en cache pas, tant il a l'ame vaine,
Et j'aprens tous les jours, que dés qu'il parle au Roi,
Il ne peut s'empêcher de parler contre moi.
ZENONE.
Il faut donc empêcher votre amour de paroître.
STRATONICE.
Oui, oui, mon lâche cœur n'en sera pas le maître,
Je forcerai ma bouche, en choquant ses desirs,
A ne laisser sortir aucun de ses soûpirs ;
Je craindrai ce qu'il veut, je fuirai ce qu'il aime ;
Et s'il faut voir le Prince enfin malgré moi-même,
J'empêcherai mes yeux de prêter à mon cœur
Aucun regard qui puisse exprimer sa langueur.

SCENE VI.
ANTIOCHUS, STRATONICE, TIMANTE, ZENONE.

ANTIOCHUS à *Timante*.

Viens, sui-moi, cher Barsine, allons sans plus at-
   tendre,
Je me sens de la force assez pour l'entreprendre.
Mais je voi Stratonice.
STRATONICE
                O Dieu! le Prince sort.

TRAGI-COMEDIE.

ANTIOCHUS.
Evitons sa rencontre.
STRATONICE.
Evitons son abord.
ANTIOCHUS.
Montrons que je le hai.
STRATONICE.
Montrons que je l'abhorre.
TIMANTE à *Antiochus*.
Vous avancez toûjours.
ZENONE à *Stratonice*.
Vous demeurez encore
ANTIOCHUS.
Allons, retirons-nous.
STRATONICE.
Allons, sortons d'ici.
ANTIOCHUS à *Stratonice*.
Hé quoi, vous me fuiez ?
STRATONICE.
Vous me fuiez aussi.
ANTIOCHUS.
Si je vous fuis, au moins j'apprens de votre fuite
Que ce ne doit pas être un soin qui vous irrite.
STRATONICE.
Votre fuite m'apprend si j'évite vos pas,
Que c'est un soin aussi qui ne vous déplaît pas.
ANTIOCHUS.
Ce soin ne dévroit pas en effet me déplaire.
Toutesfois......
STRATONICE.
Achevez.
ANTIOCHUS.
Non, il vaut mieux me taire ;
Aussi-bien où je voi votre sort & le mien,
Ce que je vous dirois ne serviroit de rien.

E 4

STRATONICE,
STRATONICE.
Je dois auſſi toûjours & vous fuir & vous nuire?
Cependant...
ANTIOCHUS.
Dites tout.
STRATONICE.
Il vaut mieux ne rien dire,
Auſſi-bien en l'état où je voi nôtre ſort,
Ce que je vous dirois pourroit me faire tort.
ANTIOCHUS.
Si vous ſçaviez les maux que mon malheur m'envoie..
Mais ſi vous le ſçaviez vous auriez trop de joie.
STRATONICE.
Rien ne doit maintenant vous cauſer de ſouci,
Vous allez être heureux!
ANTIOCHUS.
Vous l'allez être auſſi,
STRATONICE.
Vous épouſez ce ſoir une beauté bien chere.
ANTIOCHUS.
Ce même ſoir auſſi vous épouſez mon Pere.
STRATONICE.
Je vous entends, & voi qu'aux cœurs ambitieux
Le nom de Belle-mere eſt toûjours odieux.
Je vous fâche en ce rang, mais je veux bien qu'on
ſçache
Que cet hymen me plaît d'autant plus qu'il vous
fâche,
Et que ce nom fatal, dont vous êtes jaloux,
Par l'horreur qu'il vous fait me ſemble encor plus
doux.
ANTIOCHUS.
Je croi ſans ce ſecours mon Pere aſſez aimable
Pour vous faire trouver cet hymen agreable.
STRATONICE.
Peut-être vous croiez que j'ai peine à l'aimer,
Et l'âge où l'on le voit vous le fait préſumer?

Mais je veux vous forcer de croire le contraire,
Je veux que vous sçachiez qu'il m'a d'abord sçu plaire,
Et que le Roi pour moi, malgré ses cheveux gris,
N'auroit rien d'odieux s'il n'avoit point de fils.
Oui, sans rien déguiser, Prince, je vous confesse,
Que vous lui dérobez beaucoup de ma tendresse
Que vous causez pour lui ce que j'ai de froideur,
Et qu'il n'a que son fils qui lui nuise en mon cœur.
ANTIOCHUS.
Vous me haïssez donc ?
STRATONICE.
J'y mets toute ma gloire,
Et mettrai tous mes soins à vous le faire croire.
ANTIOCHUS.
Achevez, & pour moi montrez tant de courroux,
Que vous me contraigniez d'en prendre aussi pour vous.
Inspirez-moi l'orgueil dont vôtre ame est si pleine,
Et versez dans mon cœur un peu de vôtre haine.
STRATONICE.
Ce n'est pas un secours dont vous ayez besoin,
Vous me haïrez bien sans que j'en prenne soin.
ANTIOCHUS.
J'y ferai mes efforts, & sans vôtre assistance
Mon cœur peut-être encor n'en perd pas l'esperance.
STRATONICE.
Vous en viendrez à bout, je n'en veux point douter.
Mais c'est trop vous souffrir, & c'est trop m'arrêter,
Adieu, croiez toûjours que ma haine est extrême,
Prince, & si je vous hais, haïssez-moi de même.

SCENE VII.
ANTIOCHUS, TIMANTE.
ANTIOCHUS.

AH, si vous me laissez l'ordre de vous haïr,
Laissez moi donc aussi le pouvoir d'obéir,
Cruelle, & si pour vous ma haine est necessaire,
Pour m'empêcher d'aimer, empêchez-vous de plaire;
Vous demandez ma haine? ah, ne pouviez-vous mieux
Mettre aujourd'hui d'accord votre bouche & vos yeux?
Peuvent-ils à la fois vouloir avec justice,
Et que je vous adore, & que je vous haïsse,
Et deviez-vous prester, pour ma peine en ce jour,
Votre bouche à la haine, & vos yeux à l'amour?
Moi, vous haïr? helas! le devez-vous prétendre,
Comme si de mon choix mon cœur pouvoit dépendre,
Et comme si l'ardeur, qui fait mon desespoir,
Avoit laissé pour vous ma haine & mon pouvoir?

TIMANTE.
Quoi, vous l'aimez encor, Seigneur? qu'est devenuë
Cette fierté qu'en vous j'ai toûjours reconnuë,
Et l'orgueil, qui régna toûjours dans votre cœur,
Souffre-t-il sans dépit cette indigne rigueur?

ANTIOCHUS.
Helas! je voudrois bien paroître moins esclave,
Je voudrois bien braver l'ingrate qui me brave,
Pour avoir du dépit mon cœur fait ce qu'il peut,
Mais on n'a pas toûjours du dépit quand on veut.
J'ai beaucoup enduré, je sai que l'inhumaine
Me parloit seulement pour m'exprimer sa haine,
Je souffrois des rigueurs qui devoient m'émouvoir;
Mais, Timante, j'avois le plaisir de la voir,
Et par l'effet puissant du charme qui me touche,

Ses yeux adoucissoient les rigueurs de sa bouche.
Je te dirai bien plus, tous les soins qu'elle a pris
N'ont pû persuader mon cœur de ses mépris;
Je trouve aux mots cruels qu'elle m'a fait entendre
Certain charme secret que je ne puis comprendre;
J'ai peine à m'alarmer, & sans savoir pourquoi,
Je ne sai quel espoir me flatte malgré moi,
Tant il est naturel, dans un malheur extrême,
De se flatter toûjours, mais sur tout quand on aime.

TIMANTE
Mais Barsine, Seigneur, vous oblige à la voir,
Si vous avez dessein de l'épouser ce soir.

ANTIOCHUS
Je ne puis, mon mal croit, voyons plûtôt mon Pere,
Afin que s'il se peut, son Hymen se differe,
Fût-ce d'un seul moment, ne m'en détourne pas,
C'est toûjours d'un moment differer mon trépas.

Fin du second Acte.

ACTE III.

SCENE PREMIERE.

STRATONICE, SELEUCUS, POLICRATE, ZENONE.

STRATONICE.

LE soin de notre hymen tout entier vous regarde,
Et si vous souhaités, Seigneur, qu'on le retarde,
Vous en êtes le maître, & dans ce sentiment,
Vous n'avés pas besoin de mon consentement.
SELEUCUS.
Si vous n'y consentés, je ne puis l'entreprendre.
STRATONICE.
Si vous le desirés, je ne puis m'en défendre,
Et vous avez déja sur moi des droits sacrés
Pour me faire vouloir ce que vous desirés.
Ne consultés que vous, différés sans rien craindre,
J'aurois bien du regret, Seigneur, de vous contraindre.
SELEUCUS.
N'outragés point ma foi jusqu'à vous figurer,
Que par froideur pour vous je cherche à differer.
Mon cœur suit mon devoir, & ma seule tendresse
Demande ce delai pour mon fils qui m'en presse.

TRAGI-COMEDIE.

STRATONICE.

Quoi, ce délai, Seigneur, du Prince est souhaité ?

SELEUCUS.

Lui-même avec ardeur m'en a sollicité ;
Sans lui jamais ce soin n'eût entré dans mon ame.

STRATONICE.

Quoi, lui-même ?

SELEUCUS.

Oüi, lui seul, n'en doutez point, Madame.

STRATONICE.

Ah, je n'en doute point, & mon cœur interdit,
En croit bien plus encor que vous n'en avez dit ;
Je croi qu'auprés de vous le Prince a l'injustice
De me rendre toujours quelque mauvais office ;
Je croi qu'il ne peut voir mon hymen qu'à regret,
Je croi que mon bonheur fait son tourment secret,
Je croi qu'il veut m'ôter ce que j'obtiens de gloire,
Je croi qu'il vous y porte.

SELEUCUS.

Ah, c'est un peu trop croire.

STRATONICE.

Quoi, Seigneur, dans la haine où je le voi pancher,
Prenez-vous interêt jusqu'à me la cacher ?

SELEUCUS.

Non, je n'entreprens point de vous cacher sa haine,
Je sçai que je prendrois une inutile peine,
Puis qu'on ne voit que trop en chaque occasion
Les bizarres effets de cette aversion,
Et que son ame en est si fortement touchée,
Qu'il me desavoüeroit si je l'avois cachée.
Je n'entreprens ici que de vous assurer,
Que c'est un sentiment qu'il ne peut m'inspirer ;
Que je ne trouve en vous rien qui ne doive plaire ;
Que la haine du fils ne va point jusqu'au Pere,
Et que cette injustice indigne de son rang,
A du moins respecté la source de son sang.

STRATONICE.
Si je vous plais, Seigneur, je dois être contente ;
Toute autre aversion doit m'être indifferente,
Et mon ame livrée au pouvoir d'un époux,
Doit borner ses desirs & ses craintes en vous.
On peut croire pourtant que sa haine enflamée,
Auroit déja cessé si vous m'aviez aimée,
Et qu'aiant sur un fils un pouvoir absolu,
Il auroit pû m'aimer si vous l'aviez voulu.
SELEUCUS.
N'accusez que mon fils, assurez-vous, Princesse,
Qu'il ne tient pas à moi que sa haine ne cesse.
J'ai fait ce que j'ai pû pour vous en faire aimer,
Il a des sentimens qu'on ne peut trop blâmer,
Et j'aurois empêché son cœur d'oser les prendre,
Si jusques sur son cœur mes droits pouvoient s'étendre;
Il tient de moi le jour, il est dessous ma loi,
Mais son ame est un bien qu'il ne tient pas de moi ;
Les Dieux dont elle vient par leur loi souveraine,
L'ont faite indépendante & libre dans sa haine,
Et le Ciel dans mes droits ne m'a point accordé
Un pouvoir que les Dieux n'ont pas même gardé.
Je l'ai pourtant réduit enfin à me promettre
De respecter le rang où ma main vous doit mettre ;
Mais son cœur, pour dompter cet aveugle transport,
Demande un peu de tems pour un si grand effort,
Et si vous souhaitez que sa haine finisse....
STRATONICE.
Non, non, puisqu'il le veut, Seigneur, qu'il me haïsse,
Achevez notre hymen, & cessons aujourd'hui
De le vouloir forcer à m'aimer malgré lui.
SELEUCUS.
Quoi, je n'obtiendrai point le delai qu'il desire ?
STRATONICE.
Je vous l'ai déja dit, je suis sous votre empire,
C'est de vous que dépend ce que vous demandez,
Et j'y consentirai si vous le commandez.
Mais si votre bonté d'autre part considere

TRAGI-COMEDIE.

Le jour qu'on a choisi, les vœux que j'ose faire,
Et ce qu'on doit au sang dont j'eus l'heur de sortir.
Vous ne me voudrez pas forcer d'y consentir,
J. consens à sa haine, & dois trop peu la craindre,
Pour lui vouloir donner le loisir de l'éteindre ;
M'en faire aimer, Seigneur, ce seroit me trahir,
Je ne vous cele point que je le veux haïr.
Je n'y veux épargner, ni tems, ni soin, ni peine,
Et pour le bien haïr j'ai besoin de sa haine :
Souffrez qu'il la conserve, & sans plus consulter,
Pressez le nœud fatal qui la peut augmenter.
Il y va de ma gloire à le haïr sans cesse ;
Sauvés-moi du péril d'une indigne tendresse,
Et si vous ne voulés trahir mes justes vœux,
Ne nous empêchés pas de nous haïr tous deux.

SCENE II.

SELEUCUS, POLICRATE.

SELEUCUS.

COnnois-tu ma disgrace, & les peines cruelles,
Où me vont exposer leurs haines mutuelles ?
Helas ! cher Policrate, en ces extrémités,
Pourrois-tu dans mon cœur jetter quelques clartés ?
Stratonice, & le Prince ont un desir contraire,
Quels droits dois-je garder ou d'époux, ou de pere,
Et qui doit l'emporter sur mes sens interdits,
Du devoir ou du sang, d'une femme ou d'un fils ?

POLICRATE.

Seigneur, quoi que du sang la puissance soit forte,
Il faut sans balancer que le devoir l'emporte.
De ce jour pour l'hymen vous-même avez fait choix,
Et rien n'est préférable aux paroles des Rois ;

STRATONICE,

C'est au desir du Prince à respecter le vôtre,
Où pour mieux dire, il doit jamais n'en avoir d'autre.

SELEUCUS.

Il le doit, je le sai, mais je ne sai pas bien,
Si son desir aussi ne seroit pas le mien.

POLICRATE.

Quoi, Seigneur, cét hymen auroit pû vous déplaire,
Jusques à désirer aussi qu'on le differe ?

SELEUCUS.

Helas ! si je sondois mon cœur sans le flater,
J'apprehenderois bien de n'en pouvoir douter,
D'y rencontrer toûjours une flame mutine,
Et de n'y rien trouver plus avant que Barsine ;
Il me semble en effet que mon cœur qui s'émeut,
Cherche à n'y renoncer que le plus tard qu'il peut,
Et que devant ailleurs une foi qui l'engage,
Il tâche à reculer, s'il ne peut davantage ;
Pour avoir du delai je me suis trop pressé,
Pour ne m'y croire pas moi-même interessé,
Et le cruel refus que l'on vient de m'en faire,
Me devroit moins toucher si je n'étois que pere.
Je ne croiois tantôt parler que pour mon fils ;
Mais je crains qu'en effet je ne me sois mépris,
Que je n'aie en secret confondu dans mon ame
L'interêt de mon sang, & le soin de ma flâme ;
Que les desirs du Prince, en de tels déplaisirs,
N'aient servi de voile à mes propres desirs,
Et que pour l'exprimer dans mon cœur qui murmure,
L'amour n'ait emprunté la voix de la nature ;
L'empire de Barsine a des charmes pour moi,
Que j'ai peine à quitter..... Mais, ô Dieux ! je la voi

SCENE III.

SELEUCUS, BARSINE, CEPHISE, POLICRATE.

SELEUCUS.

Venez, venez m'aider, inhumaine Princesse,
A m'arracher de l'ame un reste de foiblesse,
Mon cœur, ce lâche cœur que vous sûtes charmer ;
Malgré moi, malgré vous, ose encor vous aimer.
Amenez, pour briser des chaînes si cruelles,
Des dédains redoublez, des cruautez nouvelles ;
Venez armée enfin d'un excés de rigueur,
Et d'un surcroît de haine, au secours de mon cœur.

BARSINE.

Moi, vous hair, Seigneur ? être à ce point ingrate ?
Pour un Roi dont le soin en ma faveur éclate,
Et qui m'aiant comblé de bienfaits infinis,
M'aime encor jusqu'au point de me donner son fils ;

SELEUCUS.

Ah, si ce don vous plait, gardez-vous de me plaire,
Essaiez d'affoiblir votre charme ordinaire ;
Et de peur que vos yeux ne me semblent trop doux,
Mêlez-y quelques traits d'orgüeil & de couroux,
Irritez-moi, de peur que je ne m'attendrisse,
Sauvez-moi ma vertu par un peu d'injustice,
Et n'aiant pû m'aimer, pour le moins en ce jour,
Prêtez-moi vos mépris pour vaincre mon amour.
Mon cœur m'avoit promis de suivre un autre empire ;
Et cependant le traître est prest à se dédire,
Et prest à violer la foi de nos Traitez,

Si vous n'y mettez ordre avec vos cruautez.
BARSINE.
L'heur de vous obéir fait ma plus chere envie,
Demandez-moi, Seigneur, & mon sang & ma vie,
Et tout ce que je puis jusques à mon trépas ;
Mais pour des cruautez ne m'en demandez pas,
Et daignez n'exiger de mon obéissance,
Que des efforts au moins qui soient en ma puissance.

SELEUCUS.
Hé quoi, pour m'accabler avez-vous entrepris,
De me refuser tout jusques à vos mépris ?
Quoi, n'aurez-vous pour moi jamais eu que colere,
Tant que votre rigueur à mes vœux fut contraire ?
L'aurez-vous fait toujours éclater avec soin,
Et n'en aurez-vous plus lors que j'en ai besoin ?
Aprés avoir pour moi conservé votre haine,
Tandis qu'elle devoit ne servir qu'à ma peine,
Pourrez-vous bien la perdre ici mal à propos,
Alors qu'elle pourroit servir à mon repos ?
Serez-vous à me nuire assez ingenieuse,
Pour prendre une pitié pour moi si rigoureuse,
Pour un bonheur passé me faire un mal present,
Et pour m'outrager même en me favorisant ?

BARSINE.
Non, non, puisque pour vous ma tendresse est à craindre,
Je ferai mes efforts afin de me contraindre,
Et pour vous obéir, je cacherai, Seigneur,
Le mieux que je pourrai les secrets de mon cœur.
Le silence à qui souffre est pourtant difficile,
La plainte est toujours douce, encore qu'inutile,
Et mon sort à tel point devient injurieux,
Que je pourrois me plaindre, ou de vous, ou des Dieux.
Mais pour soulagement du mal qui me menace,
Je borne tous mes vœux dans une seule grace,
Si vous me l'accordez mon sort sera plus doux,

TRAGI-COMEDIE.

Et je ne me plaindrai ni des Dieux ni de vous.

SELEUCUS.

Je ne suis pas encore en état d'entreprendre
De vous refuser rien que vous puissiez prétendre,
Parlez & demandez, bien, dignité, grandeur ;
Demandez tout enfin, mais exceptez mon cœur ;
Ma foi l'engage ailleurs, je le dois à ma gloire,
Ne le demandez pas si vous me vou'ez croire ;
Ou plutôt pour tout dire, & pour vous retenir,
Ne le demandez pas, de peur de l'obtenir.

BARSINE.

La faveur que j'attens ne sera pas si grande,
Le seul droit d'un refus est ce que je demande,
Et tout ce que je veux, c'est qu'il me soit permis,
De ne pas épouser le Prince votre fils.

SELEUCUS.

Vous n'aimez pas mon fils ! est-il bien vrai, Princesse ?

BARSINE.

Il est trop vrai, Seigneur, excusez ma foiblesse,
Ce don venant de vous doit m'être précieux,
Si mon cœur m'en croioit, il plairoit à mes yeux ;
Et mon ame à ce Prince auroit été donnée,
Si son destin ailleurs ne l'eut point entraînée.
Mais forcée à faillir, j'aime mieux en effet,
Etre ingrate à demi, que l'être tout-à-fait,
Je tâche à m'arrêter à la moitié du crime,
Et croi devoir plutôt par un soin legitime,
Lui refuser un cœur qui suit d'autres appas,
Que d'oser le promettre & ne le donner pas.

SELEUCUS.

Si vous avez un cœur pour le Prince invincible ;
Pour quels autres appas peut-il être sensible ?
Que je connoisse au moins qui vous pouvez aimer,

BARSINE.

Ah ! ne me pressez point de vous en informer,
En disant ce secret je ne puis que vous nuire,
Et si vous m'en pressez j'ai peur de vous le dire,

STRATONICE,

SELEUCUS.
Pour quelque Roi voisin gardez-vous votre amour ?

BARSINE.
Non, mes vœux ne vont pas plus loin que votre
Cour.

SELEUCUS.
Timante aprés mon fils tient la premiere place,
Est-ce lui qui vous plaît ?

BARSINE.
Sa naissance est trop basse.

SELEUCUS.
Ce n'est pas moi du moins, vous vous taisez ?

BARSINE.
Helas !
Si ce n'étoit pas vous, je ne me tairois pas.

SELEUCUS.
Vous m'aimeriez, Princesse ? ah ! Dieux, le puis-je
croire ?
Vos dédains ne sont pas sortis de ma mémoire,
Et mon cœur engagé par un droit absolu,
N'auroit été qu'à vous si vous l'aviez voulu.

BARSINE.
Et ne savez-vous pas quelle est la peine extrême,
Qu'une fille a toujours pour avoüer qu'elle aime,
Et que ce sexe fier, qui se rend à regret,
Refuse bien souvent ce qu'il veut en secret ?
J'ai toujours sçu le prix d'un cœur tel que le vôtre ;
Et quand j'ai refusé ce bien qu'obtient un autre,
Je n'ai pas cru le perdre, & j'osois me flater
De l'espoir de me voir contraindre à l'accepter.
Mais cet espoir cessa lors que je vis votre ame,
Pour plaire à votre fils, renoncer à ma flame ;
Car enfin qui renonce à l'objet de son feu,
On n'aime point du tout, on n'aime que bien peu.
Le Ciel sait quels tourmens mon ame dépitée,
Souffrit pour vous quitter, quand vous m'eût
quittée,

Et quels furent alors les efforts que je fis,
Pour m'arracher au pere & me promettre au fils ;
Oüi, voiant qu'à ce fils vous me vouliez soûmettre,
Je lui promis mon cœur, mais l'ai-je pû promettre,
Et dois-je être forcée à lui tenir ma foi,
Si j'ai promis un bien qui n'étoit pas à moi ?
Puisqu'il veut être à vous, souffrez qu'il y demeure,
Je ne demande point de fortune meilleure,
Endurez ma foiblesse, & dispensez ma foi
D'achever un hymen qui me comble d'effroi.
Dégagez-moi, Seigneur, de l'injustice extrême
De ne pouvoir aimer ce qu'il faudra que j'aime,
Et vous-même rompez des nœuds mal assortis,
De peur de dérober mon cœur à votre fils.
Mais enfin si ma voix trop foiblement vous touche,
Mes yeux pour vous fléchir se joignent à ma bouche,
Et pour avoir le droit de n'aimer point ailleurs,
Je confonds à vos pieds ma priere & mes pleurs.

SELEUCUS.

Ah, levez-vous, Madame, & retenez vos larmes,
Vos yeux pour me toucher ont assez de leurs charmes,
Et ces brillans auteurs des troubles que je sens,
Sans le secours des pleurs ne sont que trop puissans.
Vous n'avez pas besoin des larmes qu'ils repandent,
J'accorde à vos desirs tout ce qu'ils me demandent,
Et crains d'accorder même à vos charmans apas,
Ce que peut être encor vous ne demandez pas.

BARSINE.

Ah, Seigneur, quand on suit ce que la gloire inspire,
On ne demande pas tout ce que l'on desire ;
Je n'ai garde d'avoir assez de vanité
Pour demander le cœur que vous m'avez ôté ;
Il est en d'autres mains, & je ne puis prétendre
Que vous l'en retiriez afin de me le rendre.
Je cede à Stratonice, elle peut mieux que moi
Obtenir & garder l'amour d'un si grand Roi;

Mieux que moi vous paroître, utile, illustre, & belle,
Et je ne puis, Seigneur, que vous aimer mieux qu'elle.

SELEUCUS.

Ah, c'est un bien encor qui me peut éblouïr.
Pourquoi me l'offrez-vous si je n'en puis joüir,
Et s'il faut m'affliger comme d'un mal extrême,
Du bonheur d'être aimé de la beauté que j'aime ?
J'ai beau presser pourtant mon cœur que vous charmez,
De sentir du regret de ce que vous m'aimez ;
Je ne puis empêcher, quelque soin que j'emploie,
Qu'il n'en prenne en secret une maligne joie,
Je me trouve en péril, par un aveu si doux,
De renoncer à tout pour me donner à vous,
De trahir mon devoir, ma gloire, & mon Empire.
Helas ! si vous m'aimez, deviez-vous me le dire ?
Ou plutôt, s'il est vrai, que vous m'aimiez sans fard,
Princesse, deviez-vous me le dire si tard ?
Que n'avez-vous fait voir l'ardeur qui vous anime,
Alors que je pouvois y répondre sans crime ?
Quand vous pouviez me rendre heureux innocemment....
Mais qui fait avancer Zabas si promptement ?

SCENE IV.
SELEUCUS, BARSINE, ZABAS, POLICRATE, CEPHISE.

ZABAS.

Philon, un Etranger qui sert chez Stratonice,
Seigneur, & qui sous moi vous a rendu service,
Vous demande en secret audience à l'instant,
Afin de vous donner un avis important.

SELEUCUS.

Je n'ai pas maintenant le loisir de l'entendre,
Vous-même prenez soin que l'on le fasse attendre.

BARSINE.

Non, non, Seigneur, pour moi ne vous arrêtez pas ;
Je vai me retirer, allez-y de ce pas,
Puisque l'avis importe, il faut vous en instruire.

SELEUCUS à *Zabas*.

Je passe au cabinet, vous l'y pouvés conduire.

SCENE V.
BARSINE, CEPHISE.

CEPHISE.

Sans cet avis funeste à contre-tems venu,
Votre adresse, Madame, auroit tout obtenu.

BARSINE.

Apprens que cet avis que tu nommes funeste,
Du dessein commencé doit achever le reste,
Et que cet Etranger qui vient parler au Roi,
Est un ressort nouveau qui n'agit que pour moi.
Il nâquit dans Pergame, & sujet de mon pere,
Il s'est toujours fait voir empressé pour me plaire ;
Et soit dans notre Cour, ou prés de Seleucus,
C'est à mes soins qu'il doit les biens qu'il a reçus ;
N'aiant pas rencontré Stratonice chez elle,
J'ai remarqué tantôt cet homme plein de zele ;
Tu me l'as vû long-tems entretenir tout bas,
Il doit par un mensonge aider à mes apas ;
Il vient pour dire au Roi qu'il sçait que Stratonice,
N'a pour lui que mépris, que haine & qu'injustice,
Qu'elle a pris pour le Prince un amour si puissant,
Qu'elle ne peut cacher les ennuis qu'elle sent ;
Qu'enfin c'est un secret qu'il a sçu d'elle-même,
Et que la connoissant dans cette peine extrême,
Il n'estimeroit pas son silence innocent,
Et qu'il croit la servir même en la trahissant.
Juge quel grand succés de cet avis doit naître ;
En suite par mon ordre il ne doit plus paroître,
De peur qu'en le pressant il ne se confondît,
Et ne soûtint pas bien tout ce qu'il auroit dit.

CEPHISE.

Stratonice & le Prince ont fait voir tant de haine,
Que le Roi ne croira cet amour qu'avec peine.

BARSINE.

On est aisément cru quand on flate un amant ;
Mais le Roi n'en eut-il qu'un soupçon seulement,
Il voudra retarder cette union funeste,
Et si j'obtiens du tems, j'obtiendrai bien le reste.

CEPHISE.

Mais ne brûlez-vous point pour le Prince en secret,
Et pourrés-vous enfin le perdre sans regret ?

BARSINE.

Ah, ne m'en parle pas, n'éveille point ma flame ;
Il n'est plus pour l'amour de place dans mon ame,
L'ambition l'emporte, & ce mouvement fier
N'a pas trop pour lui seul de mon cœur tout entier.
Je voi ma destinée au point d'être concluë,
Laisse-moi sans foiblesse en attendre l'issuë,
Et permets à mon ame aprés tant de revers,
De voir ce que j'obtiens sans voir ce que je pers.

Fin du troisiéme Acte.

ACTE IV.

SCENE PREMIERE.

TIMANTE, ANTIOCHUS.

TIMANTE.

Quoi, vous voulés sortir en l'état où vous êtes?
ANTIOCHUS.
Oui, c'est avec tes soins en vain que tu m'arrêtes,
Sçachons si ma priere enfin a réüssi.
TIMANTE.
Mais votre fiévre augmente?
ANTIOCHUS.
     Et mon amour aussi.
Mon corps brûle, il est vrai, mais ce qu'il a de flame
N'est qu'un écoulement des ardeurs de mon ame;
Et toute ma foiblesse, & toute ma langueur,
Ont leur terme en mon sang, & leur source en mon
  cœur.
TIMANTE.
Stratonice, aussi-tôt que le Roi l'aura vuë,
A retarder l'hymen se sera résoluë.
ANTIOCHUS.
Ah, ce n'est pas assez encor pour me guérir,
Et c'est mourir plus tard, mais c'est toûjours mourir.
TIMANTE.
Quels sont donc vos desirs?

ANTIOCHUS.
Mon cœur d'abord s'obstine
A vouloir s'exempter de l'hymen de Barsine ;
Mais ce soulagement n'est pas en mon pouvoir,
Et si c'est mon desir, ce n'est pas mon espoir.
L'ordre du Roi mon pere, & ma foi qui m'engage,
M'empêchent d'esperer un si grand avantage.

TIMANTE.
Il n'est rien dont ici vous ne veniés à bout,
Le Roi vous aime assez pour vous accorder tout.

ANTIOCHUS.
Quand mon pere pourroit rompre cet hymenée,
Pourroit-il contenter cette ardeur forcenée,
Qui ne peut sans ma mort souffrir entre ses bras
Une ingrate que j'aime, & qui ne m'aime pas ?
Pour me guérir, Timante, il faut qu'il me la céde,
Et tu sçais si je puis esperer ce remede.

TIMANTE.
Hazardés-vous, Seigneur, d'avoüer votre feu.

ANTIOCHUS.
Le trépas m'est plus doux cent fois que cet aveu ;
Et si par toi mon pere en avoit connoissance,
Tu n'éviterois pas ma haine & ma vengeance.
Mais quand j'obtiendrois tout, & quand même le Roi
En faveur de mes feux voudroit trahir sa foi,
La cruelle beauté qui fait ma destinée,
Ne se donneroit pas quand il l'auroit donnée,
Et quand il m'offriroit ce charme de mes yeux,
N'en étant point aimé, je n'en serois pas mieux.
Pour me guérir Timante, il faudroit l'impossible,
Il faudroit que l'ingrate à mes maux fut sensible,
Il faudroit l'émouvoir, il faudroit l'attendrir,
Et ne le pouvant pas, Timante, il faut mourir.
C'est l'unique remede au tourment qui me presse,
Mais j'aperçoi le Roi, cachons bien ma foiblesse.

SCENE II.

SELEUCUS, ANTIOCHUS, TIMANTE.

SELEUCUS.

PRince, je vous cherchois, & j'ai sans perdre tems
A vous communiquer des secrets importans.
Ce qui de mes tourmens fait maintenant le pire,
C'est que je n'ai pour vous rien d'agréable à dire,
Et que vous souffrirés beaucoup à m'accorder,
Ce que pour mon bonheur je viens vous demander.
Vous sçavés bien, mon fils, avec quelle tendresse,
Dans vos moindres ennuis mon ame s'interesse :
Vous avez vû combien je me suis affligé
Du chagrin invincible où vous êtes plongé ;
Vous savés que pour vous, par un effort extrême,
J'ai trahi mon amour en cedant ce que j'aime ;
Et qu'il est rare encor de voir jusqu'à ce jour
Le Sang & la Raison l'emporter sur l'amour.
Enfin, Antiochus, vous pouvés bien comprendre,
Que j'aurai dans vos maux beaucoup de part à prendre,
Et que mon cœur touché le premier de vos coups,
En vous faisant souffrir, souffrira plus que vous.

ANTIOCHUS.

Seigneur, le noir chagrin qui toujours me dévore,
Ne vous a rien ôté, puisque je vis encore,
Et vous devant la vie & le jour que je voi,
Tant que j'en joüirai, vous pourrés tout sur moi.

SELEUCUS.

Mais êtes-vous, mon fils, armé d'un grand courage ?

M'en pourrés vous donner un puissant témoignage ?
Vous sentés-vous capable enfin d'un grand effort ?
ANTIOCHUS.
Oui, fut-il mille fois plus cruel que la mort.
SELEUCUS.
Hé bien, s'il faut vous dire à quels vœux je m'obstine,
Cessez, Prince, cessez de prétendre à Barsine.
ANTIOCHUS.
Quoi, vous m'ordonneriés de n'y prétendre rien ?
SELEUCUS.
Cet ordre est bien cruel, mon fils, je le sai bien :
Mais sachés que Barsine est pour vous sans tendresse,
Si je romps votre hymen, c'est elle qui m'en presse :
Votre amour s'en émeut ? mais aprés son refus,
Prince, si vous m'aimés, il faut ne l'aimer plus ;
Il faut faire ceder l'amour à la nature,
Cet effort est bien grand, votre cœur en murmure,
Mais enfin, si mon fils n'est ingrat aujourd'hui,
Il doit faire pour moi ce que j'ai fait pour lui.
ANTIOCHUS.
Il est juste, & déja mon cœur sans peine incline
A vous sacrifier mon amour pour Barsine ;
Et quand j'y trouverois mille fois plus d'apas,
En étant méprisé, je ne l'aimerois pas.
SELEUCUS.
Ah ! que vous m'obligés de vaincre cette flame !
Je reconnois mon sang à cette grandeur d'ame,
J'admire cet effort de generosité,
Et je sçai ce qu'il vaut, par ce qu'il m'a coûté.
Mais aprés ce succés, oserois-je vous dire
Que ce n'est pas encor tout ce que je desire ?
Helas ! c'est un bonheur qui passe mon espoir.
ANTIOCHUS.
Vous pouvés l'esperer s'il est en mon pouvoir.
SELEUCUS.
Je n'ose pas le croire, & j'ai peine à prétendre,

F 3

Que même vous puissiés le vouloir entreprendre ;
L'honneur en seroit grand, mais vous serez surpris,
Et vous ne voudrés point d'honneur à si haut prix.
Je tremble à m'expliquer, & tremble avec justice,
Car enfin pourriés-vous épouser Stratonice ?

ANTIOCHUS.
Epouser Stratonice ! ah, Seigneur !

SELEUCUS.
        Ah, mon fils,
Je vous le disois bien que vous seriés surpris.
Le desordre qu'on voit sur tout votre visage,
Des troubles de votre ame est un sûr témoignage,
Votre bouche se taît, mais vos regards confus.
A son défaut déja m'expliquent vos refus.

ANTIOCHUS.
Je suis surpris sans doute, & ne m'en puis défendre ;
Mais quand j'obéïrois, qu'en pourriés-vous attendre ?
Stratonice pour moi superbe au dernier point,
Quand j'offrirois mon cœur, ne le recevroit point.

SELEUCUS.
Ce pretexte est mal pris, Stratonice vous aime.

ANTIOCHUS.
Elle m'aime ?

SELEUCUS.
    Oui, mon fils, & d'un amour extrême.
Par le fidele aveu de Philon qui la sert,
Ce secret vient de m'être à l'instant découvert.

ANTIOCHUS.
Philon a pû vous faire un raport infidele.

SELEUCUS.
D'abord sans hésiter, j'ai crû cette nouvelle,
Mais je viens d'ordonner pour mieux être éclairci ;
Et que l'on s'en assure, & qu'on l'amene ici.

ANTIOCHUS.
Si Stratonice m'aime, il n'est rien d'impossible ;
Elle est fille, elle est belle, & mon cœur est sensible ;
Il ne m'est plus permis, Seigneur, de la hair,
Et mon cœur vous doit trop pour vous desobéïr.

SELEUCUS.

O d'un cœur genereux effort incomparable !
Que de ce dernier bien je vous suis redevable !
Mon fils, vous m'assurés l'objet de mon amour,
Et j'ai moins fait pour vous en vous donnant le jour.
Mais remettons ailleurs à vous en rendre grace,
Il faut bien-tôt ici que Stratonice passe ;
Sans son oncle Philippe, elle a dans ce moment
Sorti pour voir Barsine en son appartement.
Laissés-moi l'engager au choix que je desire.

ANTIOCHUS.

Elle vient, j'obéis, Seigneur, & me retire.

SCENE III.

STRATONICE, SELEUCUS, ZENONE, POLICRATE.

STRATONICE.

LE Prince en me voiant est promptement rentré ;
Mais il m'a fait plaisir de s'être retiré,
Et s'il souffre au moment qu'à ses yeux je me montre,
Je souffre pour le moins autant à sa rencontre.

SELEUCUS.

Le soin qu'il prend, Madame, à tort vous est suspect,
Sa haine paroît moins ici que son respect ;
Le Prince a l'ame fiere, & non pas inhumaine,
Son cœur même est plus propre à l'amour qu'à la haine,
Et mieux que je n'ai cru, reconnoit aujourd'hui
Les secrettes bontés que vous avés pour lui.

STRATONICE.

Qui, moi ? j'aurois pour lui quelques bontez secretes?

SELEUCUS.

Il reçoit sans mépris l'honneur que vous lui faites,
Et son aversion, dont vous vous allarmés,
Finira maintenant qu'il sçait que vous l'aimés.

STRATONICE.

Moi, l'aimer ! quoi, le Prince est assez vain pour croire,
Qu'il me fait oublier mon devoir & ma gloire ?
Quoi, ce fils indigné de vous voir mon époux,
Présume d'usurper ce qui n'est dû qu'à vous,
D'exciter dans mon ame un amour temeraire
Et d'arracher mon cœur jusqu'aux mains de son Pere ?
Il m'estime donc lâche assez pour me trahir,
Jusqu'à l'oser aimer quand il m'ose haïr ?
Il pense donc me rendre à ce point insensée ?
Ah ! je lui ferai bien perdre cette pensée,
Je saurai le convaincre à force de mépris,
Qu'en croiant que je l'aime il s'est beaucoup mépris,
Et son ame fut-elle encor cent fois plus vaine,
Je l'empêcherai bien de douter de ma haine.

SELEUCUS.

Votre esprit de scrupule & de crainte agité,
Doute peut-être encor de ma sincerité,
Et je veux, prévenant votre aveu par un autre,
Que mon secret vous aide à découvrir le vôtre ;
Si l'amour est un crime ailleurs qu'en un époux,
Il ne me trouve pas plus innocent que vous ;
Comme vous je rougis d'une erreur qui m'est chere,
Si mon fils vous a plû, Barsine a sçu me plaire,
Et ce seroit vous faire une trop dure loi,
De condamner en vous ce que je souffre en moi.
Mon erreur rend ici la vôtre legitime,
Nous nous justifions par un mutuel crime,
J'autorise vos feux aimant d'autres apas,
Et serois criminel si vous ne l'ériez pas.

STRATONICE.

Quoi, sans être content du tort que vous me faites,
Vous me croiés coupable à cause que vous l'êtes,

TRAGI-COMEDIE.

Et me faisant injure en me manquant de foi,
Vous voulés que le crime en tombe encor sur moi ?
Preferés moi Barsine au Prince destinée,
Et violés la foi que vous m'avés donnée ;
Mais si cette injustice a pour vous tant d'apas,
Pour la commettre au moins ne me l'imputés pas.

SELEUCUS.

Pourquoi vous obstiner à cacher votre flame ?
C'est un soin inutile, on m'a tout dit, Madame.

STRATONICE.

Tout dit ! & qui, Seigneur ?

SELEUCUS.

       Un fidéle témoin,
Qui sait votre secret, & qui n'est pas fort loin.
J'ai tout sçu de Philon.

STRATONICE.

      Je confondrai ce traître.

SELEUCUS.

On va me l'amener, vous l'allez voir paroître.

SCENE IV.

POLICRATE, STRATONICE, SELEUCUS, ZENONE.

POLICRATE.

SEigneur, brûlant de voir votre ordre executé,
J'ai couru chez Philon assez bien escorté :
Mais je n'ai pris d'abord qu'une peine inutile ;
Ce traître étoit déja sorti de cette ville.
Aiant sçu toutefois qu'il n'étoit pas fort loin,
J'ai conduit mon escorte avec un si grand soin,
Que nous l'avons atteint, le suivant à la trace ;

Sous le pont de Daphné sous qui l'Oronte passe.
Alors reconnoissant qu'il vouloit fuïr en vain,
Il s'est en cet endroit arrêté tout soudain ;
Et s'écriant, pressé de sa propre injustice,
Je suis un imposteur qui mérite un suplice,
De crainte, de remords, & de rage emporté,
Dans le courant du fleuve il s'est précipité.
J'ai fait ramer aprés, mais malgré mon envie,
On l'a trouvé si tard, qu'on l'a trouvé sans vie.

STRATONICE

Ainsi, graces aux Dieux, la mort d'un imposteur,
Prouve mon innocence & fait voir votre erreur.

SELEUCUS

Vous me voiez rêver pour tâcher de connoître
Qui peut à ce mensonge avoir poussé ce traître.

STRATONICE

Sachant l'amour qu'ailleurs on vous a sçu donner,
Vous êtes le premier qu'on pourroit soupçonner,
Mais le respect qu'en moi le nom d'époux imprime,
Me force à n'oser pas vous imputer ce crime,
Et ce soupçon qu'arrête un nom déja si doux,
Tombe sur votre fils, n'osant tomber sur vous.
Je voi où contre moi l'aversion l'engage ;
Pour rompre notre hymen il met tout en usage,
Et n'a point eu d'horreur des moiens les plus bas,
Pour pouvoir m'arracher du Trône & de vos bras.

SELEUCUS

Je connois mieux mon sang, la gloire en est trop pure,
Pour se pouvoir soüiller d'une lâche imposture.

STRATONICE

Le cœur de votre fils est pour moi plein d'horreur,
Et le sang le plus pur tient des taches du cœur :
Mais vous, ni votre fils n'aurez plus lieu de croire
Que j'aie aucune ardeur qui soit contre ma gloire.

SELEUCUS

Vous êtes innocente, il est vrai, mais, helas !
Je vous devrois bien plus si vous ne l'étiez pas.

En choisissant mon fils, vous finiriés ma peine.
STRATONICE.
Je me doi toute à vous, & je lui doi ma haine :
Et quand bien je n'aurois ni haine, ni dépit,
Mon choix seroit toujours celui qu'on m'a prescrit.
C'est un malheur pour moi qu'une beauté plus rare,
De votre ame séduite à ma honte s'empare,
Et que sans nul respect du sacré nom d'époux,
Vous vous donniez ailleurs, quand je me donne à vous.
C'est trahir votre foi, Seigneur, mais cette offense
Du soin de mon devoir n'a rien qui me dispense,
Et mon cœur, quelque fruit qu'il puisse en recueillir,
Vous doit suivre à bien faire, & non pas à faillir ;
Vous l'aurés tout entier, comme si pour une autre
Je n'avois jamais sçu que vous m'ôrez le vôtre,
Et peut-être aiant fait pour vous ce que je doi,
Ferés-vous quelque effort pour être tout à moi.
SELEUCUS.
Hé bien, puisqu'à ce choix vous êtes obstinée,
Il faut, Madame, il faut achever l'hymenée,
Et n'aiant pas le droit d'y renoncer sans vous,
Puisque vous le voulés, je serai votre époux.
A vous donner ma main ma parole m'engage,
Vous aurés dès ce soir ce funeste avantage ;
Mon cœur tâchera même à remplir mon devoir,
Et sera tout à vous s'il est en mon pouvoir ;
Mais si devant vos yeux ma crainte ose paroître,
J'ai bien peur qu'en effet je n'en sois pas le maître,
Et que l'objet fatal qui l'a trop sçu toucher,
Fût-il entre vos mains, ne l'en vienne arracher.
Qu'il vous souvienne au moins, si ce tort vous anime,
Qu'il n'a tenu qu'à vous de m'épargner ce crime,
Et que sentant mon cœur touché d'autres apas,
J'ai fait ce que j'ai pû pour ne vous trahir pas.

SCENE V.

ZENONE, STRATONICE.

ZENONE.

HE' quoi, vous préferés, sans que rien vous alarme,
Le Roi qui vous déplaît, au Prince qui vous
  charme,
Et votre ame en effet sensible à ses apas,
Voit ce qu'elle aime offert, & ne l'accepte pas ?

STRATONICE.

Pouvois-je l'accepter sans une honte extrême ?
Le Prince a des apas, on me l'offre, & je l'aime ;
Mais il ne m'aime pas, & toute ma fierté
Auroit été trahie à l'avoir accepté.
Zenone, voudrois-tu que j'eusse la foiblesse
De faire à cet ingrat connoître ma tendresse,
D'être à lui sans lui plaire, & par un choix trop bas,
De lui donner un cœur qu'il ne demande pas ?

ZENONE.

Mais à choisir le Roi quel soin vous autorise ?
Aussi-bien que le fils le pere vous méprise,
Et du moins aiant vû leurs mépris confirmés,
Vous deviés faire choix de ce que vous aimés.

STRATONICE.

Que tu sçais mal juger des soins qui me retiennent !
Les mépris sont cruels de quelque part qu'ils vien-
  nent,
Mais ils le sont bien moins pour un cœur enflâmé,
D'un objet qui déplaît, que d'un objet aimé.
Ce qui nous touche peu, ne nous offense guére ;
Mais quand un mépris vient d'une personne chere,
Un cœur qui les reçoit, & qui s'y vient offrir,
Comme il est plus sensible, en a plus à souffrir.

Quand bien j'aurois choisi l'ingrat qui me surmonte,
Que m'eut produit ce choix, qu'un surcroît à ma
      honte ?
Je dépends, tu le sçais, d'un oncle ambitieux,
Qui veut par mon hymen que je regne en ces lieux,
Et si je voi le Prince, aprés son imposture,
Je ne doi plus penser qu'à venger cette injure,
Et qu'à le mettre enfin hors d'état aujourd'hui
De m'imputer jamais des foiblesses pour lui :
Je veux lui faire voir tant d'orgueil, tant de haine,

ZENONE.

Il vient, vous rougissés ?

STRATONICE.

        Ne t'en mets point en peine,
J'ai surmonté ma flâme, & ce peu de rougeur,
En est un reste encor qui s'enfuit de mon cœur.

SCENE VI.

ANTIOCHUS, STRATONICE, ZENONE, TIMANTE, ZABAS.

ANTIOCHUS.

Madame, pardonnés au trop d'impatience
Qui me fait de mon sort chercher la connois-
      sance,
Je sens quelque raïon & de joie & d'espoir,
Et je croi que le Roi vous aura fait sçavoir....

STRATONICE.

Oüi, Prince, je sai tout.

ANTIOCHUS.

        Vous savés donc la peine

STRATONICE.

Oui, je sçai à quel point vous méritez ma haine ;
Je sçai ce qu'attendoit mon cœur encor douteux,
Pour vous pouvoir haïr autant que je le veux ;
Je sai où contre moi la haine vous emporte,
Mais sachés que la mienne est encore plus forte,
Et que malgré vos soins, les effets feront foi,
Que vous ne savés pas si bien haïr que moi.

SCENE VII.

ANTIOCHUS, ZABAS, TIMANTE.

ANTIOCHUS.

AH, si je ne le sai, vous pourrés me l'aprendre,
Instruit par vos dédains, j'ose encore prétendre
D'enchérir à mon tour sur votre ingrat couroux,
Et me pouvoir vanter de haïr mieux que vous.
Mon violent dépit sçaura si loin s'étendre....
Mais la superbe fuit, & ne peut plus m'entendre.
Vous, témoins des transports dont je suis agité,
N'êtes-vous point surpris de cette indignité ?
N'êtes-vous point confus de l'air dont l'inhumaine
M'a fait voir tant d'orgueil avecque tant de haine,
Et ne seriés-vous pas encore plus surpris,
Si j'étois insensible à de si grands mépris ?

ZABAS.

Seigneur, il est certain que jamais injustice
Ne sauroit égaler celle de Stratonice,
Et que votre grand cœur après ce traitement
Ne peut faire éclater trop de ressentiment.
Vous n'avez dit d'abord rien qui ne lui dût plaire,
C'est sans nulle raison qu'elle a tant de colere,
Votre plainte est fort juste, & son cœur violent
A tort de s'emporter....

TRAGI-COMEDIE.

ANTIOCHUS.
Taisez vous, insolent.
Stratonice a raison, & j'ai tort de m'en plaindre,
Osez-vous en médire où je suis sans rien craindre ?
Allez, lâche flâteur, apprendre à parler mieux,
Et gardés bien jamais de paroître à mes yeux.
Zabas se retire.
Ah, Timante, je sens, quoi que je puisse faire,
Que mon amour revient, & chasse ma colere,
Ou plutôt je sens bien à ce soudain retour,
Que ma colere même est changée en amour.
Qu'ai-je fait, malheureux ! ah, que je suis coupable !
Bien loin de respecter cette ingrate adorable,
J'ai suivi mon orgueil, & me suis emporté,
Jusques à murmurer contre sa cruauté.
Que dis je, murmurer ? j'ai bien eu l'assurance
D'aller jusqu'au dépit, & jusqu'à l'insolence,
Et tous mes sentimens ont bien pû se trahir
Jusqu'à la menacer même de la haïr.
Ah, souffre que je coure en l'ardeur qui m'anime,
Implorer à ses pieds le pardon de mon crime.
Il revient sur ses pas.
Hé quoi, sans m'arrêter, sans faire aucun effort,
Timante m'abandonne à mon lâche transport ;
Et peut souffrir qu'aux pieds d'une fiere Princesse,
Je m'en aille étaler ma honte & ma foiblesse.

TIMANTE.
Vôtre amour est si fort, qu'y vouloir résister,
Seigneur, c'est vous déplaire ensemble & l'augmenter.

ANTIOCHUS.
Non, non, c'est quand tu vois que ma foiblesse est grande
Qu'il me faut du secours, & que je t'en demande.
Aide-moi, cher Timante, à bannir sans retour
De mon ame outragée un si honteux amour,
Retrace à mon esprit, pour l'aigrir davantage,
De ce dernier mépris l'insuportable image ;
Fai-moi ressouvenir de toute la fierté,
Qu'a témoigné pour moi cette ingrate beauté ;

Sur tout empêche bien que mon cœur ne l'oublie ;
Ce cœur qui fait le brave, & dont je me défie,
Et qui sachant fort bien qu'elle ose le trahir,
Tâche de l'oublier de peur de la haïr.

TIMANTE.

Mais tout votre visage & s'altere & se trouble,
Sortés d'ici, Seigneur, votre mal y redouble.

ANTIOCHUS.

Fai-moi fuïr mon amour, allons où tu voudras ;
Mais où peut-on aller où l'amour n'aille pas ?

Fin du quatriéme Acte.

ACTE V.

SCENE PREMIERE.

BARSINE, CEPHISE.

BARSINE.

Non, la mort de Philon ne m'a point alarmée ;
En s'avoüant coupable, il ne m'a point nommée,
Et quand on sauroit tout, le Roi même aujourd'hui,
Imputeroit mon crime à mon amour pour lui.
Il est tems d'achever le bonheur où j'aspire,
Allons prendre une main qui nous donne un Empire :
Déja je touche au Trône, & je me puis flater,
Que le degré qui reste est facile à monter.
Il me semble pourtant que si prés d'être heureuse
Mon ardeur pour régner n'est guére impetueuse,
Que je vais chez le Roi sans nul empressement,
Et que je monte au Trône un peu bien lentement.

CEPHISE.

Si proche du grand bien que le Ciel vous envoie,
Madame, vous montrés en effet peu de joie.

BARSINE.

D'où me pourroit venir cette indigne langueur ?
Seroit-ce point l'amour qui s'émeut dans mon cœur ?
C'est le Prince, oüi, c'est lui, c'est ce fils temeraire,

STRATONICE,

Qui s'obstine en mon ame à combattre son pere,
Et qui d'un cœur ingrat se voulant ressentir,
Tâche à le déchirer avant que d'en sortir.
Mais quelque fort qu'il soit, il faut pourtant qu'il
    sorte.
L'ambition sur moi se trouve encor plus forte.
C'est le soin des grands cœurs, & veritablement
L'amour des cœurs oisifs n'est que l'amusement.
A l'hymen d'un grand Roi bornons notre espe-
    rance;
Hâtons-nous d'avancer...... Mais lui-même il a-
    vance.

SCENE II.

SELEUCUS, BARSINE, CEPHISE.

SELEUCUS.

Ah, Princesse!

BARSINE.

Seigneur, quel trouble vous surprend?

SELEUCUS.

Il n'en fut jamais un plus juste ni plus grand,
C'est un crime en ce lieu pour moi que la constance,
Je perds tout mon bonheur, mon unique esperance,
Je sens percer mon cœur, & tarir à mes yeux
Le plus pur de mon sang & le plus précieux.

BARSINE.

Seroit-ce bien le Prince?

SELEUCUS.

    Il est trop vrai, Madame,
Ce fils qui m'est si cher est prêt à rendre l'ame,

Et plus mourant que lui, je viens par ma douleur
Essaier d'émouvoir votre ame en sa faveur.
BARSINE.
Son mal me touche plus que je ne le puis dire.
SELEUCUS.
Il ne tiendra qu'à vous d'empêcher qu'il n'expire.
BARSINE.
Son salut est certain si je le puis causer.
SELEUCUS.
Jugés par ce recit si j'ai pu m'abuser.
Dés le premier avis envoié par Timante,
Que le Prince tomboit dans une fiévre ardente,
Accablé de douleur, avec empressement,
J'ai passé tout émû dans son apartement.
Il étoit en foiblesse, & sa langueur mortelle
Eut touché de pitié l'ame la plus cruelle,
Et l'eussiez-vous haï, l'excés de ses malheurs
A vos yeux comme aux miens eut arraché des pleurs.
Je l'ai trouvé sans force, & sans marque de vie,
Son visage étoit pâle, & sa fraîcheur ternie,
Ses lévres conservoient encor quelque couleur ;
Mais par l'effort mourant d'un reste de chaleur,
Dessus sa bouche seule un dernier trait de flame
Sembloit avoir laissé les traces de son ame.
Il étoit étendu sans aucun sentiment,
Son poulx même déja perdoit le mouvement ;
Il ne lui restoit rien de sa vigueur premiere,
Ses yeux, quoi qu'entr'ouverts, n'avoient plus de lumiere,
Et dans leurs feux éteints on remarquoit d'abord
L'absence de la vie & l'ombre de la mort.
De mon fils toutefois l'ame presque envolée
A semblé tout-à-coup par mes cris r'appellée,
Et la vie & le jour que j'ai sçu lui donner,
N'ont par respect, ce semble, osé l'abandonner.
Ses sens sont revenus, mais sa vuë agitée,
Ne s'est sur nul objet de long-tems arrêtée,

STRATONICE,

Et pressé d'expliquer ses maux & ses desirs,
Son cœur n'a répondu que par de longs soûpirs,
Mais qui, tous déguisés qu'ils aient essaié d'être,
Pour des soûpirs d'amour se sont fait reconnoître.
A ma vûë, emporté d'un trouble sans égal,
Il n'a pû me cacher que je suis son rival :
Son transport l'a forcé de m'avouer lui-même
Qu'il meurt pour me ceder la Princesse qu'il aime,
Qu'il la donne au devoir, mais qu'au moins son a-
   mour,
Le force en 'a perdant de perdre aussi le jour.
Aprés ces mots sa fiévre a paru redoublée,
Je n'ai rien sçu de plus, sa raison s'est troublée,
A prendre aucun repos il n'a pu consentir,
Et même de sa chambre il a voulu sortir.
Mais le peu qu'il m'a dit trop clairement s'explique;
Son mal est un effet de notre amour tragique.
Et je viens vous presser par les nœuds les plus doux,
De sauver par pitié mon fils qui meurt pour vous.
Aussi bien Stratonice à nos vœux est contraire ;
Accordés-vous au fils, ne pouvant être au pere,
Et lui donnant la main pour sortir du tombeau ;
De mon sang qui s'éteint r'animez le plus beau.
Si mon amour vous plaît, dans cet autre moi-même,
C'est la meilleure part de mon cœur qui vous aime,
Et tout ce qu'en effet j'ai d'esprits aujourd'hui,
N'est qu'un reste de ceux qui sont passez en lui.

BARSINE.
Ce fils vous est si cher, qu'il ne m'est pas possible,
En aprenant son mal, d'y paroître insensible,
Ma pitié même ira, sçachant vos déplaisirs,
Jusqu'à sacrifier mon cœur à ses desirs,
Si votre amour pour moi, devant qu'on nous unisse,
Peut aller jusqu'à rompre avecque Stratonice.

SELEUCUS.
Quoi, trahir mon devoir pour conserver mon fils ?
Ah, n'en êtes-vous pas un assez digne prix ?

Pour racheter sa vie & païer son remede,
Ne m'en coûte-t-il pas assez quand je vous cede,
Et sans trahir ma foi pour lui sauver le jour,
Ne fais-je pas assez de trahir mon amour ?
BARSINE.
Si votre foi vous presse, afin d'y satisfaire,
En l'état qu'est le Prince, obtenés qu'on differe,
Et vous pouriés aprés trouver facilement
Un prétexte plausible à rompre entierement.
Si votre ame à ce choix ne se peut pas soûmettre,
Pour le Prince, Seigneur, je ne puis rien promettre,
Je souffre que d'un fils vous fassiez mon époux,
Et lui cediez un cœur qui veut n'être qu'à vous.
Mais enfin mon amour plus tendre que le votre,
Ne sauroit vous souffrir entre les bras d'un autre,
Et peut bien, pour vous plaire & vous tout accorder,
Se résoudre à vous perdre & non à vous ceder.
SELEUCUS.
Il faudra differer, mais cependant Princesse,
Montrés-vous à mon fils avec quelque tendresse.
BARSINE.
Je ferai mes efforts, Seigneur, pour obéir.
SELEUCUS.
Allons.... Mais jusqu'ici quel bruit se fait oüir,

SCENE III.

ANTIOCHUS, SELEUCUS, BARSINE, POLICRATE, TIMANTE.

ANTIOCHUS *fuiant ceux qui le suivent, & se voulant tuër.*

C'Est trop souffrir, mourons.
  SELEUCUS *lui ôtant son épée.*
   Respecte au moins ton pere,
Qui mourra de ta mort.
  ANTIOCHUS.
   Seigneur, qu'allez-vous faire ?
  SELEUCUS.
Conserver de mon sang la plus belle moitié.
  ANTIOCHUS.
Que vous m'êtes cruel avec votre pitié !
Pourquoi m'empêchés-vous, Seigneur, de le répan-
  dre,
Ce sang que je vous dois & que je veux vous rendre,
Ce sang impetueux que vous m'avez donné,
Qui contre mon repos est toujours mutiné ;
Ce sang qui de mon cœur s'est rendu le complice ;
Ce sang qui ne sert plus qu'à nourrir mon suplice,
Et qui par la fureur d'un amour violent,
S'est changé tout entier en un poison brûlant :
Car enfin, desormais je ne le puis plus taire,
Cet amour qui me brûle, & qui me desespere ;
Et qu'échapé des miens, sans ce que je vous doi,
J'aurois au moins forcé de mourir avec moi.

TRAGI-COMEDIE.

SELEUCUS
Pers, mon fils, pers enfin cette funeste envie;
Loin de mourir d'amour, tu dois aimer la vie.

ANTIOCHUS.
Qui, moi, mourir d'amour? ah, ne le croiez pas,
Ce mal pour grand qu'il soit cause peu de trépas,
Et je ne pense point que par quelque bassesse,
On m'ait pû soupçonner d'avoir tant de foiblesse.

SELEUCUS.
L'amour est un beau crime, & sa douce langueur,
N'est pas une foiblesse indigne d'un grand cœur.

ANTIOCHUS.
Quoi, vous vous obstinez à croire encor que j'aime?

SELEUCUS.
Vous venez à l'instant de le dire vous-même.

ANTIOCHUS.
Ah! je n'ai donc pas sçu, Seigneur, ce que j'ai dit;
Pour parler sainement j'étois trop interdit,
Mon mal m'avoit fait perdre & raison & memoire.
Et quoi que j'aie dit, on ne m'en doit pas croire.

SELEUCUS.
Je sçai trop que Barsine a charmé tous vos sens.

ANTIOCHUS.
Barsine? hé bien, Seigneur, croiés-le, j'y consens,
Croiez que je l'adore, & que je meurs pour elle,
Que la peur de la perdre à mon cœur est mortelle,
Qu'elle cause mes maux, mes langueurs, mes ennuis.
Je veux bien l'avoüer en l'état où je suis.

SELEUCUS.
Cessez d'être agité d'une crainte inutile,
Quand le mal est connu, le remede est facile.
Consolez-vous, je veux contenter vos desirs,
Finir tous vos chagrins, vous combler de plaisirs;
Pour Stratonice enfin ma bonté vous dispense,

De vous faire jamais la moindre violence,
Son cœur, loin qu'il vous aime, ose vous mépriser,
Et vous ne devez plus craindre de l'épouser.

ANTIOCHUS.

Helas!

SELEUCUS.

Vous vous plaignez ?

ANTIOCHUS.

C'est du mal qui me presse ;
Mais ce n'est rien, Seigneur, & cette douleur cesse.

SELEUCUS.

Je sai bien que pour vous ce n'est pas faire assez,
De vous faire éviter ce que vous haïssez ;
Je vous donne de plus, par un effort extrême,
Barsine qui vous charme, encore que je l'aime,
Mon soin l'a disposée à vous rendre son choix,
Et mon cœur vous la cede une seconde fois.
Joüissés d'un bonheur qui jamais ne finisse ;
Mais qui vous trouble encor ?

ANTIOCHUS.

J'apperçoi Stratonice,

SCENE

SCENE DERNIERE.

PHILIPPE, STRATONICE, SELEUCUS, ANTIOCHUS, BARSINE, ZENONE, CEPHISE, POLICRATE, TIMANTE.

PHILIPPE.

SEigneur, l'instant arrive à mon espoir si doux,
Où l'hymen doit unir Stratonice avec vous ;
Et chacun comme moi brûle d'impatience,
Qu'un nœud si saint confirme une heureuse alliance.

SELEUCUS.
C'est un bien que le Prince en péril d'expirer
Avec trop de raison m'oblige à differer.

STRATONICE.
Quoi, le Prince est si mal ?

ANTIOCHUS.
    Non, Princesse inhumaine,
Je me porte fort bien, n'en soiez point en peine.
En vain déja ma mort flate votre desir,
Vous n'aurez pas si-tôt ce funeste plaisir,
Des portes du trépas Barsine me ramene,
Je vivrai malgré vous, & malgré votre haine,
Je vivrai pour joüir long-tems d'un sort bien doux,
Mais enfin je vivrai pour un autre que vous.

STRATONICE.
Je vous excuse, Prince, & commence à connoître
Que vous êtes plus mal que vous ne croiez être.
Ce transport contre moi, sans respect, sans raison,

Marque un redoublement plus qu'une guérison;
Et dans ce triste état, quoi que vous puissiez faire,
J'aurai plus de pitié pour vous que de colere.
ANTIOCHUS.
Vous croiez que je souffre ? ah, perdez cet espoir,
Si je sens quelque peine, elle vient de vous voir:
Mais afin que votre ame en soit mieux convaincuë,
Pour ne souffrir plus rien je veux fuir votre vuë.

Il parle à ceux qui lui veulent aider à marcher.
Non, non, ne m'aidés pas, ne prenés aucun soin,
Aidé de mon dépit je n'en ai pas besoin.
Je vais,....
Il tombe aux pieds de Stratonice.
STRATONICE.
Vous tombés, Prince?
ANTIOCHUS.
Oui, superbe Princesse,
Oui je tombe à vos pieds, & cede à ma foiblesse;
Mais croiez que du moins cette indigne langueur,
M'a mis en cet état sans l'aveu de mon cœur.
STRATONICE.
Prince, je le veux croire, & pour toute vengeance
Vous épargner le soin d'éviter ma presence.
Je voi qu'elle vous nuit, & les cœurs genereux
Ne prennent pas plaisir de nuire aux malheureux.
Elle veut se retirer.
ANTIOCHUS.
Helas ! qu'elle revienne, elle emporte mon ame;
Je n'en puis plus, Timante.
Il tombe en foiblesse.
SELEUCUS.
Ah ! revenez, Madame,
Si vous vous éloignez, mon fils s'en va mourir,
Par pitié de mes pleurs, venez le secourir;
Voiez de quel succés mon attente est suivie,
Déja votre retour a rapellé sa vie.
ANTIOCHUS.
Ah ! qu'il est malaisé de pouvoir un seul jour

Déguiser sans mourir un violent amour !
Que mes maux vangent bien l'ingrate qui me touche ?
Que mon cœur est puni de l'orgueil de ma bouche,
Et qu'alors que l'on veut cacher des feux ardens,
Les feintes du dehors coûtent cher au-dedans !
Helas ! que j'ai souffert un rigoureux supplice,
Pour ne pas avoüer que j'aime Stratonice !

STRATONICE.
Quoi, Seigneur, vous m'aimez ?

ANTIOCHUS.
Quoi, je suis entendu,
Et ce nouveau tourment m'étoit encore dû ?
Hé bien donc, il est vrai, je vous aime, inhumaine,
Contentés votre orgueil, contentés votre haine,
Triomphés de mon cœur que vous avez séduit,
Triomphés de la honte où vous m'avez réduit,
Jouïssez à longs traits de la douceur funeste,
De voir souffrir l'objet que votre cœur déteste ;
Goûtez votre vengeance, & pour la sentir mieux,
Songez que mon tourment est un coup de vos yeux :
Si ce n'est pas assez, s'il faut ma vie entiere,
Ne vous ennuiez pas, vous n'attendrez plus guere,
Et je sens que mon cœur avec vos yeux d'accord,
Vous va donner bien-tôt le plaisir de ma mort.
Dans mes derniers soûpirs trouvés au moins des charmes.
Mais qu'aperçois-je ? ô Dieux, vous répandez des larmes !
Princesse, est-ce pitié dont vos sens sont émûs ?

STRATONICE.
Ce ne peut être moins, & c'est peut-être plus.

ANTIOCHUS.
Si vous me dites vrai, que ma mort est heureuse !
Quoi, grace à mes malheurs, Princesse genereuse,
Je ne suis plus haï de ce cœur irrité ?

STRATONICE.
Il n'est pas même seur que vous l'aiez été.
Je sai que jusqu'ici j'ai fait tout mon possible

STRATONICE,

Pour vous paroître fiere, inhumaine, insensible,
Et qu'il ne m'est jamais rien échapé pour vous,
Que des marques d'orgueil, de haine, & de couroux,
Mais Prince, vous savez, par votre experience,
Qu'on se trompe souvent à croire l'apparence,
Et venez fraîchement d'éprouver en ce jour,
Que ce qui semble haine, est quelquefois amour.

ANTIOCHUS.

Que par ces mots charmans ma mort est adoucie !

STRATONICE.

Et qui vous presse encor d'abandonner la vie ?
Vous n'êtes point haï.

ANTIOCHUS.

           Cet aveu m'est bien doux,
Mais, Princesse, le Roi doit être votre époux ;
Si je ne vis pour vous, je ne saurois plus vivre,
La Foi de nos Traitez à mon pere vous livre,
Et quoi qu'en ma faveur je vous voie attendrir,
Je vous aime, & vous pers, c'est assez pour mourir :
Tout est perdu pour moi si je pers ce que j'aime.

STRATONICE.

Ah ! Prince, je voudrois dépendre de moi-même ;
Mais remise au pouvoir de mon Oncle aujourd'hui,
Je ne puis être à vous qu'en m'obtenant de lui.

PHILIPPE.

Ne soiez point flaté d'une esperance vaine,
Stratonice est venuë ici pour être Reine,
Prince, au Roi de Syrie, elle a promis sa foi,
Vous l'aimez, je vous plains, mais vous n'êtes pas Roi ;
Si vous étiez au rang où l'on voit votre pere,
Mon ordre à vos desirs ne seroit pas contraire ;
Vous avez des vertus, vous avez des apas,
Mais il lui faut un Sceptre, & vous n'en avez pas.

SELEUCUS.

Non, vous vivrez, mon fils, & vous vivrez pour elle,
Je prétends couronner une flame si belle,
Et puisqu'il faut regner pour être son époux,
Mon Sceptre ne m'est pas si précieux que vous.

BARSINE.
Quoi, Seigneur, lui ceder la puissance suprême?
SELEUCUS.
Oui, j'estime mon fils plus que mon Diadême,
La Nature m'engage, au mépris de mon rang,
A dépouiller mon front pour conserver mon sang,
Et la peine où je suis doit être plus legere,
A cesser d'être Roi, qu'à cesser d'être pere.
BARSINE.
De grace, encor un coup, Seigneur, considerez.
SELEUCUS.
La Nature l'emporte, & ses droits sont sacrez;
Mon fils entre au tombeau, s'il ne monte à l'Empire;
Et pour me rendre heureux, votre cœur peut suffire.
Mais, Dieux! quelle froideur témoignez-vous pour moi?
BARSINE.
Seigneur, pour dire tout, je suis fille de Roi.
Il me seroit honteux de vivre ici sujette,
Si vous quitez le Sceptre, agréez ma retraite;
Mon Oncle regne encor à Pergame aujourd'hui,
Et je vai maintenant retourner prés de lui.
SELEUCUS.
Allez, ingrate, allez, je pers enfin ma flame,
Rien ne vous retient plus, vous sortez de mon ame,
Je dédaigne aisément qui m'ose dédaigner,
Et ne veux point d'un cœur, qui n'aime qu'à regner.
ANTIOCHUS.
Pour conserver ma vie au desespoir offerte,
Il vous en coûte trop, souffrez plûtôt ma perte.
SELEUCUS.
Rien ne me coûte trop pour vous sauver le jour;
Regnez, & possedez l'objet de votre amour:
Mais mon consentement ne vous doit pas suffire.
PHILIPPE.
Puisqu'il regne, Seigneur, je suis prêt d'y souscrire,
Faites que Stratonice approuve aussi ses feux.
STRATONICE.
Puisqu'il a votre aveu, le mien n'est pas douteux.

G 3

ANTIOCHUS.

Que ces mots sont puissants, adorable Princesse !
Par ce charmant aveu déja tout mon mal cesse ;
Je ressens tout-à-coup ma santé de retour,
Et ne puis plus mourir que de joie & d'amour.

SELEUCUS.

De son mal en effet aucun signe ne reste,
Allons en rendre grace à la bonté Celeste,
Et par des nœuds sacrez qui confirment la paix,
Venez tous deux au Temple être unis pour jamais.

Fin du cinquiême & dernier Acte.

LES COUPS DE L'AMOUR ET DE LA FORTUNE.

TRAGI-COMEDIE

DE

Mr. QUINAULT.

Representée en 1657.

ACTEURS.

ROGER, *Parent d'Aurore.*
GUSMAN, *Ecuier de Roger.*
STELLE, *Sœur d'Aurore.*
LE COMTE D'URGEL.
AURORE, *Comtesse de Barcelonne.*
LOTHAIRE, *Comte de Roussillon.*
DIANE, *Sœur de Roger.*
LAZARILLE, *Ecuier de Lothaire.*
ELVIRE, *Suivante d'Aurore.*
CARLOS, *Soldat de l'Armée d'Aurore.*
SUITE.

La Scene est à Barcelonne.

LES COUPS DE L'AMOUR, ET DE LA FORTUNE.

ACTE I.

SCENE PREMIERE.

GUSMAN, ROGER.

GUSMAN.

AH ! Seigneur, par quel sort vous trouvai-je en ces lieux ?

ROGER.

Ah ! Gusman, quel destin te presente à mes yeux ?

GUSMAN.

J'allois dans la Castille, & ma course étoit vaine,
Que vous m'épargnez bien des pas & de la peine !
Je partois pour vous joindre où je vous ai laissé,

Et mon voiage est fait plûtôt que commencé.
ROGER.
Depuis que je t'attends six Lunes sont passées.
GUSMAN.
Si j'ai failli, Seigneur, mes fautes sont forcées,
J'étois dans Barcelonne en état de partir,
Quand par mer & par terre on la fit investir,
Et dans ce jour marqué, pour une Conference,
J'allois prendre la poste & faire diligence.
ROGER.
Hé bien, en quel état est Diane ma sœur.
GUSMAN.
Prés la Princesse Aurore elle est dans la faveur :
J'ai pour vous de sa part une Lettre importante,
Qui vous promet des biens qui passent votre attente.
ROGER *lit.*
Mon Frere, tout l'Etat se trouve desolé,
L'injustice y fait voir l'innocence affligée ;
Par les Troupes de Stelle, Aurore est assiegée ;
Venez la soûtenir dans son Trône ébranlé.
C'est elle à qui le Sceptre appartient justement,
Vous sortez de son sang, vous la devez défendre :
Partez, & quelque Emploi que vous puissiez pré-
 tendre,
Il ne vous coûtera qu'un souhait seulement.
Diane.
GUSMAN.
Voulez-vous occasion plus belle ?
ROGER.
Tu m'apportes sans doute une bonne nouvelle,
Je suis comblé de joie, & beni ton abord.
GUSMAN.
J'apporte un autre avis qui vous déplaira fort.
ROGER.
Quoi, quel avis ?
GUSMAN.
Tenez pour maxime assurée,
Que la plus grande joie a le moins de durée.

ROGER.
Que sais-tu ?
GUSMAN.
Que qui suit la Fortune & l'Amour
Gagne, perd, rit, & pleure, au moins six fois par jour.
ROGER.
Dis-moi tout promptement, ta morale me choque.
GUSMAN.
Sachez que Leonor de vôtre amour se mocque,
Qu'avec elle Dom Juan doit être marié,
Et qu'il vous coupe enfin l'herbe dessous le pié.
ROGER.
Il faut s'en consoler.
GUSMAN.
Qui vous a fait si sage ?
ROGER.
Depuis six mois entiers je sai qu'elle est volage,
J'appris de Dom Bernard qui vient chercher emploi,
Son amour pour Dom Juan, & ses mépris pour moi,
Et laissant lors agir mon dépit & l'absence,
Mon changement de prés suivit son inconstance.
GUSMAN.
Tant mieux, je n'aurai plus de Poulets à porter,
Perdre beaucoup d'amour, c'est beaucoup profiter.
ROGER.
La Fortune, Gusman, ne m'est pas si propice,
En sortant d'un malheur j'entre en un précipice,
Une Beauté nouvelle a troublé ma raison ;
Et l'Amour seulement m'a changé de prison.
GUSMAN.
Quoi, depuis mon départ ?
ROGER.
Dans un combat tragique
Des troupes de Castille & de celles d'Afrique,
Le Prince d'Aragon s'étant trop avancé,

Se trouvoit sans secours, & se sentoit blessé,
Lors qu'avec quelques gens dont j'avois la conduite
A ceux qui le pressoient je fis prendre la fuite ;
Mais dans ma Tente à peine étoit-il arrivé,
Que je le vis mourir aprés l'avoir sauvé ;
Et qu'au point d'expirer d'une voix demi-morte,
Me donnant ce Portrait, il parla de la sorte.
N'aiez aprés ma mort rien à me reprocher,
Recevez de mes mains ce que j'ai de plus cher
De l'Objet que je sers, c'est la charmante Idole :
A ces maux trois soûpirs couperent sa parole,
Et me firent douter en ce dernier effort
Qui terminoit sa vie ou l'amour ou la mort ;
Ainsi vint dans mes mains cette image fatale,
Et dés que j'observai les charmes qu'elle étale,
Tous les feux dont ce Prince avoit senti l'ardeur,
Abandonnant son ame entrerent dans mon cœur.

GUSMAN.

Votre amour, si j'osois dire ce que je pense,
Avecque la folie a grande ressemblance.
Quoi, des traits qu'un Pinceau vous a sçu figurer
Vous causent des langueurs, & vous font soûpirer ;
Et quelque peu d'émail de couleur & de gomme
Font un si grand desordre au cœur d'un si grand hom-
    me ?
Quand on perd la raison l'on a vos sentimens :
Voila ce que vous sert d'avoir lû des Romans.

ROGER.

Bien qu'à ce beau Portrait j'adresse mon hommage
Ce n'est pas ce que j'aime, il n'en est que l'image,
J'aime un autre chef-d'œuvre, & je suis enchanté,
De l'objet qu'en ces traits l'art a representé,
Juge si sa beauté merite qu'on l'adore.

GUSMAN.

Je reconnoi les traits de la Princesse Aurore.

ROGER.

Ne doi-je pas aimer un objet si charmant ?

GUSMAN.

Mais vous ne l'avez vû qu'en portrait seulement,
La Princesse au berceau fut portée en Espagne,
Lors qu'on la rapella nous étions en campagne,
Et depuis quinze mois qu'on la void de retour,
L'on ne vous a point vû paroître en cette Cour.

ROGER.

L'Amour surprend nos cœurs, & sçait plus d'une
    voie
Pour y porter ses feux & troubler notre joie,
Aurore a tous les droits comme tous les appas,
Des Dieux que l'on adore & que l'on ne void pas :
Je sçai qu'elle est aimable, & mon ame charmée
Ainsi que sa peinture en croit la Renommée,
Cette prompte Couriere avecque soin m'aprit
Les charmes de son ame & ceux de son esprit,
Quand les visibles traits dont le Ciel l'a pourvuë
Dans ce portrait fatal s'offrirent à ma vuë ;
Et ce fut lors qu'Amour, ce Maître si sçayant,
En forma dans mon cœur un portrait tout vivant.
Juge dans son parti, combien je m'interesse,
Elle est ma Souveraine, & de plus ma Maîtresse,
Je suis à la servir engagé doublement,
Et comme son Sujet, & comme son Amant.

GUSMAN.

Mais comme bon Sujet, & comme Amant fidele
Vous deviez moins tarder à vous rendre auprés d'el-
    le.

ROGER.

Je n'ai pas dû partir qu'il ne me fut permis
D'abandonner l'emploi que l'on m'avoit commis.
Enfin j'arrivai hier sans me faire connoître,
Pour servir au repos des lieux qui m'ont vû naî-
    tre,
Et dedans Barcelonne enfin j'allois entrer,
Alors que le hazard nous a fait rencontrer.

GUSMAN.
Vous venez justement quand la guerre s'acheve ;
Enfin sachez.
ROGER.
Je sai que tu peux bien savoir
Qu'en ce lieu les deux Sœurs se doivent entrevoir ?
Que la Paix ou la Guerre y doit être concluë :
Mais Stelle vient ; dans peu nous en saurons l'issuë.

SCENE II.

STELLE, LE COMTE, ROGER, GUSMAN.

STELLE.

JE connoi ma Sœur, Comte, & n'attends point d'accord :
Il faudra que la guerre explique notre sort,
Je ne puis lui céder le rang de Souveraine,
Et pour vivre sujette elle a l'ame trop vaine ;
Mais avant qu'en venir aux derniers démêlez,
Je consens à la voir, puisque vous le voulez.
LE COMTE.
Je n'abuserai plus de votre confiance,
Si la Paix n'est concluë en cette Conference,
Nous l'obtiendrons par force, & tous les miens sont prêts
De périr avec moi suivant vos interêts.
STELLE.
Vos soins n'obligent pas une Princesse ingrate.
LE COMTE.
Le seul bien de vous plaire est l'espoir qui me flate ;
Vous avoir pû servir, c'est avoir combatu

Pour la même Justice, & la même Vertu,
Votre seule beauté dont j'adore l'Empire,
Peut prétendre à regner sur tout ce qui respire ;
Et de tout l'Univers auroit le premier rang,
S'il pouvoit s'acheter au prix de tout mon sang.
STELLE.
Formez d'autres souhaits, il n'est point de Cou‑
ronne
Que je n'aime toûjours moins que vôtre per‑
sonne,
Et si notre parti demeuroit le vainqueur,
Vous auriez une Place au Trône & dans mon
cœur :
Mais Aurore s'aproche & ce bruit m'en assure,
Voyons si le succés suivra ma conjecture.
ROGER.
Gusman, que j'ai de trouble en voiant tant d'apas
pas !
GUSMAN.
Puis qu'ils vous font du mal ne les regardez pas.
ROGER.
Ce mal me semble doux, j'aime sa violence.
GUSMAN.
Ah ! vous extravaguez.
ROGER.
Observe le silence.

SCENE III.

AURORE, LOTHAIRE, STELLE, LE COMTE, ROGER, GUSMAN.

AURORE.

MA sœur, pour notre accord nos communs Députez
Déja sans aucun fruit ont fait plusieurs Traitez,
Je sçai quelque pouvoir qu'une Princesse donne,
Que son meilleur Agent peut moins que sa personne,
Et j'ai cru qu'il falloit en ces lieux nous trouver,
Soit pour rompre l'accord ou soit pour l'achever.
Je ne cellerai pas d'une adresse inutile
Que j'ai beaucoup d'horreur pour la guerre civile;
Je ne puis sans remors voir pour nous dés-unis
Le Frere, le Germain, & le Pere & le fils:
Et le Sceptre en ma main affermi par les Armes
Ne peut couter du sang sans me coûter des larmes:
Essayons d'étouffer notre division,
Ecoutons la justice & non l'ambition.
Et fuians des grandeurs par le sang affermies,
Commençons d'être Sœurs, cessons d'être ennemies.

STELLE.

Je souhaite, ma Sœur, ce que vous souhaitez,

Pour moi comme pour vous la Paix a des beautez ;
Ce fut avec regret que j'entrepris la guerre
Contre ma propre Sœur, & dans ma propre terre,
Et ce sera toûjours avec ravissement
Qu'on me verra signer notre accommodement ;
Cet Etat m'appartient par droit hereditaire,
Vous sçavez les amours du Comte notre Pere :
Notre mere commune aiant sçu l'embrasser,
Ils s'aimerent long-temps avant que s'épouser :
Et chacune de nous sçait bien qu'elle fut rée,
Vous pendant leurs Amours, moi depuis l'Himenée ;
Ainsi, grace au destin des choses d'ici bas,
Je me vois legitime & vous ne l'êtes pas ;
Et vous sçavez qu'enfin nos Loix & nos maximes
Donnent tout l'heritage aux enfans legitimes ;
Cependant comme Sœur, je sçai ce que je dois
De la seule amitié je veux suivre la Loi,
Et bien que tout l'Etat doive être mon partage,
Je vous offre la Paix avec un appanage.

AURORE.
Cette offre est trop injuste, & je puis me vanter
Que j'ai droit de la faire & non de l'accepter,
Le trône du feu Comte appartient à l'Aînée
De votre Mere propre avant vous je fus née :
Et l'Hymen succedant à leurs feux clandestins
Autorisa nos droits & jugea nos destins :
Vous condamnés à tort l'Auguste Marguerite
De qui toute l'Europe admira le merite,
Et lui devant le jour avez-vous bien l'orgueil
D'attaquer sa vertu jusques dans le Cercueil ?
J'étois encor à naître alors que notre mere,
Reçut secretement la Foy de notre Pere ;
Et puisque sur la Foi l'Hymen se doit fonder,
Je naquis legitime & dois lui succeder.
Vous sçavez que ce Prince avoit encor à peine
Reçû le dernier coup de la Parque inhumaine,
Que les Grands du païs de sa perte troublés
Furent incontinent au Palais assemblés,

Là chacun de nos droits eut connoissance entiere,
Chacun du Prince mort me nomma l'heritiere,
Condamna votre brigue & vous dût enseigner
Que je suis votre Aînée, & que je dois regner :
Mais bien que vous sçachiez que malgré l'artifice
J'ai toute l'équité, vous toute l'injustice,
Que par mes mains le Sceptre a droit d'être occupé,
Que s'il étoit à vous il seroit usurpé ;
Et qu'enfin je ne puis vous souffrir qu'avec honte,
Sur un Trône où nos loix ordonnent que je te monte;
Quelque juste que soit ce point d'honneur fatal,
Je l'immole au repos de mon païs natal.
Je veux par ma tendresse étouffer votre haine,
Et vous traiter en Sœur, & non en Souveraine.
Mon amitié s'accorde à ne plus contester
Ce que mon droit d'aînesse a lieu de vous ôter.
Enfin suivant les loix que le sang nous inspire
Unissons nos Esprits, & partageons l'Empire.

ROGER.
Gusman, peut-on former de plus justes souhaits ?

GUSMAN.
Pouviez-vous mieux venir pour voir faire la Paix ?

STELLE.
J'admire votre adresse & bien plus votre audace,
Vous parlez d'un partage ainsi que d'une grace ;
Il semble que ce soit seulement par pitié
Que de mon propre Etat vous m'offrez la moitié,
Je suis de ce païs legitime Princesse,
Il m'est indifferent que votre haine cesse.
Votre amitié m'outrage, & je n'y prétens rien,
Puis qu'elle doit coûter la moitié de mon bien,
Je prétens disposer de tout mon heritage.
On brise une Couronne alors qu'on la partage,
Le Trône en me portant a le poids qu'il lui faut,
Et s'il vous soutenoit il tomberoit bien-tôt,
Ainsi que mon bon droit votre injustice éclate
Dans cet injuste Arrêt dont votre orgueil se flate,
Votre puissante brigue & vos riches presens

& de la Fortune.

Des Juges assemblez firent vos partisans :
Et j'aurois obtenu les mêmes avantages,
Si j'avois lâchement mandié leurs sufrages.
AURORE.
Vous accusez à tort des Juges innocens,
Mes legitimes droits furent mes Partisans,
Et si leur jugement vous a peu satisfaire,
Accusez-en le Ciel qui vous fit ma Cadete.
STELLE
Le Peuple à qui le Ciel a concedé les droits
D'interpreter les Dieux & de créer les Rois,
Par ses émotions a bien dû vous apprendre
Qu'il revoque l'Arrêt que vous avez fait rendre,
Que votre soin ne sert qu'à vous faire haïr,
Et que ce n'est qu'à moi que l'on doit obéïr.
AURORE.
Sçachez que si le Peuple à mon regne s'oppose,
Ses mouvemens font voir l'équité de ma cause :
C'est un monstre privé de tout discernement,
Qui cherche le desordre avec aveuglement,
Et qui s'émeut toûjours, tant son audace est grande;
Contre les Souverains dont il faut qu'il dépende;
Mais enfin son courroux ne doit pas m'alarmer,
Avec un seul regard je puis le desarmer.
STELLE.
Dans votre injuste orgueil soyez moins obstinée :
La Couronne jamais ne vous fut destinée :
Mon Pére, ainsi qu'un fruit d'une honteuse amour,
Dès vos plus tendres ans vous bannit de la Cour,
Et comme son opprobre & non comme sa fille
Vous fit secretement élever en Castille,
Vous le sçavez, ma Sœur, & m'osez disputer
Ce païs dont la foi vous doit desheriter,
Et qui par un instinct que le Ciel lui suggere,
Ne vous peut regarder que comme une Etrangere
AURORE.
Ce païs m'a vû naître & me doit regarder
Comme celle aujourd'hui qui lui doit commander

Qui sçaura que je fus en Castille élevée,
Sçaura que pour le Trône on m'avoit reservée.
C'est-là que l'on peut voir sur un Trône brillant
Ce que la Politique a de plus excellent;
C'est-là qu'avec la plume on force des murailles,
Que dans un cabinet on gagne des Batailles,
Et c'est là qu'on eut soin de me faire enseigner
Des secrets pour vous vaincre & l'art de bien regner.

STELLE.

Chez cette nation qui se croit indomptable,
Vous n'avés rien acquis qu'un faste insupportable.
Si vous pouviés regner en ces lieux justement,
Mon Pere l'eût marqué dedans son Testament.

AURORE.

S'il eut jugé qu'un jour vous m'eussiez traversée,
Il eût mieux expliqué sa derniere pensée;
Mon droit sur la Couronne est si juste & si clair
Qu'il n'a pas crû devoir seulement en parler,
Et l'Arrêt survenu vous doit faire connoître
Que c'est pour m'obéïr que le Ciel vous fit naître.

STELLE

De cet Arrêt le sort me pourra consoler,
Ma main à mon épée en prétend appeller,
Nous sçaurons qui de nous doit regir cette terre,
Et nos Juges seront la Fortune & la Guerre.

AURORE.

Par ces Juges souvent contre toute équité,
Le parti le plus juste est le plus mal traité;
Mais quoi qu'en ce dessein votre espoir se propose,
Vous devés craindre encor de perdre votre cause:
Pour vous chasser d'ici je ne manquerai pas
De fidelles Sujets ni de braves Soldats;
J'engage en mon parti des Princes redoutables,
Et je trouve des Rois qui me sont favorables.

STELLE.

N'avés-vous souhaité de me voir en ces lieux,
Que pour faire éclater votre audace à mes yeux ?
Loin d'attendre de vous cet orgueil qui m'étonne,

J'ai crû venir ici reprendre ma Couronne.
Je prétens regner seule & regler votre sort,
Si vous n'y consentez ne parlons plus d'accord.
AURORE.
Hé bien, je vous declare une Guerre mortelle,
Je sçaurai vous punir, Sœur ingrate & rebelle.
LE COMTE D'URGEL.
Vous concevez, Madame, un espoir bien hautain,
Le succés de la Guerre est toûjours incertain,
Et lors qu'on est réduit à garder une place,
Il n'est pas temps d'user d'orgueil & de menace;
C'est à Stelle à present que l'espoir est permis
De ne voir plus la peur qu'entre ses Ennemis;
Je suis Prince, Madame, & je porte une épée
Qui peut lui redonner sa Couronne usurpée.
LOTHAIRE.
Pour un Comte d'Urgel vous parlez un peu haut
Vous fûtes repoussé dans le dernier assaut,
Et l'on pourra forcer votre valeur extrême
A s'exercer bien-tôt dans votre Païs même.
STELLE.
Comte de Roussillon, aurez-vous ce pouvoir?
AURORE.
Un jour à vos dépens vous le pourrez sçavoir.
GUSMAN.
Ma foi, nous nous battrons.
ROGER.
        Coulons-nous dans la presse
Pour entrer dans la Ville avecque la Princesse.
STELLE.
Il faut nous separer pour conclure la paix,
Je vous irai trouver jusqu'en votre Palais.
AURORE.
Je viendrai vous revoir.
STELLE.
        Vous n'avez qu'à m'attendre.
AURORE.
Songez à décamper.

STELLE.
Songés à vous défendre.
LE COMTE.
Nous nous verrons, Lothaire.
LOTHAIRE.
Oui, pour votre malheur.
STELLE.
Craignés notre pouvoir.
AURORE.
Craignés notre valeur,
STELLE.
Je puis vaincre aisément.
AURORE.
Tremblés, tremblés encore,
Le parti de Stelle.
Vive Stelle, Soldats.
Le parti d'Aurore.
Vive plutôt Aurore.

Fin du premier Acte.

ACTE II.

SCENE PREMIERE.

AURORE, DIANE.

AURORE.

Diane, c'en est fait, il faut vaincre ou perir,
Ce n'est plus qu'à la force où je dois recourir:
J'ai pris mille chevaux, & Lothaire s'apprête
Pour les faire sortir & combattre à leur tête.

DIANE.

Lothaire peut beaucoup, il vous aime & vous plaint,
Vos malheurs & vos yeux l'ont doublement atteint,
Et c'est un grand secours qu'un Prince magnanime
Quand la pitié le touche & quand l'amour l'anime.
Si j'ose toutefois vous parler librement,
Vous le traitez, Madame, un peu bien froidement,
Depuis que sa valeur à vous servir s'emploie
J'ai bien vû que ces soins vous donnent peu de joie,
Et qu'un Astre contraire à son affection
Dans votre ame pour lui jette l'aversion.

AURORE.

Ma Coufine, entre nous je le dirai fans peine,
D'une autre paffion mon ame eft toute pleine,
Lothaire vient trop tard, fes foins font fuperflus,
On ne peut difpofer de ce que l'on n'a plus,
Et l'Amour plus fouvent de nos cœurs prend naif-
fance
Par inclination que par reconnoiffance.
Tu fçais bien qu'à Madrid dans un âge charmant
Le Prince d'Aragon fut mon premier Amant,
Et je t'ai confeffé que cette même flâme
Qu'il prit dedans mes yeux, retourna dans mon
Ame
Je me trouvai fenfible & reçus à mon tour
Cette langueur qui plaît & qu'on appelle Amour.

DIANE.

Ce Prince eft mort enfin, & fa mort vous convie
D'éteindre votre flâme auffi-bien que fa vie,
Laiffez, laiffez en paix le dépôt d'un cercueil,
Six mois pour un Amant font un affez long
dueil:
Sur ce qui n'eft plus rien que pouvez-vous préten-
dre,
Voulez-vous conferver des feux pour de la cen-
dre?

AURORE.

Je fçai fon avanture, & je n'ignore pas
Qu'en un combat funefte il reçût le trépas:
Mais quand pour fes malheurs mes yeux verfent des
larmes
L'Amour veut que mon Cœur brûle encor pour fes
charmes.
Deux mois après fa mort dans un jour affez beau,
Où nous fûmes baigner au bord d'un clair ruiffeau.
Je trouvai ce Portrait dont la chere impofture,
Sembloit du Prince mort exprimer la peinture,

Et

Et rencontrant des traits qui m'avoient pû char-
mer,
L'image de ce Prince eut droit de m'enflamer,
Mais admire, Diane, en quelle erreur étrange,
De mon cruel destin le caprice me range ;
Depuis que dans mes mains ce Portrait est venu,
Cet Objet qui m'est cher, n'a pû m'être connu,
Et tout ce qui me flate, est qu'en cette occurrence
D'un Prince que j'aimois, j'aime la ressemblance.
Enfin voilà le charme où mon cœur s'est rendu.

   DIANE *regardant le portrait.*
Je connois ce Portrait.
    AURORE.
     O Dieux !
   DIANE.
     Je l'ai perdu.
    AURORE.
Toi, Diane ?
    DIANE.
   Oui, Madame, & ce fut, ce me semble,
Un jour qui fut choisi pour nous baigner ensemble.
Je puis vous éclaircir touchant l'original ;
Votre Empire, Madame, est son païs natal :
L'éclat de sa naissance & de ses destinées
Peut donner jalousie aux testes Couronnées.
Il est fameux, & brave, autant qu'il est charmant.
C'est un homme admirable.
    AURORE.
      Enfin c'est ton Amant,
Et par une avanture imprévuë & fatale
Pour Confidente ici j'aurai pris ma Rivale.
Tu vantes sa conqueste, & je dois présumer
Que tu l'estime trop pour ne la pas aimer.
    DIANE.
De cet homme en effet la personne m'est chere.
    AURORE.
Mais quel est-il enfin ?

Tom. II.   H

DIANE.
Madame, c'est mon Frere.
AURORE.
Ton Frere! dis-tu vrai, me voudrois-tu flâter?
DIANE.
Ce Portrait est de lui, vous n'en pouvez douter.
Je l'avois pour le rendre avec un peu d'adresse
Aux mains de Leonor autrefois sa Maîtresse.
Mais j'en perdis l'envie aiant vû clairement
Qu'elle avoit partagé les feux d'un autre Amant ;
Et que mon Frere aprés cette atteinte imprévuë,
Etoit loin de son cœur autant que de sa vuë.
AURORE.
Mais l'aime-t-il encor ?
DIANE.
Je n'en ai rien appris,
Il perdroit son amour, s'il sçavoit ses mépris.
Il avoit pris déja quelque emploi dans la guerre,
Quand vous vintes revoir votre natale Terre ;
Et depuis n'étant point revenu dans ces lieux,
Il n'a pas eu l'honneur de paroître à vos yeux.
AURORE.
En quel lieu peut-il être ?
DIANE.
Il est prés de Seville,
Qui commande un grand Corps des troupes de Castille.
AURORE.
Auprés de nous, Diane, il faut le rappeller,
Je brûle de le voir, mais qui vient nous troubler ?

SCÈNE II.

ELVIRE, DIANE, AURORE, ROGER, GUSMAN.

ELVIRE.

Dom Roger de Moncade à la porte nous presse,
De l'admettre à baiser les mains de votre Altesse.

DIANE.

Mon Frere ?

AURORE.

   Quel bonheur ! qu'il entre promptement.
L'émotion se joint à mon ravissement.
Il vient, à son abord mon trouble renouvelle :
Qu'il est bien fait, Diane !

ROGER.

    Ah ! Gusman, qu'elle est belle;
Madame, avec respect je viens vous presenter
Un bras qui pour vous plaire osera tout tenter,
Et qui, si vous souffrez de vous en voir servie,
Pour servir votre Etat, négligera ma vie.
Je dois rougir, Madame, en tenant ce discours :
Ce que je vous presente est un foible secours ;
Si j'étois Souverain j'aurois l'ame charmée,
De vous offrir mon bras en teste d'une armée,
Bien qu'à mes sentimens mes destins soient meilleurs
De prendre ici des loix que d'en donner ailleurs.

AURORE.

Soiez le bien venu, Guerrier incomparable,
Dont j'ai tant souhaité le retour favorable ;
J'ai du plaisir de voir mes souhaits exaucez,

Plus que je ne puis dire, & que vous ne pensez.
Vous dissipez ma crainte, en prenant ma querelle.
ROGER.
Je ne fais le devoir que d'un sujet fidele.
AURORE.
Vous sortez de mon sang, & je sçai vos exploits,
Des Sujets tels que vous peuvent devenir Rois.
Mais faites-nous savoir toutes vos Avantures :
Nous en avons reçu des nouvelles mal sûres :
Sur tout n'oubliez rien depuis votre départ ;
Je suis votre parente, & j'y dois prendre part.
ROGER.
Je résiste à l'honneur qu'il vous plaît de me faire,
Si j'osois obéïr je pourrois vous déplaire,
De vous rien déguiser c'est mal faire ma Cour.
Pour parler de ma vie il faut parler d'amour ;
Et vouloir à vos yeux étaler ma foiblesse,
C'est perdre le respect qu'on doit à votre Altesse.
AURORE à *Diane.*
Il aime Leonor.
DIANE.
Il la devroit haïr.
AURORE à *Roger.*
C'est me bien respecter que me bien obéir.
Est-ce un illustre Objet qui cause vos allarmes ?
Faites-nous par avance un recit de ses charmes.
ROGER.
Amour, en ma faveur daigne lui réveler
Que c'est de ses appas que je vai lui parler.
 J'adore une Beauté si charmante & si rare,
Qu'en ses moindres attraits mon jugement s'égare.
On connoit à son air doux & majestueux,
 Que sans doute elle sort, ou des Rois, ou des
  Dieux.
Son port seul doit ravir, jamais Reine Amazone
Avecque tant d'éclat n'a paru sur le Trône ;
Sa taille est admirable, & son divin aspect
Inspire également l'amour & le respect.

Son teint, où la nature a paru si savante,
Est des plus belles fleurs la peinture vivante,
Et porte en même tems avec trop de rigueur
De la neige à la vuë, & des flames au cœur.
L'or de ses beaux cheveux qui tant de cœurs enlace,
Mêle agréablement le desordre & la grace,
Et s'émouvant par fois, vient baiser sans dessein
Les roses de sa jouë, & les lys de son sein.
Ses yeux noirs & brillans par leurs vives lumieres
Trouvent l'art d'éblouïr les ames les plus fieres,
Et par des traits charmans qu'on ne sauroit parer,
N'ont qu'à se faire voir pour se faire adorer.

AURORE à *Diane*.

Leonor dans ces traits n'est que trop bien dépeinte,
Mon dépit est ardent, & ma flame est éteinte;

à *Roger*.

Ce merveilleux Objet vous doit beaucoup charmer.

ROGER.

Mes fortes passions ne peuvent s'exprimer :
Depuis que j'ai reçu ses atteintes charmantes,
Les plus rares beautez me sont indifferentes.

AURORE.

Enfin ne parlés plus touchant cette beauté,
Vous m'en avés plus dit, que je n'ai souhaité.

ROGER.

Qu'ai-je dit ? qu'ai-je fait ?

AURORE.

Ce qui me doit déplaire.

ROGER.

Quoi ? mon amour, Madame !

AURORE.

A causé ma colere.

ROGER.

Vous connoissez donc bien de qui je suis épris ?

AURORE.
Vos discours indiscrets me l'ont assez appris.
ROGER.
Je vous ai fait, sans doute, un aveu temeraire,
Mais qui sçait bien aimer, ne sçait pas bien se taire.
AURORE.
Roger pour votre bien vous feriez beaucoup mieux
D'éteindre pour jamais ce feu pernicieux.
ROGER.
Jusques à le cacher je pourrois me contraindre,
Mais je mourrai, Madame, avant que de l'éteindre.
AURORE.
Votre peu de respect me fâche au dernier point.
ROGER.
Arrêtez.
AURORE.
Je ne puis ; toi, ne me quitte point.
ROGER.
Veuillez entendre encor deux mots en ma défense.
AURORE.
J'ai trop oüi parler d'un amour qui m'offense.

SCENE III.

ROGER, GUSMAN, LOTHAIRE, LAZARILLE.

LAZARILLE.

A Ce que je connoi, Roger est mal en Cour.
LOTHAIRE.
Sans doute à la Princesse il a parlé d'amour.
GUSMAN.
Vous voila bienheureux !
LAZARILLE.
     Voiez comme il soupire.
LOTHAIRE.
Observe avec quel art je lui ferai tout dire :
Seigneur, dans ce moment je tiens mon sort bien
  doux,
De m'avoir fait choisir même parti que vous,
Vous connoîtrés dans peu jusqu'à quel point j'ho-
  nore
Le premier des Heros, & le parent d'Aurore,
Je sçai votre valeur & votre qualité.
ROGER.
Je ne mérite pas cette civilité.
LOTHAIRE.
Votre voix & votre air marquent quelque tris-
  tesse,
Seroit-ce un déplaisir qui vint de son Altesse ?
La Guerre dont sans doute elle craint le succés,
Rend son esprit souvent chagrin jusqu'à l'excés.

ROGER.
N'eut-elle rien pour moi que mépris & que haine,
Je dois me souvenir qu'elle est ma Souveraine,
Et quelque aversion qu'elle m'ait sçu montrer,
J'en croirois être digne osant en murmurer ;
Il n'éteint point mon zele, & ma plus chere envie,
Est de sauver son Sceptre aux dépens de ma vie.
LOTHAIRE.
On voit peu de Sujets si fideles que vous,
Aurore vous devoit un traitement plus doux ;
Vous deviés être exempt des traits de son caprice,
Et l'on peut l'accuser d'erreur & d'injustice.
ROGER.
Non, non, Aurore est juste & me doit mépriser,
Ce sont mes seuls défauts qu'il en faut accuser ;
Cet objet merveilleux d'erreur est incapable ;
Il ne fait jamais rien qui ne soit équitable,
Et son juste mépris fait voir qu'assurément,
Je ne méritois pas un meilleur traitement.
LOTHAIRE.
Une si haute estime est sans doute admirable.
ROGER.
Aurore à mon avis est toute incomparable,
Dans un objet mortel la nature & les Cieux
N'ont jamais renfermé des dons si précieux :
Ils ont en sa faveur d'une adresse pareille,
Fait un effort dernier pour faire une merveille,
Et n'ont jamais uni par de plus doux accords,
Une ame si brillante avec un si beau corps.
LOTHAIRE bas.
De ton caprice, Amour, la rigueur est extrême,
L'on entend à regret estimer ce qu'on aime !
Et soit que l'on en dise ou du bien ou du mal,
Un Amant en conçoit un déplaisir égal.
ROGER.
Elle a des qualitez qui font assez connoître,
Que c'est pour commander que le Ciel l'a fait naître,

Et qu'un Sceptre adoré du reste des humains,
Ne sçauroit mieux tomber que dans ses belles
    mains.
Stelle devroit ceder la suprême puissance
Au merite d'Aurore autant qu'à sa naissance,
Et ses yeux, où du Trône on voit briller les droits,
Trouveront des Sujets entre les plus grands Rois.
      LOTHAIRE *bas.*
Son amour dans ces mots trop clairement s'expri-
    me,
Tâchons par nos mépris d'amoindrir son estime.
      ROGER.
L'offre que ce matin elle a faite à sa Sœur,
De son ame Roiale a fait voir la grandeur ;
Ce doit être à sa gloire une marque immortelle,
Pour montrer qu'elle est juste autant comme elle est
    belle ;
Enfin c'est un miracle, il le faut avouer.
      LOTHAIRE.
Comme vous je l'estime, & je la veux louer.
      ROGER.
Elle a mille vertus dignes qu'on les admire.
      LOTHAIRE.
C'est en dire beaucoup.
      ROGER.
          L'on n'en peut assez dire,
On doit être charmé de ses moindres appas.
      LOTHAIRE.
Vous en parlez trop bien.
      ROGER.
          Vous, vous n'en parlez pas.
      LOTHAIRE.
Je sçai dessus ce point ce qu'il faut que l'on pense,
Et veux bien vous en faire entiere confidence,
Vous êtes trop vaillant pour n'être pas discret,
Pour un si noble ami je n'ai point de secret,
Comme à vous dans l'abord Aurore eut l'avan-
    tage,

De me faire eſtimer ſon cœur & ſon viſage :
Mais je ſuis mieux inſtruit, & le tems m'a fait voir,
Qu'un merite apparent m'avoit ſçû décevoir.
ROGER.
Lothaire, ce mépris me paroît fort étrange !
LOTHAIRE.
Il eſt juſte pourtant plus que votre loüange,
Quand vous aurez ceſſé d'être préoccupé,
Vous verrez clairement que vous êtes trompé,
Qu'Aurore n'eut jamais de charmes invincibles,
Et qu'elle a des défauts qui ſont aſſez viſibles.
ROGER.
J'y trouverai toujours de nouvelles beautés :
Mais je ne puis ſouffrir l'air dont vous la traités.
Aurore eſt ſans défaut, & pour ne vous rien taire
Je ferai repentir qui dira le contraire.
LOTHAIRE.
C'eſt à tort ſur ce point que vous vous offenſez,
Aurore n'eſt pas juſte au point que vous penſez,
Et tant d'honnêtes gens qui combattent pour Stelle,
Font voir que l'équité ſe trouve en ſa querelle,
Je ſoûtiens qu'ils ont pris le plus juſte parti.
ROGER.
Et moi je ſoutiendrai que vous avez menti.
LOTHAIRE *mettant l'épée à la main.*
C'eſt trop, ma retenuë eſt enfin diſſipée.

SCENE IV.

AURORE, ROGER, GUSMAN, LOTHAIRE, LAZARILLE.

AURORE *sortant de sa Chambre.*

Comment devant ma chambre oser tirer l'épée ?
ROGER.
Si j'ose vous parler.
LOTHAIRE.
De grace, écoutez-moi !
ROGER.
Vous ne vous plaindrez point ?
LOTHAIRE.
Vous connoîtrez ma foi.
ROGER.
Madame.
LOTHAIRE.
En m'écoutant, vous serez mieux instruite.
ROGER.
J'ai....
AURORE.
Lothaire, parlez, vous parlerez ensuite.
LOTHAIRE.
J'ai voulu hautement loüer votre beauté,
Et de votre querelle exprimer l'équité,
Mais lui par des mépris, que par respect je celle ;
Dit que vous n'êtes point équitable ni belle,
Je n'ai sçû plus long-tems vous entendre outra-
   ger,

Et j'ai tiré l'épée afin de vous vanger.
GUSMAN à part.
Peut-on mentir jamais avec plus d'insolence ?
AURORE.
L'aveu de vos mépris éclate en ce silence.
Mon visage, Roger, a beaucoup de défauts,
Et votre jugement, sans doute, n'est point faux :
Mais je ne comprens pas, quoi que je me propose,
Pourquoi vous condamnez l'équité de ma cause,
Vous que l'honneur engage à défendre mes droits,
Et que de mon parti semblez avoir fait choix ?
ROGER.
Vos soupçons me font tort ; l'audace de Lothaire
Trouble mon innocence & la force à se taire,
Lui-même insolemment vient de vous mépriser,
Il m'accuse au moment que je dois l'accuser :
Il m'impute un forfait dont je suis incapable,
Et se fait innocent lors qu'il est seul coupable.
AURORE.
Vos excuses, Roger, ont peu de fondement.
LOTHAIRE.
Je vous ai dit la chose, & fort ingenûment.
ROGER, mettant la main sur son épée.
Si nous étions en ce lieu, tel que je le desire,
Vous voiez un témoin qui vous feroit dédire.
AURORE.
Je vous défens, Roger, d'avoir prise avec lui ;
Ce Prince de mon Trône est le plus ferme appui ;
C'est s'attaquer à moi, qu'attaquer sa personne,
Et sa perte seroit celle de ma Couronne.
LOTHAIRE.
Roger n'est pas un homme à redouter si fort ;
S'il m'ose offrir la guerre, il recevra la mort.
ROGER.
Si vos ordres exprès ne regloient mon envie,
La menace dans peu lui couteroit la vie.

AURORE.

Ces éclaircissemens seroient trop hasardeux,
Sans croire aucun de vous, je fais grace à tous deux.

LOTHAIRE.

Après une bonté si touchante & si rare,
Qui peut vous mépriser, est sans doute un barbare:
Et quoi que je me trouve innocent en effet,
Pour joüir du pardon, je prens part au forfait :
Oui ; bien qu'injustement un insolent m'accuse,
J'accepte votre grace.

ROGER.

Et moi je la refuse.
Qui reçoit un pardon & se dit innocent,
Produit contre soi-même un indice puissant,
Et bien qu'un imposteur m'accuse avec audace,
Je n'ai point fait de crime, & ne veux point de grace

AURORE.

Vous refusez ma grace ! hé bien je la reprens,
Je voi de vos mépris des indices trop grands,
Quoi que dessus ce point votre orgueil me denie,
Je ne dois plus douter de votre calomnie,
Vous m'avez méprisée, & j'ai trop bien compris
Que vous voulez encor soûtenir vos mépris ;
Votre ame qui se plaît à me voir offensée,
Au moindre repentir ne peut être forcée ;
Ma grace asseurément vous donne de l'effroi,
Vous auriez du regret d'être bien avec moi,
Et que de mes bontez un excés magnanime
Vous forçât de changer vos mépris en estime.

ROGER.

Vous avez pris à tort ces injustes soupçons.

AURORE.

Vous prenez mal le temps pour faire des leçons.

ROGER.

Ecoutez-moi parler contre cette imposture.

AURORE.

Non, non, vous me diriez quelque nouvelle injure.

ROGER.

Sçachez.....

AURORE.

De votre part je ne veux rien savoir ;
Et vous m'obligerez de ne me jamais voir.

LOTHAIRE.

Le tems approche où Stelle aura beaucoup d'allarmes,
Votre Cavalerie est toute sous les armes ;
J'étois ici venu pour vous en avertir.

AURORE.

Allons, conduisez-moi, je vous verrai partir.

SCENE V.

ROGER, GUSMAN.

ROGER.

Voi comme elle me fait cette belle inhumaine,
Le coupable a le prix, l'innocent a la peine ;
Et lors que mon respect attire son dédain,
Un insolent reçoit son cœur avec sa main.

GUSMAN.

Monsieur, consolés-vous, c'est chose assez commune
Que la Vertu soit mal avecque la Fortune ;
Il faut quitter ces lieux où nous sommes haïs,
L'on n'est jamais, dit-on, Prophete en son païs.

ROGER.

Ne me parle jamais de m'éloigner d'Aurore ;
Toute ingrate qu'elle est, il faut que je l'adore ;

Malgré tous ses mépris au fort de ma douleur,
J'accuse seulement Lothaire & mon malheur.
GUSMAN.
Mais que prétendez-vous ?
ROGER.
Ou me perdre, ou lui plaire;
J'oposerai ma flâme au bonheur de Lothaire,
Et nous pourrons sçavoir avant la fin du jour,
Qui doit vaincre ou ceder ? la Fortune ou l'Amour.

Fin du second Acte.

ACTE III.

SCENE PREMIERE.

GUSMAN, ROGER *dans le Jardin.*

GUSMAN.

AH! que de biens, Seigneur, que d'honneur &
de gloire !
ROGER.
Ce succés est si grand que j'ai peine à le croire.
GUSMAN.
Avec cent Cavaliers rompre mille chevaux !
ROGER.
J'ai dans ce grand exploit fait voir ce que je vaux :
Lothaire avec trois mille a fait moins de carnage ;
Et de tous ces travaux tiré moins d'avantage.
Mais en ce grand succés d'où naîtra mon bonheur,
La Fortune a plus fait pour moi que ma valeur,
En cette occasion & si chaude & si promte
J'ai penetré d'abord au pavillon du Comte,
Qui se verroit possible entre mes prisonniers,
S'il avoit tenu ferme & plié des derniers.
Rien n'a pu résister à notre noble audace,
Et dans cette chaleur où nous faisions main basse,
Un homme m'a crié pâle & tremblant d'effroi :
Je me rends en vos mains, Seigneur, conservez-moi,
Je ne puis vous assurer qu'en sauvant ma personne

Vous gagnerez un prix qui vaut une Couronne.
Cette haute promesse a fait hâter mes pas
Pour le tirer soudain d'un fâcheux embarras,
Et comme ma valeur l'a tiré de la presse,
Il a par ce Coffret accompli sa promesse.
Mais comme il se sentoit blessé mortellement,
D'une voix foible & basse il m'a dit seulement :
Du grand Comte d'Urgel je suis le Secretaire,
Qui d'un si grand tresor me fit dépositaire.
De grace publiez pour adoucir mon sort,
Que je l'ai pour le moins gardé jusqu'à la mort.
En achevant ces mots il chancelle, il expire.

GUSMAN.

Après avoir tant fait, qu'avoit-il plus à dire ?

ROGER.

J'ai servi ma Princesse avec assez de fruit,
Et ce fameux exploit va faire assez de bruit.

GUSMAN.

En venant apporter cette heureuse nouvelle,
Vous avez avec vous un témoin bien fidelle :
Cet Escrin tout rempli de larges Diamans
Confondra l'artifice & les déguisemens.

ROGER.

Ouy, si dans ce jardin, comme je me propose,
Je rencontre ma Soeur pour lui dire la chose,
Je la veux informer de ce coup glorieux ;
Et mettre entre ses mains ce dépost précieux,
Aurore qui paroist de soucis accablée,
S'appuyant sur ma Soeur, passe dans cette Allée,
La crainte me saisit, cachons-nous en ces lieux,
Elle m'a deffendu de paroître à ses yeux.

SCENE II.
AURORE, DIANE, ELVIRE,

AURORE.

Diane, vois-tu bien comme il fuit ma rencontre ?

DIANE.
Il se cache, il est vrai ; mais son respect se montre.
AURORE.
Ici l'aversion peut passer pour respect.
DIANE.
Et le vrai pour le faux à qui tout est suspect.
AURORE.
Mais il pouvoit passer avec moins de vitesse.
DIANE.
Mais il vouloit garder l'ordre de votre Altesse.
C'est par commandement qu'il détourne ses pas,
Et vous le blâmeriez s'il ne le faisoit pas.
Le ferai-je appeller sans tarder davantage ?
AURORE.
Plutôt mourir cent fois qu'il eût cet avantage.
DIANE.
Vous remettriez la joie en un cœur affligé.
AURORE.
Je ne veux rien du tout en un cœur partagé.
DIANE.
Sans doute vos soupçons lui font un tort extrême.
AURORE.
Mais si j'étois sa Sœur, je dirois tout de même.

Je voudrois le servir, je voudrois l'excuser,
Et porter tout le monde à le favoriser.
Dans ces chers mouvemens qu'inspire la Nature,
On va jusqu'au mensonge & jusqu'à l'imposture,
De Lothaire tantôt je n'ai que trop appris
Que Roger n'a pour moi que haine & que mépris,
Et tout son procedé trop clairement exprime,
Qu'il n'a pour Leonor que tendresse & qu'estime.
Ce que tu dis pourtant passe en mon souvenir
Comme un songe plaisant que je veux retenir;
Par obligation je dois aimer Lothaire,
Par inclination je panche vers ton Frere;
Et cette émotion qui vient du Firmament
Est plus forte cent fois que mon raisonnement.
Mais le sommeil me presse, & de notre sortie
Le soin jusqu'à present m'a toujours divertie
Je veux un peu dormir dessus ce gazon frais,
Sur qui ces verds rameaux font un ombrage épais.

DIANE.

Vous plaît-il que l'on chante un air qui soit capable
D'introduire en vos sens ce sommeil agréable ?

AURORE.

Il est bien à propos, Diane, prens ce soin.
Qu'il n'entre ici personne, & qu'on chante un peu
  loin.

CHANSON.

Amour détache ton bandeau
Pour voir l'ouvrage le plus beau
Qu'ait jamais formé la nature,
On y voit briller tant d'appas ;
Que les seuls traits de sa peinture
Pouvoient ébaucher mon trépas.

O vous, dont la vaine splendeur
Voudroit contester de grandeur
Avec la beauté que j'adore,
Vos travaux n'auront point de fruit,
L'éclat d'une si belle Aurore
Eteint tous les feux de la Nuit.

SCENE III.

AURORE, ELVIRE, LOTHAIRE.

ELVIRE.

AH! Seigneur, n'entrez point, la Princesse repose.

LOTHAIRE.

Elvire, de ma part ne crains aucune chose.

ELVIRE.

Vous lui pourrez tantôt parler plus à propos.

LOTHAIRE.

Laisse-moi, je sçaurai respecter son repos:
Je ne troublerai point une beauté si chere,
Mes souhaits les plus doux ne tendent qu'à lui plaire.
J'attendrai son réveil, prenant ici le frais;
L'on excuse un Amant, avançons-nous plus près.
Mais prenons-lui ses fleurs, afin que leur absence
L'instruise à son réveil de notre diligence.
Je veux écrire ici des vers sur ce sujet,
Qui ne déplairont pas à ce charmant objet.

Il écrit sur des Tablettes.

Laissez-moi ces fleurs en partage,
L'éclat de votre beau visage
Ternit leurs plus vives couleurs ;
N'en trouvez point la perte étrange,
Celui qui vous ôte des fleurs,
Vous laisse son cœur en échange.

Ces vers à mon avis ne sont pas mal tournez.
Il n'est rien d'impossible aux cœurs passionnez ;
Il ne faut point tracer mon nom sous ces fleurettes,
Elle reconnoîtra sans doute mes Tablettes :
Posons-les, & de peur de troubler son sommeil
Dans ce lieu pourmenoir attendons son reveil.

SCENE IV.

AURORE, ROGER, GUSMAN.

GUSMAN, *sortant d'une allée.*

Je le voy.

ROGER.
Que vois-tu ?

GUSMAN.
L'objet de votre haine,
Lothaire qui tout seul dans ces lieux se promene,
Il cherche la Princesse.

ROGER.
Il n'en faut point douter.
Je sens en le voiant mon couroux s'augmenter,

Et s'il avoit l'orgueil de m'aborder encore,
Je pourrois oublier les défences d'aurore.
GUSMAN.
J'apperçoi la Princesse.
ROGER.
Evitons son abord.
GUSMAN.
Elle est seule.
ROGER.
Il n'importe.
GUSMAN.
Arrêtez, elle dort;
ROGER.
Elle dort?
GUSMAN.
Approchez.
ROGER, *regardant Aurore.*
Merveille que j'adore !
Vous qui reveillez tout, vous dormez belle Aurore.
Et toutes les beautez, les charmes les plus doux.
Les Graces, les Amours dorment avec vous.
Mais qui peut auprès d'elle avoir mis ces Tablettes,
Ces vers de mes soupçons seront les interpretes,
Regardons ce que c'est.

>*Laissez-moi ces fleurs en partage,*
>*L'éclat de votre beau visage*
>*Ternit leurs plus vives couleurs ;*
>*N'en trouvez point la perte étrange,*
>*Celui qui vous ôte des fleurs,*
>*Vous laisse son cœur en échange.*

Vers assez peu sensez
De ce feuillet ici vous serez effacez !
Et je suis obligé d'en mettre à votre place,
Qui se presenteront avecque plus de grace.

>*Le plus fidelle des Amans*
>*Vous a donné ces Diamans*

& de la Fortune.

Qui brillent bien moins que sa flâme ;
Et sans rien exiger de vous,
Il borne ses vœux les plus doux,
A vous donner encor son ame.

Laissons avec ces vers ce coffret precieux,
Afin qu'à son réveil elle y porte les yeux :
Ma Sœur qui connoîtra d'abord mon écriture,
Lui pourra sur ce fait donner quelque ouverture ;
Et nous viendrons après par son commandement
Lui conter en détail ce grand évenement.
Elle s'éveille ; ô Dieux ! qu'elle rigueur extrême
De se voir obligé de fuir ce que l'on aime.

SCENE V.

AURORE éveillée.

Aimable & doux sommeil qui me pressois les yeux,
Tu n'es jamais d'accord avec l'Astre des Cieux ;
Tandis qu'il rend les Monts & les Plaines fertiles,
Il seiche ses Pavots & les rend inutiles.
Je ne puis dormir, le chaud & la clarté
Bannissent de mes sens le repos souhaitté.
Aussi-bien ma grandeur se trouve interessée
Au succés de l'exploit qui regne en ma pensée.
Mais qu'est-ce que je tiens, & qu'est-ce que je voi ?
D'où me vient cet Escrin ? fille, qu'on vienne à moi.
Ce que je trouve ici, me surprend & m'étonne ;
Tandis que je dormois, n'est-il entré personne ?

SCENE VI.
ELVIRE, AURORE.
ELVIRE.

LOthaire seul, Madame, a pris la liberté
D'entrer en ce Jardin contre ma volonté.
AURORE.
Sans doute c'est à lui que je suis redevable
D'un present si galand & si considerable ;
Je dois m'en assurer, c'est le fidelle Amant,
Par qui les bons succès m'arrivent en dormant.
Ces Tablettes aussi me sont assez connuës,
Lothaire près de moi souvent les a tenuës
Il faut les feüilleter, possible qu'à les voir,
J'apprendrai de sa main ce que je veux savoir.
Je ne voi que des vers, lisons : à sa Princesse
Lothaire veut par tout faire voir son adresse.

Le plus fidelle des Amans
Vous a donné ces Diamans,
Qui brillent bien moins que sa flâme :
Et sans rien exiger de vous,
Il borne ses vœux les plus doux,
A vous donner encor son Ame.

O fortune ! il falloit que pour bien m'obliger
Ces vers & ces faveurs me vinssent de Roger.
L'offence qu'il m'a faite, en seroit effacée,
A suivre mes desirs je me verrois forcée ;
Je perdrois des soupçons que je garde à regret,
Je ne haïrois plus ce que j'aime en secret ;

Cet

Cet objet à la fois d'amour & de colere,
Qui tout ingrat qu'il est, ne me sçauroit déplaire :
Et je ne serois pas reduite à caresser
Un Prince qu'on ne peut assez recompenser.
Mais qui par un instinct qui n'est pas concevable,
Tout obligeant qu'il est, ne peut m'être agreable,
Ce charmant importun. Mais, ô Dieux ! le voici.

SCENE VII.

LOTHAIRE, AURORE, ELVIRE,

LOTHAIRE.

Madame, j'attendois votre reveil ici,
A dessein de vous faire un recit veritable
D'une expedition dont je suis responsable.
Nos gens aiant d'abord enlevé deux quartiers,
Avoient déja battu des Regimens entiers.
Quand le Comte suivi d'une troupe aguerrie,
Rallia les trois parties de la Cavallerie,
Lors les voiant marcher en un ordre meilleur,
Opposans en tous lieux le nombre à la valeur :
Enfin nous avons fait une retraite utile
De peur d'être coupez du côté de la ville,
Où nos gens par l'effort de votre heureux destin,
Sont rentrez tous couverts de gloire & de butin.

AURORE.

Ce recit est rempli de trop de modestie :
Du succés de vos soins je suis bien avertie,
Et d'illustres témoins m'ont déja fait savoir
Que pour m'en acquiter je manque de pouvoir.

I

LOTHAIRE.
Si le sort eut voulu seconder mon courage,
J'eusse obtenu sans doute un plus grand avantage:
Mais quand j'aurois pour vous sçu vaincre entie-
	rement,
Je serois trop payé d'un regard seulement.
AURORE.
Ne desavoüez point le bien que vous me faites :
Quoi que vous en disiez, j'en croirai vos Tablettes.
LOTHAIRE
J'ai pris la liberté d'y tracer quelques vers.
AURORE.
C'est par eux que vos soins m'ont été découverts :
Mais d'où vient que ces fleurs en vos mains sont
	tombées ?
LOTHAIRE.
Pendant votre sommeil je les ai derobées.
AURORE.
Je souffrirai toujours des larcins à ce prix,
Vous m'avez plus donné que vous ne m'avez pris :
Je sai bien à quel point je vous suis redevable,
Je dois nommer faveur cette échange agreable.
LOTHAIRE, à part.
O bonté sans égale ! elle appelle faveur
Le vol de son bouquet & le don de mon cœur.
AURORE.
Vous faites l'étonné.
LOTHAIRE.
	Votre bonté m'étonne.
Vous faites trop d'état du peu que je vous donne.
AURORE.
Ce que vous me donnez, a droit de me charmer.
LOTHAIRE.
Qu'entens-je ? mon bonheur se peut-il exprimer ?
AURORE montrant l'Escrin.
C'est vouloir encherir sur les Galanteries,
Que de payer des fleurs avec des Pierreries,

Elles viennent de vous, ne me le celez plus.
LOTHAIRE.
O Dieux ! que vois-je ?
AURORE.
En vain vous faites le confus,
Ce sont à mon avis des marques éclatantes
Que vous avez forcé les principales Tentes.
LOTHAIRE.
Cet Amas de Brillans seroit plus precieux,
S'il avoit tout l'éclat qui sort de vos beaux yeux.
AURORE.
Afin de m'obliger par des faveurs discretes,
Vous l'avez ici mis avecque vos Tablettes,
Le butin est fort rare & le trait fort galant,
Toutes vos actions n'ont rien que d'excellent :
Assurez-vous qu'Aurore est fort reconnoissante :
Mais d'où vient que Roger à mes yeux se presente ?
LOTHAIRE.
Il aproche, & votre ordre est assez mal gardé.

SCENE VIII.

ROGER, GUSMAN, AURORE, LOTHAIRE.

AURORE.

Qui vous amene ici ? vous ai-je demandé ?
ROGER
Madame, un attentat horrible vous regarde,
Qui de m'offrir à vous fait que je me hazarde,
Pres du mur du Jardin marchant au petit pas,
Je viens d'ouir des gens qui parloient assez bas :

Le meur nous separoit, & par une merveille,
Ces mots plus élevez ont frapé mon oreille.
Oui sur ce stratageme il se faut arrêter ;
La chose est bien concluë, il faut l'executer,
Par là Stelle est vengée, & sa Sœur est détruite
Il faut qu'elle perisse elle & toute sa suite ;
J'ai fait lors un effort, pour voir les assassins
Qui forment contre vous de si cruels desseins ;
Mais par un grand malheur la muraille ébranlée,
S'est entre mes deux mains par le haut écroulée,
M'a fait choir avec elle, & ne m'a pas permis
De saisir ni de voir vos secrets ennemis.

AURORE.

Cet avertissement est si fort ridicule,
Qu'il n'étonneroit pas l'esprit le plus credule.
Comment peut-on parer de pareils attentats,
Et se garder de gens que l'on ne connoît pas !
Je serai redevable à vos avis fidelles
Quand vous m'apporterez de meilleures nouvelles
Lors que vous aurez fait quelque Action
Dont le recit réponde à notre attention.

ROGER.

Vous serez redevable à mes avis fidelles,
Quand je vous porterai de meilleures nouvelles ;
Et lors que j'aurai fait quelque grande action
Dont le recit réponde à votre attention ?
Princesse je reclame ici votre Justice,
Et il n'est rien de plus grand que mon dernier service ?
Pendant votre sommeil près de vous j'ai remis
Ce butin que j'ai fait entre vos ennemis,
Pourriez-vous démentir ce brillant témoignage,
Qui fait voir où mon zele a porté mon courage ?

AURORE.

Vous prétendez sans doute augmenter mon cou-
   roux,
Ce present m'est venu d'un plus vaillant que vous.
Aux faciles esprits l'on peut tout faire croire :
Mais ce n'est pas ainsi qu'on acquiert de la gloire.

ROGER.
Pouvez-vous soupçonner mon courage & ma foi ?
En faisant tout pour vous, n'ai-je rien fait pour moi ?
Et ce riche tresor où ma valeur s'exprime,
N'a-t-il pas merité seulement votre estime ?
AURORE.
Pensez-vous m'abuser par ces déguisemens ?
GUSMAN, *à part.*
Il est bien satisfait de tels remerciemens.
ROGER.
Par quel charme faut-il que mes travaux penibles
Ne recueillent pour fruit que des douleurs sensibles ;
Et qu'enfin ma valeur ne reçoive autre prix
Que les rigoureux traits d'un injuste mépris ?
AURORE, *à Lothaire.*
Hé bien qu'en dites-vous ?
LOTHAIRE.
            L'insolence est extrême.
ROGER.
Ce que je dis, Madame, est la verité même.
J'ai pris ces Diamans.
AURORE.
           Et moi je n'en croi rien,
Ils viennent de Lothaire, & je le sçai fort bien ;
Ne vous obstinez pas à dire le contraire,
A moins que de vouloir redoubler ma colere.
ROGER.
Malgré votre injustice & mon ressentiment,
Je vous obéirai, Madame, aveuglément ;
Je souffrirai qu'un lâche en bonheur me surmonte
Et qu'il ait tout l'honneur & moi toute la honte :
Mais s'il faut pour vous plaire être fourbe & sans
    cœur,
Je dois vous obéir sans espoir de faveur.
Moi qui suis ennemi des moindres artifices,
Et qui jusqu'à la mort vous rendrai des services.
LOTHAIRE.
Il croit que ces discours pourront vous decevoir.

AURORE
Non, non, j'ai trop de joie à ne lui rien devoir.
LOTHAIRE.
Pour vous tromper sans doute, il prend mal ses mesures,
Vous ne vous laissez pas surprendre aux impostures.
ROGER.
Quoi, de tous mes travaux vous étant fait l'autheur,
Osez-vous bien encor me traiter d'imposteur ?
AURORE.
C'en est trop, c'en est trop, ma patience est lasse
De voir joindre à mes yeux le mensonge à l'audace.
Sortez.
ROGER.
Cette rigueur m'étonne au dernier point,
AURORE.
Retirez-vous, vous dis-je, & ne repliquez point,
ROGER.
Ma valeur parlera, quand vous me ferez taire.
AURORE.
C'est trop perdre de temps ramenez-moi Lothaire.

SCENE IX.

ROGER, GUSMAN.

ROGER.

HA cruelle Princesse, à qui tout semble dû :
C'est pour moi seulement que le temps est perdu !
O rigoureux mépris ! ô dures barbaries.
GUSMAN.
Ma foi l'on a fort mal payé vos pierreries.

Aurore est mal aprise, & ces beaux Diamans
Valoient bien tout au moins quelques remercimens;
Mais il n'écoute point.

ROGER.

Poursui divine Aurore!
Sois plus méconnoissante & plus injuste encore;
Donne plus d'étenduë à cette cruauté
Qui pour moi se rencontre égale à ta beauté.
Et deviens, s'il se peut, plus fiere & plus cruelle
Que tu n'es à mes yeux noble, charmante & belle.
Toutes ces cruautez ne m'empêcheront pas
De te servir par tout jusques à mon trépas;
De prodiguer toujours mon sang pour ta querelle,
Et d'affermir enfin mon Trône qui chancelle.
Sui-moi, cherchons ma Sœur, & faisons un effort
Pour vaincre mon malheur, ou pour hâter ma mort.

Fin du treisiéme Acte.

ACTE IV.

SCENE PREMIERE.

ROGER, AURORE.

ROGER, *posant Aurore évanouïe sur un Gazon après l'avoir retirée du Palais qui paroît embrasé.*

Enfin grace à l'Amour, j'ai sauvé de la flâme
Celle qui fit entrer tant de feux dans mon Ame !
Mais, ô de tant de soins fatal évenement !
Cette rare beauté reste sans mouvement,
Et tous mes vains efforts dans ces débris funestes
D'un objet si charmant n'ont sauvé que les restes ;
Les Astres de la nuit par leurs sombres clartez
Ne me font que trop voir ces tristes veritez ;
Ses apas ont perdu leur grace accoûtumée,
Sa bouche sans couleur est à demie fermée,
Ses charmes sont éteins, & la Mort à son tour
Triomphe insolemment, où triomphoit l'Amour !
O Destins ennemis, eût-on pu jamais croire
Que vous m'eussiez reduit à détester ma gloire,

Et sentir des douleurs pires que le trépas,
Aprés m'avoir fait voir Aurore entre mes bras?
Faut-il qu'une beauté si charmante & si fiere
Dans un embrasement perde ainsi la lumiere?
Elle qui sçavoit l'art de s'émouvoir si peu
Alors que ses beaux yeux mettoient les cœurs en feu:
Mais c'est trop quereller les Destins de sa perte,
On doit me l'imputer, puisque je l'ai soufferte;
J'ai dû pour conserver le fil de ses beaux jours,
Prevoir mieux son peril & hâter mon secours,
E mon retardement qui lui coûte la vie,
Est une trahison qui doit être punie:
Je me suis fait coupable en la laissant perir,
Pour elle j'ai vécu, pour elle il faut mourir,
Et joindre avec ce fer pour signaler ma flame,
Mon trépas à sa mort, & mon ame à son ame,
Toutesfois differons ce dessein d'un moment;
Je n'ai fait de sa mort qu'un douteux jugement,
Possible par bonheur qu'elle n'est que pâmée,
Ce peut être un effet de la seule fumée.
Aucuns de ses habits ne se trouvent brûlez,
Et ses esprits pourront être encore rappellez:
Mais je mettrois fort mal ce secours en usage.
Cherchons quelqu'un des siens sans tarder davantage,
Et venons dans ces lieux après, au gré du sort,
Ou lui rendre la vie, ou me donner la mort.

SCENE II.

LOTHAIRE, LAZARILLE.

LOTHAIRE.

Ton effort vainement s'oppose à mon envie,
Puis qu'Aurore n'est plus, je dois perdre la vie;
Et pour me réünir au sujet de mon deuil,
De ce Palais en feu faire au moins mon cercueil,
O funeste accident.

LAZARILLE.

Qu'avez-vous à vous plaindre?
Dans ce Jardin, Seigneur, nous n'avons rien à craindre,
Et de ce grand Palais l'embrasement fatal
Ne doit point faire ici ni de peur ni de mal.

LOTHAIRE.

Hi! c'est trop justement que la douleur m'emporte,
Ne m'as-tu pas conté que la Princesse est morte?
Ne m'as-tu point apris que cet objet charmant
Se trouve enveloppé dans cet embrasement?
Et que déja par tout le bruit vient de s'épandre,
Qu'un chef-d'œuvre si beau n'est plus que de la cendre?

LAZARILLE.

Seigneur, c'est un malheur qu'on ne pouvoit celer,
Et dont le seul remede est de s'en consoler.

LOTHAIRE.

Peut-on se consoler d'une telle disgrace?

Mais retourne à la ville & voi ce qui s'y passe
Sans doute que ce feu vient de nos ennemis,
Et qu'on doit redouter quelque chose de pis.

SCENE III.

LOTHAIRE, AURORE.

LOTHAIRE.

ENfin je me vois libre, & je puis sans contrainte
Suivre le desespoir dont mon ame est atteinte.
Ne faisons point ici de regrets superflus :
Il faut, il faut perir, Aurore ne vit plus.
Le trepas fait ma perte, il faut qu'il m'en console :
Qu'il joigne encor ma vie au tresor qu'il me vole,
Et que pour assouvir pleinement sa rigueur,
Il triomphe d'Aurore au milieu de mon cœur!
O Dieux ! ne vois-je pas l'ombre de cette Belle,
Qui vient de ses Amans revoir le plus fidelle ?
Non, je suis abusé, ce n'est que son beau corps,
Et son ame est déja sans doute entre les morts !
O trop infortunée & trop aimable Aurore !
Console d'un regard un Amant qui t'adore :
Mais en vain je lui parle, elle est sourde à ma voix,
Je la recouvre ensemble & la perds à la fois ;
Je la trouve, il est vrai, mais je la trouve morte ;
Quand je me croi gueri ma douleur est plus forte,
Et j'aprens à l'objet d'un si cruel trepas,
Qu'il m'eût été plus doux de ne la trouver pas.
Son malheur par mes cris ne deviendra pas moindre,

Attends Aurore, attends, je m'en vay te rejoindre,
Et ce fer par mes mains va punir ton Amant,
D'avoir après ta mort vêcu plus d'un moment.
Aurore, belle Aurore !

AURORE *revenant de sa pâmoison.*

Où suis-je, & qui m'appelle ?

LOTHAIRE.

Celui pour qui vos maux sont une mort cruelle,
Qui veut rendre vos jours non les siens assurez,
Qui vit si vous vivez, qui meurt si vous mourez;
Et qui jusques au tombeau s'obstinant à vous sui-
vre,
Vous croyant déja mort, alloit cesser de vivre.

AURORE.

C'est donc à vous, Lothaire, à qui je doi le jour !
Vous ne pouviez jamais marquer mieux votre A-
mour;
O miracle inoüi, que je ne puis comprendre !
Quel autre qu'un Amant auroit pu l'entreprendre !
Amour, pour un dessein si grand, si perilleux,
Il faut trouver un cœur échauffé de tes feux !
Vous qui pouvez prétendre à plus que vous ne faites,
Aprenez qui je suis m'ayant dit qui vous êtes;
Je suis celle qui croit devoir tout à vos soins,
Celle qui donne plus quand on attend le moins,
Dont le cœur est sensible à la reconnoissance,
Qui s'impute à bonheur votre perseverance,
Qui vous doit son salut, qui ne vit que par vous;
Qui croit que votre amour a fait de si grands coups,
Et confesse qu'après cette action sublime,
Elle doit quelque chose au delà de l'estime.

LOTHAIRE *à part les deux premiers vers.*

Elle se trompe fort, secondons son erreur.
Un mensonge amoureux ne me fait point d'hor-
reur.
Ce discours obligeant paye avec trop d'usure,
Ce que j'ai fait pour vous en cette conjoncture.

AURORE.
Sçachez que votre prix passera votre espoir.
LOTHAIRE
Je sçai que qui vous sert, ne fait que son devoir.
AURORE.
Mon salut ne vient pas d'une valeur commune.
LOTHAIRE
Ma valeur a moins fait que ma bonne fortune:
J'entens du bruit.

SCENE IV.

DIANE, AURORE, LOTHAIRE.

DIANE.

Madame, ô Dieux ! par quel bonheur
De vous baiser les mains ai-je encore l'honneur,
AURORE.
Diane, mon salut de Lothaire est l'ouvrage,
Admire son amour, admire son courage:
Si-tôt que cet horrible & prompt embrasement
Commença d'éclater dans mon appartement,
Dedans un Cabinet, où j'étois renfermée
J'apperçûs tout à coup une épaisse fumée,
Et surprise des cris qu'on me faisoit ouïr
La fumée augmentant me fit évanouïr ;
Et si Lothaire enfin m'eût lors abandonnée,
La flâme eût achevé ma triste destinée ;
Juge avant qu'il ait pû jusqu'ici m'enlever
Quels horribles perils il aura sçû braver.
DIANE.
Sa mort en ce dessein devoit être infaillible.

LOTHAIRE.

Pour un homme amoureux il n'est rien d'impossible.

AURORE.

Je vous conjure encore en ce pressant besoin,
D'empêcher que le feu ne s'étende plus loin,
Joignez à mon salut la seureté publique.

LOTHAIRE *en se retirant.*

Lors que vous commandez j'obéïs sans replique.

AURORE.

Ma perte étoit certaine en un si grand danger
Si j'avois attendu le secours de Roger :
Et peut-être en lieu seur d'une ame indifferente
Il songe qu'à present je suis morte ou mourante.

SCENE V.

ROGER, ELVIRE, GUSMAN, AURORE, DIANE.

ROGER.

Vous vivez, ma Princesse, & les Cieux courroucez
Ont donc en cet instant tous mes vœux exaucez,
Se peut-il que vivante encor je vous revoye,
J'allois mourir d'ennui, je vay mourir de joye.

AURORE.

Je vis encor, Roger, mais sçavez-vous comment
J'évite la fureur de cet embrasement ?

ROGER.
C'est de moi seulement que vous pourrez l'apprendre.

AURORE.
Votre avis me surprend.

ROGER.
Il doit bien vous surprendre,
Le feu comme vainqueur dans le Palais logé,
Dans votre appartement avoit tout ravagé,
Les plus riches lambris par cent bouches beantes
Vomissoient vers le Ciel des flames petillantes,
Lors qu'étant accouru pour vous en dégager,
Mon desir fut accrû par l'horreur du danger,
Malgré l'obscurité d'une épaisse fumée,
Et le mortel effroi de la flame allumée,
Sans en être étonné que pour vous seulement
Je me suis fait passage dans votre appartement.

AURORE.
Où m'ayant aussi-tôt trouvée évanoüie,
Et surpassant du feu la vitesse inoüie,
Vos bras de ce fardeau s'étant voulu charger
M'ont conduite en ces lieux éloignez du danger ?

ROGER.
Il n'est rien de plus vrai.

AURORE.
Votre audace me fâche,
Il n'est rien de si faux qu'un mensonge si lâche.

ROGER.
D'où vous naît ce courroux ?

AURORE.
Vous feignez assez bien ;
A faire le surpris vous ne gagnerez rien.

ROGER.
Doutez-vous ?

AURORE.
Non, je sai que je serois sans vie
Si j'avois attendu que vous m'eussiez suivie.

ROGER.

Quoi vous pouriez penser.

AURORE.

Que vous m'estimez peu;
Que vous aimez la vie, & craignez bien le feu;
Que Lothaire est celui qui m'en a preservée.

ROGER.

Lothaire, dites-vous?

AURORE.

Ouy; lui seul m'a sauvée
Lors que si lâchement vous me laissez perir,
Et sans vous émouvoir, & sans me secourir;
Lui qui n'est qu'étranger, & de qui la naissance
Ne l'interessoit point à prendre ma défence,
Qui sans paroître ingrat, lâche & mauvais parent
Pouvoit voir mon trépas d'un œil indiferent;
Lui seul bravant l'horreur d'une mort assurée
M'a genereusement des flames retirée:
L'estime que j'en fais semble vous irriter,
Puis qu'il brave la flame, il est à redouter.

ROGER.

Quoi que pour vous sauver mon courage ait pû faire
Vous ne me devez rien.

AURORE.

Je dois tout à Lothaire,
Je le reconnois seul pour mon liberateur,
Vous pour mauvais parent, & pour lâche imposteur.

ROGER.

Est-ce lui qui le dit?

AURORE.

Non Roger c'est moi-même.

ROGER.

Je me tai, car pour vous mon respect est extrême,
A d'éternels mépris je me sens destiné.
Lothaire est trop heureux, moi trop infortuné.

GUSMAN *à Roger à part.*

Quoi, Seigneur, vous souffrez ce qu'on dit de Lothaire ?

ROGER.

La Princesse le dit, c'est à moi de me taire,
Et malgré ma douleur & mon ressentiment,
Je ne veux pas ici faire éclaircissement,
    à Aurore.
Enfin Lothaire a sçu vous sauver de la flame ;
C'est votre sentiment, mais qui l'a vû, Madame ?

AURORE.

Mes yeux sont les témoins de ce que je lui doi.

ROGER.

Des témoins si brillans, sont des Juges pour moi,
Pour être recusez, ils ont trop de lumiere,
Je leur immolerai ma gloire toute entiere ;
Je veux même oublier mon service rendu,
Et souffrir que Lothaire ait l'honneur qui m'est dû.
Un si cruel mépris ne peut m'ôter l'envie
De perdre encor pour vous & mon sang & ma vie.

AURORE.

Son respect m'attendrit, que ne peut-il prouver
Que je suis abusée, & qu'il m'a pû sauver ?

SCENE VI.

LAZARILLE, AURORE, ROGER, GUSMAN, DIANE ELVIRE.

LAZARILLE.

Votre Altesse saura que l'ennemi s'avance,
Que le feu du Palais rend les murs sans défense,
Et que pour profiter de ce trouble fatal
Stelle vient vous donner un assaut general.

AURORE.

Je lui ferai connoître en Princesse outragée,
Que si je doi perir, je doi perir vangée.

DIANE.

Avant toute autre chose il seroit à propos
Que votre Altesse prît un moment de repos.

AURORE.

Non, je veux donner l'ordre, & combattre en personne,
Mon repos est moins cher que n'est une Couronne.

ROGER.

Madame, en ce combat ma valeur fera ma foi,
Qui sait mieux vous servir de Lothaire ou de moi.
Malgré votre rigueur & malgré votre haine
Je vous suivrai par tout.

AURORE.

N'en prenez pas la peine.
Dans cette occasion vous me servirez peu.
Si vous craignez le fer de même que le feu.

SCENE VII.
DIANE, ROGER, GUSMAN.

MOn Frere deformais oserez-vous paroître ?
Mais voi-je encor mon Frere, & puis-je le connoître ?

ROGER.
Auprès de la Princesse un Rival me détruit,
Et quand je l'ai sauvée, il en reçoit le fruit.

DIANE.
Osez-vous soûtenir encor votre imposture ?
De cette indignité ma tendresse murmure.
Avez-vous fait dessein de tromper une Sœur,
Pour mieux tromper Aurore & regagner son cœur ?

ROGER.
C'est porter jusqu'au bout ma honte & mon martyre.

DIANE.
En lui parlant de vous, que lui pourrai-je dire ?
Quand je lui vanterai vos services passez,
Ceux de votre Rival les auront effacez :
Et quand je lui dirai, favorisez mon Frere,
Elle me répondra, je doi tout à Lothaire.
Je voi que votre esprit commence à s'irriter ;
Mais apprenez enfin que je ne puis flâter.

ROGER.
Lors que chacun m'outrage & me fait injustice
Ma Sœur veut-elle encor agraver mon supplice ?

DIANE.

Ha ! vous deviez agir en veritable Amant,
Vous jetter dans la flame avec empressement,
Et par ce noble effort d'amour & de courage
Oter à vos Rivaux ce nouvel avantage;
Le danger étoit grand, mais mon Frere en effet
Vous pouviez achever ce que Lothaire a fait.
Une ame par l'amour aux feux accoûtumée
Pouvoit moins s'étonner de la flame allumée.

SCENE VIII.

ROGER, GUSMAN.

ROGER.

Fut-il jamais Amant plus malheureux ?
Eprouva-t-on jamais un sort plus rigoureux ?
A-t-on jamais reçû de plus vives atteintes ?
Et poussa-t-on jamais plus justement des plaintes ?

GUSMAN.

Vit-on jamais Princesse en un pareil effet
De plus sotte façon reconnoître un bien-fait ?
Vit-on jamais Amant plus heureux que Lothaire
Entre tous les Amans que Soleil éclaire ?
Jamais Maître fut-il mieux chauffé que le mien ?
Jamais Valet fut-il moins content que le sien,
Qui du matin au soir, quand la douleur le tuë,
De cent plaintes d'amour a la tête rompuë ?

ROGER.
Par quel Arrêt des Dieux & quel Destin fatal
Ne fais-je rien de grand, qu'en faveur d'un Rival ?
Lors que je sauve Aurore on dit que c'est Lothaire.
GUSMAN.
La Princesse le dit, c'est à vous de vous taire.
ROGER.
Pour vaincre mon destin, on le pouvoi fléchir
Que faire ?
GUSMAN.
    Aller au bain, & vous y rafraîchir.
ROGER.
Dans un tel embaras quel chemin doi-je suivre ?
GUSMAN.
Le chemin du logis.
ROGER.
    Lothaire la delivre,
Le croit-elle ?
GUSMAN.
    Elle croit que vous l'estimez peu
Que vous aimez la vie & craignez bien le feu.
ROGER.
Doi-je encor lui parler, que faut-il que j'espere ?
GUSMAN.
Qu'elle vous répondra, je doi tout à Lothaire.
Je le reconnoi seul pour mon liberateur,
Vous pour mauvais parent & pour lâche imposteur.
ROGER.
Parles-tu bien ainsi sans craindre ma colere ?
GUSMAN.
La Princesse l'a dit, c'est à vous de vous taire.

ROGER.

La Prnicesse l'a dit, ah je m'en ressouviens
Dessus ses sentimens je doi regler les miens:
Contre un Arrêt qui vient d'une bouche si belle
La plainte la plus juste est toûjours criminelle:
Mais l'assaut se prepare & nous devons songer
Que la Princesse y doit courir quelque danger:
Allons suivre ses pas, & courre sa fortune,
Allons perdre pour elle une vie importune,
Et ne nous plaignons point du Sort injurieux,
S'il me permet au moins de mourir à ses yeux.

Fin du quatriéme Acte.

ACTE V.

SCENE PREMIERE.

ELVIRE, AURORE *dans le Palais.*

ELVIRE.

Dieux ! se peut-il encor que votre Altesse vive ?
AURORE.
Sans un vaillant Guerrier j'étois morte ou captive,
Le peril est si grand que je viens d'eviter,
Que le recit tout seul te doit épouventer :
Déja de l'Ennemi les troupes avancées
Avoient de nos dehors les défenses forcées ;
Et déja par mes soins nos gens de toutes parts
Deffendoient la muraille & bordoient les remparts
Alors que pour lasser ou vaincre ma disgrace
Avec mille Chevaux je sortis de la Place.
La nuit regnoit encor, & l'ennemi d'abord
Crut que notre Parti sans doute étoit plus fort,
Et cessant d'attaquer afin de se défendre
Il se trouva surpris lors qu'il pensoit surprendre ;
Enfin les Assaillans en ce puissant effroy
Laissoient la Place libre & fuyoient devant moi,
Quand le Jour rallumant ses lumieres éteintes
Leur fit voir ma foiblesse, & dissipa leurs craintes.

Ce fut dans ce moment que ma superbe Sœur
Revint fondre sur nous avec tant de fureur,
Qu'après cent vains efforts je me trouvai reduite
A ne plus esperer de salut qu'en ma fuite :
Mais mon cheval sous moi blessé mortellement
En tombant m'engagea dans son trebuchement ;
Et sans un grand Heros, dont la valeur m'étonne,
Cette cheute attiroit celle de ma Couronne,
Il fit plus d'un miracle afin de me sauver,
Seul faisant tête à tous il vint me relever,
Et de sa qualité refusant de m'instruire,
Il sortit de la ville ayant sçû m'y conduire.

ELVIRE,
Quoi, ce liberateur ne vous est pas connu ?

AURORE.
J'ignore de quel bras mon salut est venu,
Ma Bague qu'il reçût après m'avoir sauvée
Avec une Isse double en son Escu gravée,
Seront les seuls témoins à qui j'aurai recours :
Pour connoître la Main qui prolonge mes jours.
Mais qu'est-ce que tu tiens ?

ELVIRE.
C'est une Mignature
Dont la flame a semblé respecter la peinture :
Ce Portrait est de vous & je l'ai ramassé
Dans vôtre Cabinet où vous l'avez laissé.

AURORE.
Que vois-je Elvire, ô Ciel ?

ELVIRE.
Vous voyez tous vos charmes :
Mais qui pourroit causer vos soûpirs & vos larmes ?

AURORE.
Ce n'est pas sans sujet que je verse des pleurs,
Ces traits dans mon esprit retracent mes malheurs ;
Cette Boete à Madrid dans ma seiziéme année
Au Prince d'Arragon de ma part fut donnée,

Et je ne comprens pas quel accident secret,
A pû faire en ces lieux rencontrer ce portrait :
Mais l'état où je suis à d'autres soins m'oblige,
Le péril se redouble alors qu'on le néglige,
Sans doute que ma chûte aura jetté l'effroi
Dans le cœur des Soldats qui combattent pour moi :
Et possible déja que quelqu'un me vient dire,
Que Barcelonne est prise, & que mon regne expire.

SCENE II.

DIANE, AURORE, STELLE, ELVIRE.

DIANE.

Voici Stelle, Madame, & mon Frere a l'honneur,
D'avoir causé sa prise & fait votre bonheur ;
Agréez ce service, & souffrez que j'espere
Qu'il puisse en sa faveur calmer votre colere.

AURORE.

Tout criminel qu'il est, un si rare present
Pour obtenir sa grace est plus que suffisant :
Il faut vous consoler, ma Sœur, vous devez croire,
Que je sai mieux que vous user de la victoire ;
La fortune vous brave, & j'ai moins de rigueur,
Elle est votre ennemie, & je suis votre Sœur ;
Le Sort trahit souvent la plus belle esperance,
Et n'a rien d'assuré que sa seule inconstance ;

Mais ma tendresse encor saura vous obliger,
Votre Fortune change, & je ne puis changer.
STELLE.
C'est le plus grand des maux que j'ai pû jamais craindre,
Que de voir mon malheur vous forcer à me plaindre ;
Ne vous contraignez pas, je ne souhaite rien
D'une main ennemie, & qui vole mon bien ;
Et si mon infortune étoit moins incertaine,
Mon desespoir déja vous eut tiré de peine.
Mais vous devez savoir pour vous combler d'effroi,
Que le Comte d'Urgel combat encor pour moi,
Et que quelque pouvoir ici qui me retienne
Votre captivité suivra de prés la mienne ;
Sachez qu'au moindre bruit que fera mon malheur,
Son desespoir encor accroîtra sa valeur,
Et qu'il viendra bien-tost, en forçant Barcelonne,
Vous jetter dans les fers & m'élever au Trône.
Mais vous n'en doutez pas, & la feinte pitié,
Qui cache la grandeur de votre inimitié,
N'est qu'un moien adroit pour obtenir ma grace,
Alors que ma fortune aura changé de face,
Et lors que vous trouvant réduite sous ma loi,
Votre sort n'aura plus d'autre arbitre que moi.

SCENE III.

LAZARILLE, LE COMTE, AURORE, STELLE, DIANE, ELVIRE.

LAZARILLE.

Le Comte est pris, Madame.
STELLE.
Ah tout mon espoir cesse!
LAZARILLE.
Et Lothaire vainqueur l'envoie à votre Altesse.
LE COMTE.
Ma Princesse, je viens partager vos douleurs,
J'ai combattu long-tems pour vaincre vos mal-
    heurs :
Mais de votre accident la nouvelle semée,
A fait lâcher le pied à toute votre Armée,
Et vous pouvez penser qu'il m'est beaucoup plus
    doux,
D'être ici prisonnier, que libre loin de vous.
AURORE.
Ma Sœur, votre esperance enfin se trouve éteinte,
Et vous allez savoir si ma tendresse est feinte,
Le Comte ainsi que vous est réduit sous ma loi,
Et votre sort n'a plus d'autre arbitre que moi :
Mais je me servirai de ce bonheur insigne,
Pour faire seulement savoir que j'en suis digne :
Je dois vous relever quand le sort vous abat,
Et n'offrirai pas moins que devant le combat :
Je vous cede, ma Sœur, la moitié de l'Empire,
Mais aux conditions que je vai vous prescrire.

STELLE.
Quand on veut faire grace en cette occasion,
On la fait toute entiere & sans condition.
AURORE.
Qui veut la mériter en même conjoncture,
Doit montrer moins d'orgueïl & ceder sans murmure ;
Ce que je veux est juste.
STELLE.
Et que prétendez-vous ?
AURORE.
Je prétends vous donner le Comte pour époux :
C'est la condition où vous serez forcée.
La constance doit être enfin récompensée.
LE COMTE.
C'est me combler de gloire & me vaincre deux fois.
STELLE.
J'obéirai sans peine à de si douces loix.
AURORE.
Allons à nos sujets apprendre ces nouvelles,
Allons faire cesser leurs soins pour nos querelles,
Et faisons publier que suivant mes souhaits,
Notre dissention a fait place à la paix.
LAZARILLE seul.
Retournons au combat pour rejoindre mon Maître,
Mais il est de retour, & je le voi paroître.

SCENE IV.

LOTHAIRE, LAZARILLE.

LOTHAIRE.

As-tu vû la Princesse ?

LAZARILLE.

Avec fidelité,
De vos ordres, Seigneur, je me suis acquité ;
Vous pouvez tout prétendre.

LOTHAIRE.

Oui, mais cet avantage,
Me vient de la fortune, & non de mon courage.

LAZARILLE.

Le mérite aujourd'hui vaut moins que le bonheur,
Quand on acquiert un Sceptre, on acquiert de l'honneur ;
Rendez-vous sans remords Comte de Barcelonne,
Tous les chemins sont beaux quand ils ménent au Trône.

LOTHAIRE.

Voions Aurore, allons.

LAZARILLE.

Ne vous pressez pas tant,
Et recevez, Seigneur, un avis important :
J'ai sçu qu'un Inconnu que le Ciel favorise,
Qui porte en son Escu deux Esses pour devise,
Aprés avoir sauvé la Princesse & l'Etat,
Est sans se découvrir rentré dans le combat,
Et par une avanture étrange & favorable,
En passant j'ai trouvé cet Escu remarquable,
Et je ne doute point que si vous le portez,

Les faits de l'Inconnu vous seront imputez.
LOTHAIRE.
J'admire ton esprit.
LAZARILLE.
                La chose est fort certaine.
LOTHAIRE.
Un autre évenement me met beaucoup en peine :
Tu rentrois dans la Ville avec le Comte pris,
Quand l'Ennemi fit ferme avecque de grands cris,
Et pour sauver ce Prince avecque violence,
Mit encore une fois la victoire en balance :
Ce fut lors que Fernand, un parent de Roger,
Reçût un coup de trait qui le mit en danger ;
Et du sang qu'il perdoit pour arrêter la course,
Roger prit son mouchoir, & fit choir cette bourse.
A l'instant par bonheur marchant dessus ses pas,
Je la vis amasser par un de nos Soldats,
Et quand les ennemis sans ordre & sans conduite,
Eurent été contraints de prendre enfin la fuite,
Je le fis appeller, & sçûs adroitement,
Que la Bourse enfermoit un riche Diamant :
Je me le fis montrer, & plus surpris encore,
Je reconnus d'abord le Diamant d'Aurore,
Et connoissant mon nom, le Soldat m'a permis
D'emporter ce butin pour mille Ecus promis :
Juge si l'avanture a lieu de me surprendre.
LAZARILLE.
Elle cache un secret que je ne puis comprendre.
LOTHAIRE.
Je le pourrai savoir de Roger que voici :
Cherche le Bouclier, & me rejoints ici.

SCENE V.

LOTHAIRE, ROGER, GUSMAN.

GUSMAN.

ENcor que votre Ecu soit tombé dans la presse,
Cet autre vous fera connoître à la Princesse.
ROGER.
Je porte son anneau qui fera tout savoir.
GUSMAN.
Qui peut donc vous plonger dans un chagrin si noir ?
ROGER.
La perte du portrait de la divine Aurore.
GUSMAN.
Où l'auriez-vous perdu ?
ROGER.
Moi-même je l'ignore,
Par quelque effort sans doute il m'est tombé du bras :
Mais d'où vient que Lothaire adresse ici ses pas ?
LOTHAIRE.
Je croi que la Princesse attend de vos nouvelles.
ROGER.
Je lui ferai tantôt des recits bien fidelles.
LOTHAIRE.
De vos combats?
ROGER.
Sans doute.
LOTHAIRE.
Ils ont eu de l'effet.
ROGER.
Ils pourront effacer ce que vous avez fait.

LOTHAIRE.
De vos exploits pourtant elle fait peu de conte.
ROGER.
Cependant j'ai pris Stelle.
LOTHAIRE.
Et moi j'ai pris le Comte.
ROGER.
Aurore maintenant me doit tout son bonheur.
LOTHAIRE.
La prise d'une Femme apporte peu d'honneur.
ROGER.
Du moins celle du Comte est un moindre avantage.
LOTHAIRE.
L'avantage est égal, mais non pas le courage,
D'une extrême valeur c'est un effort dernier,
Que d'avoir arrêté ce Heros prisonnier.
ROGER.
Quoi que vous me disiez, je consens à vous croire,
Je n'eus jamais besoin d'emprunter de la gloire;
Je renonce à la votre, & j'espere aujourd'hui,
Que vous ne voudrez plus voler celle d'autrui.
LOTHAIRE.
Ce que vous avez fait de plus considerable,
Au moindre de mes coups n'a rien de comparable:
Je tiens tous vos exploits indignes de mon bras,
Et veux bien volontiers ne les avoüer pas:
Sachez que sans mes soins & ma rare conduite,
Barcelonne étoit prise, Aurore étoit détruite,
Et vous & vos parens étiez tous égorgez,
Si mon bras du péril ne vous eut dégagez.
ROGER.
Toutes vos actions n'ont rien que d'ordinaire,
Et sont fort au-dessous de ce qu'on m'a vû faire.
LOTHAIRE.
Parlez avec respect de votre General.
ROGER.
Il faudroit m'abaisser pour être votre égal.

LOTHAIRE.
J'ai sauvé cet Etat par ma valeur extrême.
ROGER.
Moi, j'ai sauvé la vie à la Princesse même.
LOTHAIRE.
Vous ?
ROGER.
Oui, de son salut j'ai droit de me vanter.
LOTHAIRE.
Mais ne craignés-vous point qu'elle en puisse douter ?
ROGER.
La Bague que je garde, & que j'ai reçu d'elle,
D'un service si rare est le témoin fidelle.
LOTHAIRE.
Quoi, vous avez sa Bague ?
ROGER.
Elle est en mon pouvoir,
Et je l'attens ici pour la lui faire voir :
Ce discours vous surprend.
LOTHAIRE.
Oui, mais je conjecture
Qu'il pourroit bien encor passer pour imposture.
ROGER.
Malgré votre artifice & tout votre bonheur,
D'un service si grand j'aurai seul tout l'honneur,
Si-tôt qu'aux yeux d'Aurore on me verra paroître,
Pour son Liberateur je me ferai connoître,
Et l'Anneau que je porte a de vives clartez,
Qui pourront mettre au jour toutes vos lâchetez.
LOTHAIRE.
De quoi m'accusez-vous ? l'Ame la moins commun
Peut faire son profit des coups de la Fortune,
J'ai reçu quelque honneur qu'elle a sçu vous ravir,
Mais devois-je me nuire afin de vous servir ?
ROGER.
Ce sont de lâches traits d'un cœur comme le vôtre,
Que d'accepter le prix des services d'un autre ;
Aurore a jusqu'ici retenu mon couroux.

K

J'ai craint de l'affoiblir en perdant l'un de nous :
Mais sachez maintenant que la Guerre est finie,
Que votre audace enfin sera bien-tôt punie.
LOTHAIRE.
Quoi, pour me menacer vous êtes assez vain ?
Je vous satisferai les armes à la main
Alors que la Princesse aux yeux de la Province,
En me donnant la foi, m'aura fait votre Prince,
Et qu'elle aura comblé mes souhaits les plus doux,
Je vous ferai l'honneur de me battre avec vous.
ROGER.
Lâche, ta mort de près suivroit ton insolence,
Si je ne respectois Aurore qui s'avance.

SCENE VI.
AURORE, LOTHAIRE, ROGER, STELLE, DIANE, LE COMTE, GUSMAN.

AURORE.

Enfin tout est tranquile, & nos Sujets unis
Avec nos differens trouvent leurs maux finis ;
Et mon propre interest maintenant me convie
A chercher le Heros à qui je dois la vie.
Mais quoi l'Escu fameux que Roger me fait voir,
M'enseigne pleinement ce que je veux savoir,
Et la devise illustre en ces armes gravée,
Me fait connoître en lui le Bras qui m'a sauvée.
LOTHAIRE.
Madame, s'il vous plaît, de détourner les yeux ;

Ce Bouclier encor vous en inftruira mieux.
ROGER.
A croire un impofteur foiez plus refervée,
Je portois cet Efcu quand je vous ai fauvée!
AURORE.
O Ciel, qui de vous deux prétend me décevoir!
LOTHAIRE.
Vous voiez que l'Efcu fe trouve en mon pouvoir.
ROGER.
Oui: mais pour le combat fe trouvant inutile,
Je l'ai laiffé par terre affez loin de la Ville,
Et c'eft injuftement qu'il fe l'eft imputé.
LOTHAIRE.
O Dieux, quelle impudence, & quelle fauffeté!
AURORE.
Avant que d'en juger pour n'être pas furprife,
Que chacun de vous deux explique la devife.
LOTHAIRE.
Cette devife apprend que pour fe rendre heureux,
Un Courtifan doit être, & fubtil & foigneux.
ROGER.
Ces Effes font favoir qu'un Amant qui veut plaire,
Doit être également & foûmis & fincere.
STELLE.
Roger l'explique mieux incomparablement.
AURORE.
Enfin, s'il m'a fauvé, il a mon Diamant.
LOTHAIRE, montrant le Diamant.
Sur cette queftion il va fort mal répondre,
Ce témoin éclattant fuffit pour le confondre!
ROGER.
Ah! c'eft une impofture, & je puis l'averer,
J'ai le vrai Diamant que je vai vous montrer.
GUSMAN.
Cherchez dans l'autre poche.
ROGER.
        Il faut qu'il s'y rencontre.

GUSMAN.
Tirez.
ROGER.
C'est mon mouchoir.
GUSMAN.
Le voici.
ROGER.
C'est ma montre.
GUSMAN.
Quelque avare Démon l'aura donc emporté ?
LOTHAIRE.
Il est confus, jugez de ma sincerité !
ROGER.
O Destin trop cruel !
AURORE.
O Ciel, quelle injustice
Empêche que Roger me rende aucun service !
DIANE.
Si j'osois vous parler....
AURORE.
Vous parleriez en Sœur,
Laissez-moi rendre graces à mon Liberateur.

SCENE DERNIERE.

CARLOS, LOTHAIRE, AURORE, ROGER, STELLE, LE COMTE, GUSMAN, LAZARILLE, ELVIRE, DIANE.

CARLOS *à Lothaire à part*.

Monseigneur, s'il vous plaît, excusez la franchise :
Je n'attends pour partir que la somme promise.
AURORE.
Que vous veut ce Soldat ?
LOTHAIRE.
C'est un extravagant.

CARLOS.
On extravague donc, quand on parle d'argent ?
LAZARILLE.
Attendez.
CARLOS.
A quoi bon tant de ceremonie,
Ai-je affaire en ces lieux où la guerre est finie ?
LOTHAIRE.
Sortez.
CARLOS.
Pour un Seigneur vous poussez lourdement ;
Il me faut mille écus ou bien mon Diamant.
AURORE.
Quel Diamant, qu'entens-je ?
LOTHAIRE.
Ha ! ma peine est extrême !
CARLOS.
Celui que vous tenez.
AURORE.
Quoi, cet anneau ?
CARLOS.
Lui-même.
LOTHAIRE.
N'acheve pas.
CARLOS.
Pourquoi ? je dis la verité ;
C'est de moi que tantôt vous l'avez acheté.
LOTHAIRE.
Parle mieux.
CARLOS.
A mentir me voulez-vous contraindre ?
LOTHAIRE.
Si.....
CARLOS.
Quoi, vous menacez ?
AURORE.
Acheve sans rien craindre.

CARLOS.
Comme il roule les yeux ! chacun me l'a bien dit,
Qu'on ne doit point aux Grands donner rien à credit,
Un homme bien armé dont j'étois assez proche,
En tirant son mouchoir l'a fait choir de sa poche.
AURORE.
Quel homme étoit-ce encor ?
CARLOS.
Je ne sai qu'en juger,
Un de ses gens m'a dit qu'on l'appelle Roger :
Mais il faudroit parler de me paier ma somme.
AURORE.
Elvire, prenez soin de contenter cet homme.
LE COMTE.
On ne peut soupçonner ce témoin ingénu.
STELLE.
Votre vrai défenseur cesse d'être inconnu.
AURORE.
Oui, Roger, je vous dois ma vie & ma victoire,
Perdez de mes rebuts la honteuse memoire ;
Par de justes faveurs dignes de votre prix,
Je prétens réparer ces injustes mépris.
LOTHAIRE.
O sort ! j'aprens ici quelle est ton inconstance.
AURORE.
Recevez de ma main cet Escrin par avance.
ROGER.
L'honneur de vous servir me rend trop satisfait,
Je ne dois pas reprendre un present que j'ai fait.
AURORE.
Ce Cofret toutefois m'est venu de Lothaire.
LOTHAIRE.
Il veut faire un present qui ne lui coûte guere.
ROGER.
Il vous pourroit coûter plus que vous ne pensez,
Votre orgueil doit finir, mes malheurs sont passez.
AURORE.
Roger, en sa faveur j'ai des marques secrettes,

& de la Fortune.

Je ne puis démentir ses Vers & ses Tablettes.
ROGER.
Ces Témoins sont pour moi, Madame, il est certain
Que ces Vers rencontrez sont écrits de ma main.
STELLE.
De Lothaire en ce cas confrontez l'écriture.
DIANE.
Dans sa confusion l'on void son imposture.
LOTHAIRE.
O du cruel destin, revers trop rigoureux !
AURORE.
Que ce succez, Diane, est conforme à mes vœux !
Lothaire cependant m'a sauvé de la flame :
Cette obligation touchoit beaucoup mon ame,
Que pouvoit-il prétendre en voulant m'abuser ?
LOTHAIRE.
Je suis Amant, Madame, & l'on doit m'excuser.
AURORE *lui donnant son portrait.*
Sans doute le service est plus grand que l'offence,
Jugez par ce present de ma reconnoissance.
ROGER.
Ce portrait est à moi, Madame, assurément.
AURORE à *Lothaire.*
Seroit-il point à vous ?
LOTHAIRE.
Nullement, nullement.
ROGER.
Le Prince d'Arragon me l'a donné lui-même.
DIANE.
N'en doutez point, Madame.
AURORE.
Ah ! ma joie est extrême.
ROGER.
En vous sauvant des feux je l'aurai laissé choir,
Et ces rubans brûlez vous le font assez voir.
AURORE.
Il suffit, il suffit, Héros incomparable,
Je voi trop à quel point je vous suis redevable,

Aprés ces grands effets d'amour & de valeur,
Je ne vous dois pas moins que mon Sceptre & mon
  Cœur.
STELLE.
Il est juste, ma Sœur, qu'un heureux hymenée,
Joigne à jamais son sort à votre destinée.
AURORE.
Aprés ce que pour moi son courage a tenté,
Je confesse être un prix qu'il a trop merité.
ROGER.
Dans l'excez de ma joie excusez mon silence.
AURORE.
Je m'offre avec plaisir pour votre récompence.
LOTHAIRE.
Quoi, Madame, à mes yeux....
AURORE.
     Quoi, vous en murmurez ?
Vous m'obligerez fort si vous vous retirez :
Allez porter ailleurs vos lâches artifices.
LOTHAIRE, *en se retirant.*
Fortune qui me perds ? Voici de tes caprices.
AURORE.
Allons tous dans le Temple, en ce jour bienheureux
De cet Hymen celebre achever les doux nœuds;
Et benir hautement, & d'une voix commune,
Et LES COUPS DE L'AMOUR ET CEUX DE LA
  FORTUNE.

LE FEINT ALCIBIADE.

TRAGI-COMEDIE

DE

Mr. QUINAULT.

Representée en 1658.

ACTEURS

CHARILAS, *Fils d'un Roi de Sparte.*

MINDATE, *Chef de la Garde d'Agis.*

AGIS, *Roi de Sparte.*

LISANDRE, *Favori d'Agis.*

TIME'E, *Femme d'Agis.*

CLEONE, *Sœur d'Alcibiade, déguisée sous le Nom & l'Habit de son Frere.*

LEONIDE, *Sœur d'Agis.*

TRASIMENE, *Suivante de Timée.*

HERMODORE, *Suivante de Leonide.*

SUITE.

GARDES.

La Scene est à Sparte.

LE FEINT ALCIBIADE.
TRAGI-COMEDIE.

ACTE I.
SCENE PREMIERE.
CHARILAS, MINDATE.
CHARILAS.

Je vous ouvre mon ame, oüi, je prétens, Mindate,
Que mon malheur finisse, & que ma haine éclate,
Je ne puis plus souffrir qu'Agis contre nos loix,
Occupe seul un rang destiné pour deux Rois,
Et mon pere étant mort, qu'il ait toûjours l'audace
De remplir seul un Trône, où je dois avoir place ;
Tant qu'a duré la guerre il étoit mal-aisé
D'achever dans son Camp l'attentat proposé :
Mais puis qu'enfin la paix, qui dans Sparte l'améne,
Sans crainte & sans soupçon vient l'offrir à ma haine,

Je m'aprête à goûter par un coup genereux,
Le bien que la vengeance offre aux plus malheureux.
MINDATE.
La Reine invite aussi mon cœur à la vengeance,
Je fus nourri prés d'elle, & l'aimai dés l'enfance,
Je pris avec le lait ce dangereux poison,
Et je connus l'amour plûtôt que la raison.
Son cœur avec le mien sembloit d'intelligence,
Quand le Roi plus heureux m'ôta toute esperance,
Et força ses parens par un cruel pouvoir
De contraindre leur Fille à suivre son devoir :
Depuis ce tems en vain j'ai recherché sa perte,
L'occasion encor ne s'en est point offerte,
Et c'est avec plaisir que je vous voi d'accord
Du dessein que j'ai fait de conspirer sa mort.
CHARILAS.
Ce Rival n'est pas seul, & je me persuade
Que vous devez moins craindre Agis qu'Alcibiade ;
Ce Banni trop aimable, au jugement de tous,
A reçu de la Reine un traitement bien doux.
MINDATE.
Je crains peu ce Rival, le Roi m'a fait comprendre
Que de la jalousie il n'a pu se défendre,
Et que ses premiers soins sont de n'épargnér rien,
Pour chasser de ces lieux ce jeune Athenien.
CHARILAS.
Pour peu qu'en ma faveur vous vueillez entrepren-
    dre,
De mon ressentiment vous devez tout attendre :
La Reine paiera ce service important,
Et si je suis heureux, je vous rendrai content.
MINDATE.
Vous me touchez, Seigneur, par où je suis sensible,
Pour un prix si charmant rien ne m'est impossible :
Je suis par mon adresse en crédit prés du Roi,
Je commande à sa Garde, il estime ma foi.
Voiez ce que je puis.

CHARILAS.

La chose est d'importance,
Et pour la bien résoudre, il faut que l'on y pense.

MINDATE.

Allez-y donc penser, & tâchons de nous voir
Au retour de la chasse, au jardin vers le soir ;
Pour ôter tout soupçon, il est bon, ce me semble,
D'empêcher avec soin qu'on ne nous trouve ensemble.
Le Roi craint tout de vous, & ne peut s'assurer.

CHARILAS.

Je croi le voir paroître, il faut nous séparer.

Charilas se retire.

SCENE II.

AGIS, LISANDRE, MINDATE, SALCEDON.

AGIS *à Salcedon.*

Allez donc préparer la Chasse renommée,
Du Sanglier affreux, dont Sparte est allarmée,
Et pour exterminer ce Monstre des forêts,
Faites que promtement tous nos chasseurs soient prêts.

Salcedon entre.

LISANDRE.

Sparte, dont la grandeur de vos soins est l'ouvrage,
Attend de votre main ce nouvel avantage.
Les Monstres étrangers qu'elle eut pour ennemis,
Par vos derniers travaux viennent d'être soûmis,
Et votre ame à son bien trop fortement s'applique,
Pour ne la purger pas d'un Monstre domestique,

AGIS.
Ah, plût au Ciel! Lisandre, en l'état où je suis,
Que par ce danger seul mes soins fussent produits,
Et que ce Monstre affreux fut dans tout cet Empire
L'ennemi le plus grand qui me reste à détruire!
Cet ennemi détruit, Sparte ne craindra rien:
Mais helas! son repos ne fera pas le mien.
Je ressens au transport, dont j'ai l'ame saisie,
Qu'un Monstre en cruauté cede à la jalousie,
Et qu'il m'est plus aisé de rendre en ce malheur
Le repos à nos champs que le calme à mon cœur.

MINDATE.
Souvent la jalousie est un mal invincible:
Mais qu'avez-vous à craindre où tout vous est possible?
Quoi, votre ame à ce point se doit elle émouvoir
D'un mal, dont le remede est en votre pouvoir?
La puissance Roiale autrefois affoiblie,
Est ici par vos soins hautement rétablie.
Cet Empire jadis gouverné par deux Rois,
De vous seul aujourd'hui reçoit toutes ses loix:
Et le Senat d'accord de votre indépendance,
Pour choquer vos desirs craint trop votre puissan
Vous pouvez éloigner de la Reine & de vous
Qui que ce soit ici qui vous rende jaloux;
De tous les maux d'amour le remede est l'absence.
L'éloignement détruit ce que fait la presence.
Eloignant qui vous nuit vous serez satisfait,
Qui peut ôter la cause ôte aisément l'effet.

AGIS.
Je sai que le Senat n'osant plus me contraindre,
Les Dieux seuls exceptez, je n'ai plus rien à craindre.
Il est en mon pouvoir de chasser de ces lieux,
Un Banni, dont pour moi le charme est odieux:
Mais je crains de n'avoir qu'une puissance vaine,
Pour le pouvoir chasser de l'esprit de la Reine,
Une ame est toujours libre, & les plus puissans Rois
Jusqu'à ses volontés n'étendent point leurs droits:

Comme elle vient des Dieux, pour marque de no-
　　blesse,
De tous ses mouvemens elle est toujours maîtresse;
Et le pouvoir humain, quoi qu'il puisse choisir,
Peut regler l'action, mais non pas le desir.
LISANDRE.
De la Reine, Seigneur, la vertu peu commune
Doit dissiper en vous cette crainte importune;
Le crime n'est pas grand d'avoir en cette Cour
Souffert un Etranger jusqu'à votre retour:
Et de quelques flâteurs les raports peu croiables,
Pour pouvoir être vrais sont trop peu vrai-sem-
　　blables.
Un grand Roi comme vous ne doit pas oublier,
Qu'à qui le flate trop il se doit peu fier.
La Cour pourrit toujours de ces esprits vulgaires,
Qui veulent broüiller tout pour être necessaires,
Et qui par des moiens lâches & dangereux,
Sans le malheur d'autrui ne sauroient être heureux.
Cette digne Moitié du plus grand des Monarques,
Vous a de sa vertu donné beaucoup de marques.
Et ses accusateurs n'ont pü vous inspirer
Que de simples soupçons qu'on ne peut averer.
AGIS.
J'estime encor la Reine, & je connoi son ame,
La Reine est vertueuse enfin, mais elle est femme:
Et l'esprit d'un jaloux s'assure rarement
Sur la vertu d'un Sexe enclin au changement.
Je veux même penser que tous ceux qui l'accusent
Sont peut-être abusez, ou peut être m'abusent,
Et que tous les soupçons, que j'ose conserver,
Sont des indices faux qu'on ne sauroit prouver:
Mais pour quiconque arrive au rang, où je me
　　trouve,
L'opinion publique est toujours une preuve;
Les Rois servent d'exemple, & s'ils sont genereux,
L'ombre même d'un crime est un crime pour eux.
Leur honte est effective aussi-tôt qu'elle est crue,

Plus ils sont élevez, & plus ils sont en vûë.
Je veux cacher pourtant mes sentimens jaloux,
La Reine ignore encor..... mais elle vient à nous.

SCENE III.

TIME'E, AGIS, LISANDRE, MINDATE, SUITE.

TIME'E.

Seigneur, Alcibiade attend votre audiance.
AGIS.
Qu'on aille promptement lui dire qu'il avance,
Favorisé des soins de votre Majesté,
Avant toute autre chose il doit être écouté.
TIME'E.
Cet illustre Banni mérite qu'on l'estime,
La vertu fait en lui ce qu'ailleurs fait le crime.
Et bien que son païs l'outrage au dernier point,
Son défaut le plus grand est de n'en avoir point ;
Son merite a causé les malheurs de sa vie,
S'il eut eu moins de gloire, il eut fait moins d'envie,
Et quand de son destin vous serez éclairci,
Tout malheureux qu'il est, je croi.... mais le voici.

SCENE VI.

CLEONE *sous le nom & l'habit d'Alcibiade,*
TIMÉE, AGIS, LISANDRE,
MINDATE, SUITE.

CLEONE.

SEigneur, quoi que banni d'une celebre Ville,
Sans honte & sans terreur je vous demande azile,
L'exil, qui m'est enjoint par une injuste loi,
Est honteux pour Athene, & ne l'est point pour moi ;
Et je prens pour refuge un Prince trop auguste
Pour craindre qu'il rejette une demande juste.
Toute la Grece a sçu que mon Païs ingrat
Doit à mes seuls travaux tout ce qu'il a d'éclat,
Et que tous les autheurs d'une rigueur si grande,
Demanderoient sans moi ce que je vous demande.
Ce n'est pas que je bute à murmurer contre eux,
L'injustice sans doute est un vice honteux :
Mais on n'acquiert pas moins par un effet contraire
De gloire à la souffrir, que de honte à la faire.
Quand Athene a commis ses armes à mes soins,
Les Grecs de ma valeur ont tous été témoins,
Et si j'ai sçu montrer d'une ardeur peu commune
Ce que peut la Vertu dans la bonne fortune :
Je ne ferai pas voir avec moins de chaleur
Ce que peut la Vertu dans le plus grand malheur.
Ma Patrie en causant mes disgraces cruelles
Offre à ma gloire encor des matieres nouvelles.
Un grand revers peut rendre un grand cœur signalé,
Et c'est m'avoir servi que m'avoir exilé.
Ma constance rendra dans le cours de ma vie

Mon malheur si celebre, & si digne d'envie,
Qu'il fera d'un exil pour moi si glorieux
Un supplice nouveau pour tous mes envieux :
Réduit à demander azile à des Monarques,
J'ai du Merite seul consideré les marques,
Et pour mon Protecteur dans mon malheur pressant
J'ai choisi le plus digne, & non le plus puissant.
Si vous n'eussiez point eu de guerre avec Athene
Je n'eusse pas d'abord passé près de la Reine :
Et dedans votre Camp j'eusse été partager
De votre Majesté la gloire & le danger :
Mais je n'ai jamais pû consentir à paroître
Ingrat pour mon païs tout ingrat qu'il puisse être;
Et n'ai pû me resoudre à voir aussi mon bras
Forcé d'être inutile où vous ne l'étiez pas.
Je ne vous dirai point quelles raisons puissantes
Vous pressent d'arrêter mes disgraces errantes ;
Pour peu qu'à mes souhaits vous vouliez resister,
Je suis trop glorieux pour vous soliciter :
Et pour peu qu'aux bien-faits la vertu vous excite,
Vous n'avez pas besoin que je vous sollicite.
Vous aurez, si j'obtiens votre protection,
Le plaisir qui provient d'une belle action,
Et si par un succés à mes desirs contraire
Vous ne m'accordez pas l'azile que j'espere,
J'aurai confusion d'un si cruel refus,
Mais cen'est pas pour moi que j'en serai confus,
Et je supporterai cette rigueur insigne
D'un air qui prouvera que je n'en suis pas digne.

AGIS.

Je prétens qu'aujourd'hui vous obtiendrez de moi
Ce que vous meritez & ce que je vous doi,
Et veux faire ardemment, malgré votre disgrace
Ce que l'honneur pour vous ordonne que je fasse ;
Mais notre vieille guerre enfin vient de finir
Avec le peuple ingrat, qui vous a sçu bannir,
Et j'ai lieu de douter si la paix que j'ai faite
Peut souffrir que ma Cour vous serve de retraite.

Afin de m'éclaircir sur ces difficultez,
Souffrez qu'entre les miens je cherche des clartez
Mais pour vous faire voir que c'est sans artifice
Que je suis resolu de vous rendre justice,
Et que j'en veux chercher les moyens avec soin,
Je consens que vous-mêmé en soiez le témoin:
Et c'est devant vos yeux que je vai ici prendre
Le Conseil de la Reine, & l'avis de Lisandre.

CLEONE.

Bien souvent sur un point facile à concevoir,
Qui cherche trop d'avis cherche à se decevoir.
Quiconque a la vertu dans le degré suprême
Ne doit pour bien agir consulter que soi-même.
La Nature aux humains par un soin liberal
Donne la connoissance & du bien & du mal,
Et notre ame toujours, quoi qu'elle considere,
Pour connoître le bien n'a qu'à le vouloir faire:
Ce n'est pas que mon cœur conçoive quelque effroi,
Que la Reine en ce lieu vous parle contre moi:
Mais Lisandre autre fois me fit voir trop de haine
Pour être en ses conseils juste comme la Reine.
Il estima ma Sœur & voulut l'épouser,
Mais je suis obligé de la lui refuser,
Et je doi craindre ici qu'un dépit ne l'engage
A faire une injustice à qui lui fit outrage.

AGIS.

Pour vous ôter tout lieu de mécontentement,
Lisandre le premier dira son sentiment:
Quel que soit le dessein que son discours m'inspire,
La Reine en sera juge, & poura le détruire.
Son sentiment toujours fut la regle du mien,
Commencez-donc, Lisandre, & ne déguisez rien.

LISANDRE

Seigneur, Alcibiade avec raison assure
Que je n'ai pas une ame insensible à l'injure:
Mon cœur par ses mépris fortement irrité
N'a pas pour vouloir feindre assez de lâcheté.
Je le hais, je l'avoüe, & vous le pouvez croire;

Mais je hais bien moins que je n'aime la gloire.
Ma haine à mon devoir doit ceder aujourd'hui
Et j'aime mieux parler pour vous que contre lui.
Toujours nos premiers soins sont dûs aux Diadêmes,
Nous sommes à nos Rois avant qu'être à nous-mêmes,
C'est trahir son devoir que le suivre à demi,
On doit comme Sujet plus que comme Ennemi :
C'est donc votre interêt, qui m'oblige à vous dire
Qu'on lui doit accorder l'azile qu'il desire,
Et que l'honneur défend à votre Majesté
De souscrire à l'Exil, qu'il n'a pas merité.
Jamais par le malheur la gloire n'est fletrie,
Le Vertueux par tout doit trouver sa Patrie,
Et dans un Ennemi des Grecs si renommé
Vous devez proteger le Merite opprimé.
Oui, si l'injuste Athene à soi-même cruelle
Bannit honteusement la Vertu de chez elle,
Sparte doit faire voir, quoiqu'il puisse avenir,
Qu'elle l'estime trop pour la vouloir bannir.
La Paix, qui pour l'Etat doit être avantageuse,
N'exige point de vous d'injustice honteuse.
Un Traité glorieux en cette occasion
Ne vous peut ordonner une lâche action :
Et si la Paix l'ordonne, & vous y doit contraindre,
C'est un Traité honteux, que vous devez enfraindre,
Sparte a trop eu d'honneur en nos derniers combats
Pour faire par terreur rien d'injuste ou de bas :
Et ne vous permet point, si vous l'en voulez croire,
D'acheter son repos aux dépens de sa gloire ;
Enfin je trouve juste, à ne déguiser rien,
Que l'on accorde azile à cet Athenien.

AGIS.

Alcibiade a lieu d'esperer toute chose
Aprés ce que pour lui son Ennemi propose;
La Reine estime trop son merite charmant
Pour ne confirmer pas ce premier sentiment.

TIMEE.

J'ai pour cet Etranger une estime équitable,

Le Merite a par tout un charme irévitable,
Et puis que par le droit qu'il a de tout charmer,
Il est toujours aimable, on doit toujours l'aimer.
Ce qui me charme en vous me doit plaire en tous
    autre,
J'estime la vertu comme j'aime la vôtre,
Et de quelque façon qu'un grand cœur puisse agir,
L'amour de la Vertu ne fait jamais rougir.
C'est cette même ardeur qui m'oblige à vous dire,
Qu'on lui doit refuser l'azile qu'il desire,
Et que l'honneur permet à votre Majesté
De souscrire à l'Exil qu'il n'a pas merité.
Chaque Etat a ses Loix, & par quelque maxime
On condamne en un lieu ce qu'en l'autre on estime,
Et si l'Arrêt d'Athene est trop injurieux,
Elle est libre, & ne doit en répondre qu'aux Dieux :
Des malheurs assez grands ont troublé cette Terre,
Recevoir ce Banni, c'est accepter la guerre :
Athene est trop encline aux nouveaux démêlez
Pour souffrir pour amis ceux de ses exilez.
Quelque illustre que soit ce Grec que l'on renomme,
Il vaut mieux conserver un Etat qu'un seul homme ;
Un bien particulier doit passer pour un mal.
S'il détruit le repos & le bien general.
Il est beau d'obliger, mais un bon Roi doit croire
Que le bonheur public fait sa plus grande gloire,
Et doit incessamment songer que quelquefois
Les communes vertus sont les vices des Rois.
Alcibiade ailleurs peut rencontrer des Princes,
Qui le pourront servir sans nuire à leurs Provinces,
Enfin je trouve juste, à ne déguiser rien,
Que l'on refuse azile à cet Athenien.

AGIS.

Hé bien, qu'il cherche donc ailleurs une retraite,
Ce que vous desirez est ce que je souhaite.

CLEONE.

Ah! du moins écoutez.

L 3

AGIS.

Veillez m'en dispenser,
Un interest public m'oblige à vous laisser.
Je vai me préparer pour la Chasse prochaine;
Si vous n'êtes content, plaignez-vous de la Reine,
Son sentiment toujours fut la regle du mien,
Je vous l'ai déja dit, souvenez-vous-en bien.

CLEONE à Timée.

Permettez-moi la plainte après cette injustice.

TIMÉE.

Seigneur, permettez-moi d'aller au sacrifice.

CLEONE seule.

Ainsi tout me trahit, mais dans cet embarras,
Mon cœur me reste au moins qui ne me trahit pas.
Qui ne me trahit pas ? ah, Ciel ! qu'osai-je dire ?
De tous mes Ennemis c'est peut-être le pire.
Trouvant dans sa vertu ce qu'il doit desirer,
L'infortune jamais ne le fit soûpirer.
Cependant sur le point de quitter cet Empire,
Je l'entens en secret malgré moi qui soûpire :
Je ne sai qui produit sa foiblesse en ce jour,
Mais helas ! je crains bien que ce ne soit l'Amour.

Fin du premier Acte.

ACTE II.

SCENE PREMIERE.
LEONIDE, TIMÉE.

LEONIDE.

Quoi, Madame, aujourd'hui votre avis persuade
Que l'on doit de ces lieux chasser Alcibiade ?
Quoi vous, qui dans l'abord ardente à l'obliger
Fûtes si favorable à ce noble Etranger,
Si-tôt qu'ici la paix nous rend le Roi mon frere,
A ce même Etranger vous devenez contraire ?
On a lieu de douter que votre Majesté
Puisse justifier cette inégalité,
Et qu'en un même esprit pour des sujets semblables,
Deux desseins differents soient tous deux équitables.
Ou vous n'avez pas droit de le persecuter,
Ou vous avez eu tort de le trop bien traiter :
Et comme trop cruelle, ou comme trop propice
Vous ne pouvez jamais éviter l'injustice.
Un desir bien reglé doit toujours être égal,
Ce qui combat un bien ne peut être qu'un mal.
L'équité tout contraire à l'injustice extrême,
La Vertu n'est jamais opposée à soi-même.
D'une égale maniere elle agit en tous lieux,
Et n'a rien d'opposé qui ne soit vicieux.

TIMÉE.
Il arrive souvent que quoi qu'on se propose,

Deux differents effets viennent de même cause,
Et que trompant les soins de l'esprit le plus fin,
Deux moiens differents tendent à même fin.
Les plus justes desseins reglez par la prudence
Changent suivant le temps, ou quelque circonstance,
Et comme sous les Cieux tout change incessamment,
On doit en divers temps agir diversement.
Leonide, il est vrai, j'ai dedans cette Terre
Flaté cet Etranger tant qu'a duré la guerre :
Mais la Paix s'opposant aux biens, qui lui sont dûs ;
Ce qui fut juste alors maintenant ne l'est plus.
Si comme infortuné je lui dois assistance,
Je doi plus au repos du lieu de ma naissance :
Et nuisant à l'Etat en travaillant pour lui,
Ma pitié deviendroit criminelle aujourd'hui.

LEONIDE.

D'un art si peu commun vous savez nous deffendre,
Que pour vous devoir croire on n'a qu'à vous entendre ;
J'admire vos raisons, & n'ai jamais douté
Des charmes de l'esprit de votre Majesté :
Mais des peuples grossiers les ames obstinées
A censurer toujours les Têtes couronnées,
Expliquant à leur mode un pareil changement,
N'en feront pas peut-être un si beau jugement.

TIMÉE.

C'est de moi-même à moi que je doi rendre conte,
De moi seule dépend ou ma gloire ou ma honte,
Et nul reproche enfin ne me sauroit toucher,
Si je ne trouve en moi rien à me reprocher.
Ce n'est pas que pourtant ce succés ne m'afflige,
Si de cet Etranger l'exil vous desoblige.
Ses entretiens frequens ont des charmes bien doux ;
Mais ils sont moins connus à tout autre qu'à vous,
Et j'estime qu'un cœur tendre comme le vôtre
Sera de son départ plus touché que tout autre.

LEONIDE.

Il est vrai que souvent il m'a rendu des soins,

Qui pour être cachez ont eu trop de témoins :
Mais je sai que pour vous ses visites charmantes
En l'absence du Roi n'étoient pas moins frequentes,
Et depuis son retour je ne sai pas pourquoi
Ce depart que je crains vous touche moins que moi.

TIMÉE.
Ses soins m'ont obligée, & mon cœur se dispose
A plaindre comme vous les maux, que je lui cause :
J'en ai de la douleur, mais je m'assure bien
Que votre déplaisir l'emporte sur le mien,
Et croi, quelque pitié qui pour lui me possede,
Qu'en bonté toutesfois il faut que je vous cede.

LEONIDE.
De tous les déplaisirs que l'on croit differens,
Les plus cachez toujours ne sont pas les moins grands.
En faveur d'un Epoux vous devez vous contraindre :
Mais pour moi, grace aux Dieux, rien ne m'oblige à
    feindre.

TIMÉE.
Lisandre, à qui le Roi prétend vous engager,
A feindre ici pourtant vous devroit obliger.

LEONIDE.
Lisandre, tout aimable & vaillant qu'il puisse être,
Pour être mon Amant n'est pas encor mon Maître.

TIMÉE.
Mon cœur doit tout au Roi, mais vous devez savoir,
Qu'il se consulte seul pour suivre son devoir.

LEONIDE.
Madame, je croirai toujours pour votre gloire,
Tout ce qu'il vous plaira me commander de croire :
Mon sentiment par tout suivra votre desir.

TIMÉE.
Vous me rendrez justice, & me ferez plaisir :

SCENE II.

DORISE, TIME'E, LEONIDE.

DORISE à Timée.

MAdame, l'Etranger qui vers ce lieu s'avance,
Demande à vous parler avec beaucoup d'instance.
TIME'E.
Qu'il vienne, j'y consens, & la Princesse aussi,
Sans doute il aura sçu que vous êtes ici;
Impatient de voir une beauté si chere,
Il vous y vient chercher.
LEONIDE.
                Cela se pourroit faire;
Mais comme c'est à vous qu'il demande à parler,
Je me retirerai de peur de vous troubler.

SCENE III.

CLEONE, TIME'E.

CLEONE.

DE mon depart, Madame, enfin l'heure s'aproche,
Je ne viens pas ici pour vous faire un reproche:
Vous m'avez fait connoître en évitant mes pas,

Qu'en me plaignant de vous je ne vous plairois pas ;
Mais bien que vous soiez ma plus grande adversaire,
Je ne pers pas encor le desir de vous plaire,
Et si j'ose venir vous chercher en ce lieu,
C'est pour prendre votre ordre, & pour vous dire adieu.
TIMÉE.
De mes derniers conseils n'attendez point d'excuse ;
L'apparence, Seigneur, bien souvent nous abuse.
J'ai mes raisons à part, mais vous n'en savez rien,
Et de ce qu'on ignore on ne juge pas bien.
Pour ne pas être injuste il la falloit paroitre,
Loin de cesser pour moi, votre estime doit croître,
Je n'y puis mieux répondre, & malgré vos ennuis,
Je n'en fus jamais digne autant que je la suis.
CLEONE.
Par trop d'effets brillans d'une vertu sublime
Vous avez dans mon ame établi votre estime,
Pour l'y pouvoir détruire avec facilité
Par le premier effet de votre cruauté.
Ce malheur me surprend, mais mon ame interdite,
Puis que vous le causez, croit que je le merite.
Et pour vous condamner, mon esprit allarmé
A vous croire équitable est trop accoûtumé
Peut-être justement voulez-vous qu'on me chasse :
Mais on croit rarement meriter sa disgrace,
Et comme en sa faveur chacun juge aisément ;
Un malheureux toujours croit l'être injustement,
Ma timide raison étonnée & confuse,
Quand mon cœur vous défend, croit toujours qu'il s'abuse,
Mais loin de s'abuser peut être que mon cœur
Se déclarant pour vous s'oppose à mon erreur,
Et que l'aveugle instinct qui vous le rend propice,
Au lieu de me trahir, m'épargne une injustice.
TIMÉE.
Vous le pouvez bien croire, & ne vous pas tromper,
Je sens que mon secret pour vous va m'échapper :
Et qu'à votre vertu, que par tout je remarque,

Je doi de mon estime une derniere marque,
La source de vos maux est plus en vous qu'ailleurs,
Votre merite ici fait encor vos malheurs :
Et troublant le cours d'une si belle vie,
Dans Athene à vous nuire il obligea l'envie.
C'est lui qui dans ces lieux, loin de vous assister,
Force la Vertu même à vous persecuter.
A votre abord ici je ne pus me deffendre
D'une inclination aussi forte que tendre,
Et tout à coup pour vous je ressentis en moi
L'instinct, qui fait aimer sans qu'on sache pourquoi.
Je pris ce mouvement de mon ame interdite
Pour la simple pitié qu'un malheureux excite.
Mais sentant augmenter ce mouvement confus,
Je craignis tôt après quelque chose de plus,
En vain à vous voir moins je me suis resoluë,
Malgré moi sans regret j'ai souffert votre vuë,
Et pour bannir enfin mes soins entierement,
Je n'ai plus esperé qu'en votre éloignement.
Je l'obtiens, vous partez, & j'ose encor vous dire,
Que vous ne partez pas sans que mon cœur soupire,
Mais il soupire en vain, quand j'agis contre vous,
C'est un remede amer, dont l'effet sera doux.
Ce n'est pas que malgré cette aveugle tendresse
Ma raison de mon cœur craigne quelque foiblesse :
Non, mais quand on prétend éviter un malheur,
Le moien le plus seur est toujours le meilleur,
Et quoi que l'on se sente une Vertu parfaite,
Chercher trop le peril, c'est chercher sa défaite,
Une ame, qui s'expose en cet état fatal,
D'un ennemi qui plaît se défend toujours mal.
Le combat est fâcheux l'issuë en est douteuse,
Et la victoire même en est toujours honteuse.
La gloire d'un peril consiste à l'éviter,
Un cœur cherche à faillir, s'il se laisse tenter,
Et n'est pas innocent, quelque ardeur qui l'anime,
Tant qu'il est en danger de pouvoir faire un crime.

TRAGI-COMEDIE.
CLEONE.

Si c'est là seulement pourquoi vous me chassez,
Je ne partirai pas si-tôt que vous pensez :
Je prétens mettre encor un secret en usage,
Qui sçaura vous contraindre à m'aimer d'avantage ;
Et qui, bien que vos soins me pressent de partir,
De vos derniers avis vous fera repentir.

TIMÉE.

Non, non, vous partirez, quelque charme qui brille,
J'en jure...

CLEONE.

Auparavant sçachez que je suis fille.

TIMÉE.

Fille ?

CLEONE.

Oui ; je vous doi trop pour vous déguiser rien,
J'ai sçu vôtre secret, sçachez aussi le mien :
Je ne suis que la Sœur, mais l'Image vivante
De l'Illustre Banny qu'ici je represente.
Notre Mere pour prix d'un legitime amour,
D'un seul enfantement nous mit ensemble au jour,
Et la Nature en nous mit tant de ressemblance,
Que notre sexe seule en fut la difference,
Nous n'eûmes en deux cœurs qu'une inclination,
Si la guerre lui plut, ce fut ma passion.
Dans l'ardeur d'imiter sa valeur sans seconde,
Je fis dans les Forêts ce qu'il fit dans le monde,
Et contre les humains rien ne m'étant permis,
Des plus fiers animaux je fis mes Ennemis :
Je n'aimois que la Chasse enfin quand pour ma peine
Lisandre fut de Sparte envoyé dans Athene,
Il me vit, je lui plûs, il avoit des appas,
Il tâcha de me plaire, & ne me déplût pas,
Mais je connus bien-tôt, que quoi qu'on puisse faire,
Quand on ne déplaît pas, on peut aisément plaire.
Je souffris qu'il m'aimât, mais je m'aperçus bien
Qu'on aime quelquefois sans qu'on en sçache rien ;
Et que la difference en une ame charmée

N'est pas grande entre aimer, & souffrir d'être ai-
　mée,
Mon orgueil empêchant ma voix de me trahir,
J'avoüai seulement de ne le pas haïr,
Mais quand au fond de l'ame on sent un trouble ex-
　trême,
Dire, *je ne hais pas*, n'est-ce pas dire, *j'aime* ?
Et quand il demandoit mon cœur au lieu du sien,
Pouvois-je dire plus que de ne dire rien ?
Sa naissance & son rang étant considerables,
Tous mes Parens d'abord lui furent favorables ;
Mais alors pour Straton, qui mourut tôt après
Mon frere avoit sur moi fait des desseins secrets,
Et prenant pour Lisandre une invincible haine,
Il rendit par ses soins sa prétention vaine,
Et par son grand crédit il obtint aisément
Un ordre du Senat pour son éloignement.
Incontinent après je sçûs que l'infidelle
Aimoit en cette Cour une Beauté nouvelle,
Un si prompt changement sembloit trop m'outrager
Pour ne m'inspirer pas l'ardeur de m'en vanger,
Et lors que le Senat par un Arrêt severe,
D'Athene par envie eut exilé mon Frere,
Je le fis consentir d'en feindre cette loi,
Changeant de nom, de sort, & d'habit avec moi ;
Il se trouvoit fort jeune, & nôtre ressemblance
De tous ses Ennemis trompa la défiance,
Sous mon nom dans Athene enfin il fit séjour,
Tandis que sous le sien je vins en cette Cour :
Cependant qu'en secret il a formé ses brigues,
J'ai rendu dans ces lieux par d'heureuses intrigues
La Beauté, dont Lisandre ose esperer la foi,
Infidelle pour lui comme il le fut pour moi ;
Jugez en quels ennuis mon absence m'engage,
Joint que c'est pour mon frere un éclatant outrage !
Je crains que Leonide encline au changement
Ne cesse d'être ingrate à mon ingrat Amant,
Et le rendant heureux ne m'ôte en mon absence

TRAGI-COMEDIE.

Les douceurs, qu'un grand cœur trouve dans la vengeance.

TIME'E.
Avecque mon erreur vôtre effroi doit finir,
Si je puis vous chasser, je puis vous retenir.
Tant qu'à vous desservir il m'a fallu contraindre,
Je ne sçai qui de nous étoit la plus à plaindre,
Quand je vous outrageois je souffrois plus que vous,
Mes conseils combattoient mes souhaits les plus doux,
Et je sens du plaisir plus que je n'en exprime,
De pouvoir vous aimer, & vous servir sans crime.

CLEONE.
Sur tout dans vôtre Cœur renfermez mon secret.

TIME'E.
Mon cœur est trop à vous pour n'être pas discret,
Et pour rien témoigner jamais qui vous offence,
Avec tous vos desirs est trop d'intelligence.

CLEONE.
Vous possedez le Roi : mais j'apprehende bien...

TIME'E.
Le voici, laissez-nous, & n'apprehendez rien.

SCENE IV.

AGIS, TIME'E.

AGIS.
Alcibiade a tort de craindre ma presence,
J'allois me retirer avecque diligence,
J'ai trop de passion & d'estime pour vous,
Pour traverser si-tôt un entretien si doux,
J'ai beaucoup d'interêt en ce qui peut vous plaire,
Et bien que son départ m'ait semblé necessaire,

C'eſt me faire plaiſir, & prévenir mon choix;
Que de vous viſiter pour la derniere fois.

TIMÉE.

Je ne croi pas qu'il penſe au moment qu'il me quite
M'avoir encor rendu ſa derniere viſite,
Il s'apreſte à partir, mais il oſe eſperer
Que ſans empreſſement il s'y peut preparer,
Et qu'il aura du temps autant comme il en ſouhaite
Pour reſoudre en quels lieux il peut trouver retraite,
C'eſt toute la faveur en cette extremité,
Qu'il eſpere de votre Majeſté.

AGIS.

Les raiſons que tantôt vous avez propoſées
A ce retardement ſont toutes oppoſées,
Et quand votre conſeil me porte à le bannir,
Je vous défere trop pour l'oſer retenir;
Une acte d'équité ne ſe peut trop tôt faire,
Et ſouvent on le manque alors qu'on le differe,
Souffrir que ce Banni differe de partir,
C'eſt l'aiant condamné ſembler s'en repentir,
Et puis qu'en ſon départ Athene s'intereſſe,
Il vaut mieux le preſſer, que ſouffrir qu'on me preſſe.
Mais outre ſes raiſons, pour ne l'arreſter plus,
Il ſuffit d'avoir ſçû votre avis là-deſſus,
A preſſer ſon départ votre conſeil m'invite.

TIMÉE.

Si comme moi pourtant vous ſçaviez ſon merite,
Il toucheroit vôtre ame, & du même moment
Il changeroit de ſort, & vous de ſentiment.

AGIS.

Mon ame à vous aimer fortement attachée
Ne peut être d'ailleurs que foiblement touchée,
Et de votre pouvoir mon cœur eſt trop jaloux,
Pour perdre un ſentiment qu'il a reçû de vous.
Je trouve en vos conſeils un charme qui m'emporte,
Et jai pris à vous croire une pente ſi forte,
Que ce Grec éloquent entreprendroit en vain
De me faire reſoudre à changer de deſſein.

TRAGI-COMEDIE.

Tous ses charmes ici sont peu considerables,
Vos desirs sont pour moi des loix inviolables ;
Vous souhaitez qu'il parte en faveur de la Paix,
(Si vos conseils du moins expriment vos souhaits.)
Et pour souffrir ici plus long-temps sa presence,
De suivre vos souhaits j'ai trop d'impatience.

TIMÉE.

Votre extrême bonté m'honore infiniment,
Mais quoi ? si je quittois mon premier sentiment ?

AGIS.

Ah ! c'est ce que de vous je n'ai garde de croire.
Pour quitter la Raison vous aimez trop la gloire :
Encor qu'Alcibiade ait un charme assez fort
Pour vous rendre sensible aux rigueurs de son sort,
D'un changement honteux vous n'êtes point capable,
Et je vous croi plus juste encor que pitoyable ;
Mais quand à sa faveur vous changeriez d'avis,
Vos premiers sentimens seroient toujours suivis,
Vôtre Raison tantôt sur ce fait consultée
D'aucune passion n'étoit point agitée :
Cet endroit Exilé sûr de tout obtenir
N'avoit pas pris le soin de vous entretenir,
Et de ses interêts vôtre ame separée
Etant lors plus tranquille étoit plus éclairée,
Enfin vous trouviez juste, à ne déguiser rien,
De refuser azile à cet Athenien :
Aprés ce sentiment s'il vous en vient quelque autre,
Il vient d'Alcibiade, & ce n'est plus le vôtre,
Je veux vous croire seule, & je vay de ma part
Luy faire commander de hâter son départ,
L'Amour pour vous m'en presse.

TIMÉE seule.

O cruel avantage !
Que feroit sa rigueur, si son amour m'outrage ?

Fin du second Acte.

ACTE III.

SCENE PREMIERE.
MINDATE, LISANDRE.

MINDATE.

Le Roi m'envoye exprès vous dire de sa part,
Seigneur, qu'il faut partir dans une heure au plus tard :
N'attendez point ici que Leonide passe,
Differez à la voir au retour de la chasse.

LISANDRE.

J'aurai du temps de reste, on vient de m'avertir
Qu'elle est sans suite au Temple, & qu'elle en va sortir.
Depuis nôtre départ, quelque soin que j'employe,
De la voir seule encor je n'ai point eu la joye,
Et l'Hymen dont bientôt nous devons être joints,
M'oblige à me presser de la voir sans témoins.

MINDATE.

Vôtre soin me surprend, cét Objet favorable
Avant votre départ n'étoit pas moins aimable,
Et si l'on peut juger de l'amour par les soins,
Avant votre depart vous l'aimiez beaucoup moins,
Vous avez eu vingt fois la bonté de me dire
Que sa beauté sur vous n'avoit qu'un foible empire,
Et que d'un Ennemi la trop charmante Sœur
Malgré tous vos efforts occupoit votre cœur
Vous serviez Leonide avecque negligence.

TRAGI-COMEDIE.

L'amour assez souvent est détruit par l'absence,
Et vous êtes le seul peut être avant ce jour
En qui jamais l'absence ait fait naître l'amour.

LISANDRE.

L'absence a fait en moi son effet ordinaire,
Cleone que j'aimois cesse enfin de me plaire,
Et comme vers l'amour nôtre penchant est fort.
Un cœur qui n'aime plus aime avec peu d'effort :
J'ai revû Leonide, & sa vûë en mon ame
A fait renaître un feu des cendres de ma flame,
Et ses yeux que je trouve aussi puissans que beaux,
Du débris de mes fers m'en ont fait de nouveaux.

MINDATE.

Mais si l'on peut trouver, comme on le persuade,
Tous les traits de Cleone en ceux d'Alcibiade,
Comment cet Ennemi qui se fait ici voir,
Ne peut-il pour sa Sœur aussi vous émouvoir ?

LISANDRE.

Sa ressemblance ici fait un effet contraire,
Cessant d'aimer la Sœur je hais toujours le Frere,
Et tout ce qu'elle avoit de plus doux pour mes yeux
Dans un objet haï me doit être odieux :
Mon amour en faveur de cette ressemblance
De ma haine autresfois calmoit la violence,
Mais le dépit ardent, dont je suis embrasé,
Est d'autant plus puissant qu'il n'a rien d'opposé.
J'estime encor Cleone enfin, mais je suppose
Que quand l'amour n'est plus l'estime est peu de
    chose,
Sans peine on va d'abord de l'Estime à l'Amour,
Mais si-tôt qu'à l'Estime un cœur est de retour
Il passe encor plus loin, presque sans qu'il y pense,
Et va sans s'arrêter jusqu'à l'indifference.

MINDATE.

Votre ame sur ce point pourroit bien se flater,
Elle semble à l'Estime un peu trop s'arrêter.

LISANDRE.

Il est vrai, mais enfin je ne voi plus Cleone,

Mon cœur toujours pour elle a de la passion,
Si ce n'est de l'amour c'est de l'ambition ;
Mais cette ambition m'enflame & fait que j'aime,
Et le peut dire amour puisqu'elle agit de même,
Je sens que cet ardeur incessamment s'accroît :
Mais enfin grace aux Dieux, Leonide paroît.

SCENE II.

LEONIDE, MINDATE, LISANDRE.

LEONIDE *rêvant.*

Aimable Athenien, que ton départ m'est rude !
Par tout où tu n'es pas j'aime la solitude.
MINDATE.
Sans nous voir en rêvant elle vient droit ici.
LISANDRE.
Quand on aime beaucoup souvent on rêve ainsi.
Sans doute elle m'accuse.
LEONIDE.
O rigoureux martyre,
Helas.
LISANDRE.
Que je la plains ! voi comme elle soûpire.
LEONIDE,
Ciel !
LISANDRE.
Je suis trop touché du trouble où je la vois
Je m'en vai l'aborder, Mindate, laisse-moi.
Mindate se retire.
LEONIDE.
O sort cruel ! faut-il que ta rigueur extrême

S'obstine à me priver encor de ce que j'aime ?
LISANDRE
Non, non, belle Princesse, esperez mieux du sort,
Avec tous vos souhaits mes desirs sont d'accord :
Je vous rends vôtre Amant, objet charmant & rare,
Ne craignez plus jamais que rien vous en separe.
LEONIDE
Quoi, rien ne pourroit plus m'en separer jamais :
Seroit-il bien possible !
LISANDRE
                Oüi, je vous le promets.
LEONIDE
J'obtiendrois ce que j'aime ; ô promesse charmante !
Mais croyez-vous, Seigneur, que mon frere y consente ?
LISANDRE
Oui, le Roi m'a promis qu'aux yeux de cette Cour
Il veut avec plaisir approuver vôtre amour.
LEONIDE
Si c'est à ce dessein vôtre soin qui l'engage,
Vous ne pouviez jamais m'obliger davantage.
LISANDRE
C'est l'effet de mes soins.
LEONIDE
                Par quel remerciement
Vous pourrai-je exprimer tout mon ressentiment ?
Vous me donnez bien plus que vous ne pouvez croire.
LISANDRE
Je trouve à vous servir tant de joye & de gloire,
Et mon cœur à vous plaire est si fort engagé,
Qu'ici celui qui vous donne est le plus obligé.
LEONIDE
Ah, Seigneur, c'en est trop.
LISANDRE
                Ah ! c'en est trop, Princesse,
Mon amour cherche à vaincre ici vôtre tendresse,
Et me remercier quand je me donne à vous,
De mon propre bonheur c'est me rendre jaloux.

LEONIDE.
Vous m'aimez donc, Seigneur?
LISANDRE.
Ah ! pour vous en instruire
Je ne croi pas avoir besoin de vous le dire,
Mon cœur par ses soupirs vous l'a dit mille fois,
Mes regards font ici l'office de ma voix,
E si vous souhaitez enfin que je vous aime,
Vous avez déja sçû vous le dire à vous-même,
Puisqu'enfin vous m'aimez....
LEONIDE.
O cruel accident ?
LISANDRE.
Mais d'où vous peut venir ce chagrin évident ?
Vous paroissiez tantôt à mes soins obligée,
Qui peut si promptement vous rendre si changée ?
LEONIDE.
Il m'a pris tout à coup un étourdissement
Qui cause en mon humeur ce soudain changement
Seigneur, dans mon silence excusez ma foiblesse.
LISANDRE.
Je ne vous quitte point que votre mal ne cesse.
LEONIDE.
Nullement, c'est à quoi je ne puis consentir,
Je sçai que pour la Chasse on doit bien-tôt partir,
Vous pourriez me causer beaucoup d'inquietude,
Mon mal veut du repos & de la solitude.

SCENE III.
HERMODORE, LEONIDE, LISANDRE.

HERMODORE.

Madame, Alcibiade ici vous vient chercher.
LISANDRE.
Il seroit incommode, il faut l'en empêcher :
La Princesse, suivant l'avis qu'elle me donne,
Souhaite du repos, & ne veut voir personne,
Elle se trouve mal ; allez donc promptement.
LEONIDE.
Mon mal s'appaise un peu, demeurez un moment.
LISANDRE.
Quoi sans apprehender que votre mal s'irrite,
Vous pouvez-vous resoudre à souffrir sa visite ?
LEONIDE.
Ce sera la derniere, & la civilité
M'oblige de souffrir cette incommodité.
LISANDRE.
Mais vous serez contrainte.
LEONIDE.
               Oui, mais par bienseance
Il faut souvent, Seigneur, se faire violence,
Pour vous, rien ne vous force à vous violenter,
Il est votre Ennemi, vous pouvez l'éviter.
LISANDRE.
Pour le fuïr vous croyez à tort que je vous laisse ;
J'ai pour lui moins d'horreur que pour vous de tendresse.
Et mon cœur qui s'irrite & qui se sent charmer,

S'il fait fort bien haïr, fait encor mieux aimer.
LEONIDE.
Mais vous serez contraint.
LISANDRE.
Non, cessez de le craindre,
Je ne verrai que vous sans beaucoup me contraindre,
Le mouvement des yeux, qui fuit celui du cœur,
Se porte rarement vers un objet d'horreur,
Et toujours nos regards, quand notre ame est char-
  mée,
Ne cherchent plus par tout que la personne aimée,
Dès que mon Ennemi paroîtra dans ces lieux,
Ma haine prendra soin d'en détourner mes yeux,
Et mes regards ici d'accord avec moi-même
Fuïront ce que je hais pour chercher ce que j'aime;
Mon amour les dispose à suivre mon désir.
LEONIDE.
Mais vous ne pourrez voir avec plus de loisir.
LISANDE.
Mais vous pouvez souffrir le soin que je veux prendre.
LEONIDRE.
Mais le Roi va partir, vous le ferez attendre.
LISANDRE.
Je pourrai demeurer quelques momens ici.
LEONIDE.
Alcibiade enfin....
HERMODORE.
Madame, le voici.

SCENE

SCENE IV.
CLEONE, LISANDRE, LEONIDE.

CLEONE.

JE trouve en vous voiant tout ce que je souhaite ;
Mais, Princesse, ma joie est pourtant imparfaite,
Et le bien de vous voir ne m'est doux qu'à demi,
Puisque je le partage avec mon ennemi.
LISANDRE
Malgré nos differens, malgré votre injustice,
Je veux bien en ce lieu vous rendre un bon office ;
La Princesse est malade, & je vous fais savoir
Qu'à present ce n'est pas l'obliger que la voir :
Profitez de l'avis d'un Ennemi sincere,
Et faites comme lui ce que vous devez faire.
CLEONE
Bien que d'un ennemi j'abhorre les avis,
S'ils sont justes pourtant il faut qu'ils soient suivis,
Rien ne peut m'arrêter quand la raison me chasse.
LEONIDE.
Que faites-vous, Seigneur ?
CLEONE.
Ce qu'il faut que je fasse,
De peur d'importuner, je sors, & je me tais.
LEONIDE.
Un homme comme vous n'importune jamais ;
Demeurez, la foiblesse où je me suis trouvée,
Vient de se dissiper depuis votre arrivée.

Tom. II.   M

LISANDRE.

Non, soiez mieux instruit; cette feinte santé
N'est rien qu'un simple effet de sa civilité,
Et plus pour vous souffrir elle veut entreprendre,
Plus vous devez encor vouloir vous en défendre.

CLEONE.

S'il est vrai.....

LEONIDE.

Non, Seigneur, c'est vainement qu'il craint.

LISANDRE.

Quoi, ne voiez-vous pas comme elle se contraint,
Croiez....

CLEONE.

Mais par quel droit veux-tu que je te croie?
Toi, dont mes plus grands maux font la plus grande
    joie;
Toi, dont les soins pour moi n'auroient aucuns ap-
    pas;
Enfin, toi qui me hais, & que je n'aime pas?
Quand j'ai cru tes conseils tantôt sans artifice,
Si pour y résister j'ai trop eu de justice :
Lors que dans tes conseils je voi lieu de douter,
J'ai trop d'horreur pour toi pour n'y pas résister.
Je cede à la raison, mais croi, qu'il avienne,
Que ton opinion ne peut être la mienne,
Tu crois que la Princesse ici souffre en secret,
Qu'elle parle avec peine, & m'écoute à regret,
Et l'horreur que pour toi ma haine me suggere,
Suffit pour m'obliger à croire le contraire.

LEONIDE.

Alcibiade ici peut bien vous recuser,
Et pourvû qu'il me croie il ne peut s'abuser.
Votre erreur en effet pourroit bien être extrême,
Si vous croiez sentir mon mal mieux que moi-mê-
    me;
Il nous connoît tous deux, & doit dessus ce point,

Moins croire qui le hait, que qui ne le hait point.
LISANDRE.
Ah! puis qu'en sa faveur vous êtes déclarée,
Mon ame à lui ceder doit être préparée:
C'est moi que vous chassez, je n'examine rien,
Votre repos m'est cher beaucoup plus que le mien:
C'est à vous d'ordonner, c'est à moi de me taire,
Mes desirs les plus doux ne tendent qu'à vous plaire,
Et puisque ma retraite a pour vous des apas,
Il faut me retirer, & ne murmurer pas.

Lisandre se cache dans un coin du Théatre.

CLEONE à part.
Quel tourment!
LEONIDE.
Quel sujet avez-vous de vous plaindre?
Votre ennemi qui sort cesse de vous contraindre;
Je remarque en vos yeux de nouveaux déplaisirs.
CLEONE.
Helas!
LEONIDE.
Parlez, Seigneur, expliquez vos soûpirs.
CLEONE.
Un cœur s'explique assez au moment qu'il soûpire,
Quand on sent de l'amour, soûpirer, c'est le dire.
LEONIDE.
Quelque autre passion vous agite en ce jour.
CLEONE.
Ah, quelle passion ne vient point de l'amour?
Un cœur dans les transports dont une ame est saisie,
Ressent toujours l'amour s'il sent la jalousie,
Et bien qu'on soit pressé par de plus rudes coups,
C'est se sentir amant que se dire jaloux.
LEONIDE.
Aprés mille sermens d'une amour éternelle,
La jalousie en vous doit être criminelle,
De cette passion le principe est charmant,

J'en aime la naissance, & crains l'accroissement,
Elle naît de l'amour, mais en la laissant croître
Elle fait bien souvent mourir qui la fit naître :
C'est un Monstre qui nuit si tôt qu'il est puissant,
Et qu'il faut avec soin étouffer en naissant
Pour chasser vos soupçons rappellez dans votre ame
Tout ce qui peut servir à vous prouver ma flame,
Songez que j'ai promis que l'Hymen le plus doux
Ne m'unira jamais s'il ne m'unit à vous ;
Et s'il ne suffit pas de ce que ma foiblesse,
M'a fait jusques ici découvrir de tendresse,
Joignez-y, pour vous rendre un repos qui m'est cher,
Tout ce que la pudeur peut m'avoir fait cacher.

CLEONE.

Cette rare bonté malgré mon infortune,
Cause une joie en moi qui n'est guere commune,
Et mes transports sont tels que je vous puis jurer
Qu'il seroit mal aisé de vous les figurer.
Mais venant de savoir que le Roi votre frere,
Ne peut souffrir qu'ici mon départ se differe,
Et contraint par son ordre à quitter cette Cour,
Sans un terme plus long que la fin de ce jour,
Au point de vous laisser à Sparte avec Lisandre,
D'un reste de fraieur j'ai peine à me deffendre :
Mon départ peut sans doute avancer ses desseins,
De vos regards sans cesse il fera des larcins ;
Et comme par les yeux toûjours le cœur s'enflame,
Ses larcins pourront bien aller jusqu'à votre ame ;
Vous souffrirez qu'il aime au moins si vous n'aimez,
Vos beaux yeux à le voir vont être accoûtumez,
Et je ne sai que trop que la plus inhumaine,
Peut aimer aisément ce qu'elle voit sans peine.

LEONIDE.

Non, ne concevés pas cette vaine terreur,
Vous sortirez de Sparte, & non pas de mon cœur,

TRAGI-COMEDIE. 269

Et la chaîne où pour vous l'amour a sçu me prendre,
Me va serrer plus fort plus elle va s'étendre.
CLEONE.
De votre cœur dépend tout le repos du mien.
Faites toujours qu'il m'aime, & je ne craindrai rien.

LISANDRE *sortant de l'endroit où il étoit caché.*

Ah ! c'est trop se cacher.
LEONIDE.
Je suis toute interdite,
Lisandre vient à nous, il faut que je vous quite.

SCENE V.
LISANDRE, CLEONE.

LISANDRE *à Leonide.*

Vous fuiez donc ma plainte ? ah, je suivrai vos pas.
CLEONE.
Croi-moi, tu ferois mieux de ne la suivre pas,
Arrête.
LISANDRE.
Que veux-tu ?
CLEONE.
Malgré ton injustice
Je veux bien à mon tour te rendre un bon office:
La Princesse est malade, & je te fais savoir,
Qu'à present ce n'est pas l'obliger que la voir.
LISANDRE.
Ah ! je sai trop d'où vient le mal qui la possede,

M 3

J'en ai connu la cause, & j'en sai le remede.
CLEONE.
On se trouve contraint bien souvent à souffrir
Des maux qu'on peut connoître, & qu'on ne peut guérir,
Et notre ame, où l'erreur de cent sources peut naître,
Ne connoît pas toujours ce qu'elle croit connoître.
L'apparence t'aprend que je suis ton Rival,
Mais un témoin si faux fait souvent juger mal.
LISANDRE.
Du nom de mon Rival te voudrois-tu défendre ?
J'étois ici caché, d'où j'ai sçu tout entendre ;
J'ai bien vû qu'à tes vœux l'ingrate a répondu.
CLEONE.
Tu le peux croire ainsi que tu l'as entendu.
LISANDRE.
Son erreur vient de toi, ton amour l'a fait naître,
Tu l'aimes, je le sai.
CLEONE.
    Tu le sçai mal peut-être.
LISANDRE.
Je suis par tes discours éclairci sur ce point,
Ton amour paroît trop pour ne l'avoüer point.
CLEONE.
Puisque de t'outrager mon cœur cherche la voie,
Si mon amour te nuit je l'avoüe avec joie.
LISANDRE.
Je te verrois amant sans en être alarmé ;
Mais mon plus grand dépit est de te voir aimé.
CLEONE.
Ce bien qui m'est si cher par les maux qu'il me coûte,
N'est que la moindre part des douceurs que je goûte.
L'heur de voir que l'on m'aime a pour moi moins d'apas,
Que le plaisir de voir que l'on ne t'aime pas.
LISANDRE.
Ailleurs qu'en ce Palais bien-tôt ma juste rage

T'attacheroit la vie avec cet avantage,
Je saurois t'immoler à mon inimitié,
Et d'un objet d'envie en faire un de pitié.
CLEONE.
Hé quoi, depuis deux ans que tu partis d'Athene,
Ton ame est devenuë ou bien forte, ou bien vaine,
Malgré tous les mépris qu'on t'y faisoit souffrir,
Tu fuiois le combat que tu me viens offrir.
LISANDRE.
Malgré ma haine alors ta Sœur m'étoit si chere,
Que dans mon Ennemi je respectois son frere;
Mais Cleone sur moi n'aiant plus de pouvoir,
Ce qui fut lors ma crainte est mon plus doux espoir,
Le tems & la raison ont sçû rompre la chaîne,
Dont l'amour arrêtoit les transports de ma haine,
Mon cœur est indigné d'avoir été soumis
Par un charme odieux & des traits ennemis,
Et mon ame à present doublement irritée,
Par ce dépit nouveau sent sa haine augmentée.
Les traits qui dans Cleone avoient fait mon erreur,
Dans un Rival haï ne me sont plus qu'horreur;
Et sa beauté qu'en toi je ne voi pas extrême,
A tout ce que j'abhorre, & n'a plus rien que j'aime.
Sans cesser de haïr j'ai sçû cesser d'aimer,
Et bien loin qu'elle ait rien qui me puisse charmer,
Il suffit pour avoir tous les défauts ensemble,
Qu'elle soit de ton sang, & qu'elle te ressemble.
CLEONE.
Le soin qu'avec ardeur tu prens pour m'offenser,
Réussit beaucoup plus que tu ne peux penser:
Apprens que ce mépris qui m'irrite & m'étonne,
Ne me touche pas moins que si j'étois Cleone;
Et qu'il n'est pas moins lâche & moins injurieux,
Que si Cleone même étoit devant tes yeux.
A tous ses sentimens tous mes desirs répondent,
Même cœur nous anime, & nos soins se confondent,
Je ne lui puis toucher par des nœuds plus étroits,

M 4

Et lui ressemble enfin bien plus que tu ne crois.

LISANDRE.

Hé bien, suivons tous deux le transport qui nous
    guide.
Trouve-toi dans le Bois prés du Temple d'Alcide,
A la chasse où je vai quoi qu'il puisse arriver,
Dans deux heures au plus je saurai m'y trouver,
Là nous pourrons nous battre, oseras-tu t'y rendre ?

CLEONE.

Oui, oui, je m'y rendrai, ne te fais pas attendre.

Fin du troisiéme Acte.

ACTE IV.

SCENE PREMIERE.

TIMÉE, TRASIMENE.

TIMÉE.

Parle, parle du Roi, dis-moi tous ses malheurs,
S'il lui coûte du sang, épargnes-tu mes pleurs?
Ton silence en dit plus que ton soin ne m'en cele :
Sans doute il a reçu quelque atteinte mortelle,
Ne me déguise plus la grandeur de mes maux.

TRASIMENE.
Il court de ce malheur un bruit qui sera faux,
Mais qu'entens-je ?

TIMÉE.
Ah ! quelqu'un vient dans ce trouble extrême
M'assurer que le Roi..... mais Dieux ! c'est le Roi même.

SCENE II.

TIME'E, AGIS, TRASIMENE,
Suite.

TIME'E.

LE plus doux de mes vœux est enfin exaucé,
Vous vivez.

AGIS.

O malheur!

TIME'E.

Quoi, seriez-vous blessé ?

AGIS.

Ma blessure sans doute est profonde & mortelle,
Lisandre enfin n'est plus, lui qui fut si fidelle.

TIME'E.

Il a trouvé la mort !

AGIS.

Il n'a pû l'éviter,
Jugez par ce recit si j'ai lieu d'en douter.
Alors que dans les Bois notre Troupe assemblée
A senti son ardeur à l'envi redoublée,
Nous avons fait un cercle, & sommes tous d'abord
Pour attaquer le Monstre allez jusqu'à son Fort.
Aprés être sortis d'une route épineuse,
Nous l'avons vû paroître auprés d'une eau bour-
 beuse,
Où sur un lit de jonc il s'étoit retiré,
Assez proche d'un corps fraîchement massacré,
Au bruit qu'ont fait nos chiens cet animal superbe,
Du sang des plus hardis aiant fait rougir l'herbe,

Tenant ces ennemis indignes de ses coups,
A tourné fierement ses Deffences vers nous :
Mais il m'a choisi seul, comme s'il eut pû croire,
Qu'en un moindre péril il eut eu moins de gloire,
Et s'il eut dédaigné, ne s'adressant qu'à moi,
D'avoir quelque ennemi moins illustre qu'un Roi,
Tous ceux qui prés de moi se sont lors venus rendre,
De son approche en vain ont voulu me défendre :
Tous leurs traits sur 'a Hure ont semblé s'émousser,
Et n'aiant rien trouvé qu'il n'ait pû terrasser,
Il est venu sur moi fondre la gueule ouverte,
Teinte d'un sang livide & d'une écume verte,
Il a voulu me joindre, & lors qu'il s'est lancé,
Dans son flanc découvert, j'ai mon Dard enfoncé;
Mais moins intimidé qu'aigri par cet outrage,
Le Monstre loin de perdre a redoublé sa rage;
Et cherchant à pouvoir aisément m'aprocher,
A crevé mon cheval & m'a fait trébucher,
Jettant lors, m'aiant fait tomber dans une haie,
Plus de feu par ses yeux que de sang par sa plaie;
Avecque promptitude, & sans aucun effort
Il alloit achever sa vengeance & ma mort,
Si Lisandre s'offrant à sa perte assurée,
Ne l'eût frapé dans l'œil d'une fléche acerée,
Et par ce noble effort de zele & de valeur,
N'eut attiré sur lui sa rage & mon malheur.
D'abord sentant son sang sur sa Hure s'épandre,
Il s'est en bondissant avancé vers Lisandre,
Et l'eut blessé sans doute alors, si son cheval
N'eut point en se cabrant reçu le coup fatal;
Mais le Monstre aiant vû que malgré sa conduite
Son cheval effraié sous lui prenoit la fuite,
Animé de vengeance, & de sang alteré,
Il a suivi Lisandre, & l'aura déchiré.
Nos Chasseurs arrêtez prés de moi par ma chute,
Aux coups du Sanglier l'ont laissé seul en butte,
Et tous voulans m'aider, aucun n'a pris le soin
D'aller à son secours qu'il n'ait été bien loin.

Voiant la nuit fort proche, & ma peine inutile,
Sans l'avoir pu trouver, j'ai regagné la ville,
Où confus de ma chûte, & sûr de son malheur,
Je reviens accablé de honte & de douleur.

TIMÉE.

Cette perte, où je prens la part que j'y dois prendre,
Est un malheur pour vous plus grand que pour Lisan-
    dre :
Croiez que de son sort d'autres seront jaloux,
Et tiendroient à bonheur de se perdre pour vous.

AGIS.

Tel qui me hait dans l'ame en peut dire de même.
Un Roi peut rarement être assuré qu'on l'aime,
Et tant que son pouvoir force à le redouter,
De tout ce qu'on lui dit il a lieu de douter :
Il confond aisément le faux & le vrai zele ;
Souvent qui l'aime moins paroît le plus fidele ;
Et le plus fourbe étant le plus ingenieux,
Il croit devoir le plus à qui le trahit mieux.
Lisandre séparoit le Roi de la Couronne ;
Sans craindre mon pouvoir il aimoit ma personne,
Et peut-être en ma Cour plusieurs qui s'y font voir
N'aiment pas ma personne, & craignent mon pou-
    voir.

TIMÉE.

Charilas mécontent est le seul que je sache,
Qu'on puisse soupçonner d'un sentiment si lâche.

AGIS.

Bien qu'il prétende au Trône, & qu'il soit malheu-
    reux,
J'ai quelque autre ennemi beaucoup plus dange-
    reux.

TIMÉE.

Plus dangereux, Seigneur ! ah Ciel ! qui pourroit-ce
    être ?

AGIS.

Vous n'aurez pas de peine à le pouvoir connoître :
C'est cet Athenien plein d'adresse & sans foi,

Qui conspire en ces lieux en secret contre moi,
Et qui malgré mes soins trompant mes esperances,
Au cœur de mon Empire a des intelligences.
TIMÉE
L'avis doit être faux, Seigneur, assurément;
Quand un grand cœur veut nuire, il nuit ouvertement,
Ce Grec, s'il se vengeoit, se vengeroit sans crime,
Tout malheureux qu'il est, je sçai qu'il vous estime,
Qu'il aime à surpasser un mal par un bienfait,
Et qu'il feroit pour vous ce que Lisandre a fait.
AGIS
Me préservent les Dieux d'un si cruel service!
Je le puis maintenant chasser avec justice,
Et tiendrois pour un mal pire que le trépas,
Ce qui m'obligeroit à ne le chasser pas,
Il ne faut rien devoir quand on ne veut rien rendre.
Mais quel Dieu favorable ici nous rend Lisandre?

SCENE III.

LISANDRE, AGIS, TIMÉE, Suite.

LISANDRE.

UN homme en qui des Dieux les soins ont éclaté,
Rend un Sujet fidelle à votre Majesté.
AGIS
Ce qu'il me rend en vous m'est plus cher qu'un Empire :
Que je sache son nom.

Le feint Alcibiade,

LISANDRE.

Je vai vous en instruire.
Mon cheval poursuivi par le Monstre irrité,
Par des sentiers confus m'aiant long-tems porté,
Conduit par la terreur qui lui servoit de guide,
Est à peine arrivé prés du Temple d'Alcide,
Qu'affoibli par le sang qu'il avoit répandu,
Je l'ai senti s'abatre, & me suis cru perdu :
Mais lors par un effort difficile à comprendre,
Alcibiade.....

AGIS.

Ah Ciel ! que m'allez-vous aprendre ?

LISANDRE.

Qu'en cet état fatal courant à mon secours,
Il a vaincu le Monstre, & conservé mes jours.

AGIS.

Ah ! Lisandre, en ce lieu quel sort l'a pû conduire ?

LISANDRE.

A peine croirez-vous ce que je vai vous dire.
Prés du Temple d'Alcide il ne s'étoit trouvé,
Qu'à dessein de m'ôter ce qu'il m'a conservé :
Nous devions nous y batre, & graces à sa haine,
S'il n'eut cherché ma perte elle eut été certaine,
Et je trouvois la mort par un destin cruel,
Si je n'eusse trouvé mon ennemi mortel.

TIMÉE.

Cette illustre action est si belle & si rare,
Qu'elle pourroit toucher le cœur le plus barbare :
Et le Roi suit la gloire avec trop de chaleur,
Pour n'être pas sensible à ce trait de valeur.
Il a pour votre vie un sentiment trop tendre,
Pour faire une injustice a qui l'a sçu deffendre,
Et souffrir que pour prix d'un coup si glorieux,
Votre Liberateur soit banni de ces lieux.

LISANDRE.

Je serai trop heureux, si ce dernier service
Peut empêcher le Roi de faire une injustice.

TRAGI-COMEDIE.

TIMÉE.
Considerez, Seigneur....

AGIS.
Il n'y faut plus penser,
Le dessein en est pris.

LISANDRE.
Le ferai-je avancer?
Il est dans le jardin.

AGIS.
Allez, allez lui dire,
Qu'enfin absolument je veux qu'il se retire.

TIMÉE.
Quoi, de Sparte?

AGIS.
Oui, de Sparte, & de plus que le jour
Le rencontre parti demain à son retour.

LISANDRE.
Vous lui deviez sans doute ici votre assistance,
Plûtôt par équité que par reconnoissance,
Et j'aurois tort, Seigneur, si j'avois souhaité
Que vous fissiez pour moi plus que pour l'équité.

AGIS.
Pour être juste, un Roi n'agit pas comme un autre,
Je ferai mon devoir, ne manquez pas au vôtre.

LISANDRE.
J'obéis sans murmure, & n'ai pas prétendu
Que qui me rend le jour vous ait beaucoup rendu.

SCENE IV.

TIMÉE, AGIS.

TIMÉE.

Quoi, sur un faux soupçon sans preuve & sans indice,
Vous voulez qu'un exil soit le prix d'un service,
Et qu'un Athenien fasse dans vos Etats,
D'un grand Roi comme vous le plus grand des ingrats?
Croiez-vous l'injustice aux Monarques permise?
Quelle raison en vous cette erreur autorise?

AGIS.

Celle qui m'a tantôt apris que quelquefois,
Les communes vertus sont les vices des Rois.

TIMÉE.

Il est vrai, mais aussi pour un Roi magnanime,
Une commune faute est souvent un grand crime.
On ne doit voir en lui rien que de glorieux;
En montant sur le Trône il s'aproche des Dieux:
Il y prend des clartez qu'il doit mettre en usage,
Et si lors ses vertus éclatent davantage,
L'éclat brillant qu'il trouve en des degrez si hauts,
Fait comme ses vertus éclarer ses défauts.

AGIS.

Et croiez-vous un Roi capable d'une faute?
Pour rien faire de bas il a l'ame trop haute;
Sur le Trône l'erreur ne le peut assaillir,
Il est si prés des Dieux qu'il ne sauroit faillir;
Et par mille clartez qu'en lui leur soin assemble,
Le faisant leur image, ils font qu'il leur ressemble.

TRAGI-COMÉDIE.

Tous les mauvais Sujets sont les seuls obstinez
A chercher des défauts sur les fronts couronnez.
Je sens bien que je suis d'injustice incapable,
Quiconque m'en accuse en doit être coupable;
Et pour être bon juge en cette occasion,
A trop peu de lumiere ou trop de passion.
Alcibiade est brave, & sa derniere palme
Dans nos champs desolez a rétabli le calme,
Mais s'il a mis le calme en nos champs en ce jour,
Il a beaucoup plus mis de trouble dans ma Cour;
Il a vaincu le Monstre, il a sauvé Lisandre,
Mais il m'ôte encor plus qu'il ne me vient de rendre,
Et son outrage est tel que n'étant que chassé,
Il est si peu puni qu'il est récompensé.

TIMÉE.
Son service effectif sera donc sans salaire,
Et vous le punirez d'un crime imaginaire.

AGIS.
C'est un crime averé qui produit mon couroux.

TIMÉE.
Il est donc si secret qu'il n'est sçu que de vous.

AGIS.
Non, non, s'il fut secret il a cessé de l'être.
Qui le peut ignorer si j'ai pu le connoître?
Cet outrage est de ceux qu'on n'ose publier,
Et dont celui qui souffre est instruit le dernier.
Mais pour cet ennemi votre soin qui m'outrage,
Est de sa trahison un nouveau témoignage;
Croiant qu'il me trahit pourrois-je m'abuser,
Quand vous me condamnez afin de l'excuser;
Et n'est-ce pas enfin me faire un tort extrême,
Que de séduire en vous la moitié de moi-même.

TIMÉE.
Moi, Seigneur, me séduire! hé quoi, prétendez-vous
Sur tous les innocens porter votre couroux?
Quoi donc faut-il trahir d'une ardeur criminelle
La gloire & la vertu pour vous être fidelle?

Faut-il marquer ma foi par une trahison ?
Faut-il à votre erreur immoler ma raison ?
Faut-il par l'injustice acquerir votre estime,
Et vous prouver enfin ma vertu par un crime ?

AGIS.

Vous serez juste assez si vous l'êtes pour moi,
Qui vous justifiera, si je vous crois sans foi ?
Et tel que soit ce G. ce, dont mon cœur se défie,
Qui vous condamnera si je vous justifie ?
Soit qu'il soit innocent, ou coupable en effet,
Comptez ma haine ici pour son plus grand forfait ;
Si c'est avec raison que je lui suis contraire,
Au nom de l'équité partagez ma colere ;
Et si j'ai sans raison pris pour lui de l'horreur,
Au nom de notre Hymen épousez mon erreur.
Vos soins honorent trop un homme que j'abhorre,
Perdez-le par amour, si vous m'aimez encore ;
Ou puisqu'enfin sur vous j'ai des droits absolus,
Perdez-le par devoir, si vous ne m'aimez plus.
S'il cherche à me trahir, souffrez qu'on le bannisse,
Si je l'exile à tort, souffrez mon injustice ;
Contre mon ennemi, déclarez-vous pour moi,
Ne le deffendez plus..... mais c'est lui que je voi.

SCENE V.

LISANDRE, CLEONE, TIMÉE, AGIS.

LISANDRE.

Seigneur, Alcibiade avant qu'il se retire
Demande à vous parler.
AGIS.
Et qu'a-t-il à me dire ?
CLEONE.
Le Roi craint de m'entendre, il faut l'en dispenser,
C'est à la Reine ici que je vai m'adresser.
TIMÉE.
C'est vous adresser mal, souffrez que je vous laisse,
Où l'on trouve le Roi, c'est à lui qu'on s'adresse.
Elle se retire.
CLEONE.
Son estime toujours fut si grande pour moi,
Qu'à mes discours sans peine elle eut ajouté foi,
Et vous auriez pû croire aisément de la Reine,
Ce que d'un ennemi vous ne croirez qu'à peine.
Bien que de mes malheurs vous redoubliez le cours,
Je viens vous avertir qu'on en veut à vos jours :
Tandis que des Chasseurs vous ont mené Lisandre,
Par son choix au jardin j'ai pris soin de l'attendre,
Près d'une Palissade où j'étois arrêté,
J'attendois son retour, quand de l'autre côté,
Deux hommes dont la voix n'a pû m'être connuë,
Parlans de votre mort, l'ont enfin résoluë,
Et n'ont pas moins promis que de vous immoler
Demain dans le Senat, où vous devez aller.

La Palissade épaisse & la nuit fort prochaine,
Les cachant à mes yeux ont redoublé ma peine ;
Mais s'étant séparez au bruit qu'ont fait mes pas,
Je n'ai pû m'avançant rien voir que Charilas.
AGIS.
Charilas ! ah, le traître ! hola, cherchez Mindate,
Il faut que ma justice en ma vengeance éclate.
LISANDRE.
Oui, Seigneur, soiez juste, & pour le devenir
Vueillez récompenser aussi-bien que punir.
Un soin si genereux, & de telle importance,
Merite quelque prix.
CLEONE.
Non, non, je l'en dispense,
L'interêt ne meut point les genereux Esprits,
L'honneur les fait agir, & l'honneur fait leur prix.
Et s'ils cherchent ailleurs d'autre reconnoissance,
On ne leur doit plus rien quand on les récompense,
Sans beaucoup être ingrat le Roi me peut chasser ;
L'effort n'est pas en moi si grand qu'il peut penser,
Je m'opose à sa mort, mais l'ardeur qui m'anime,
Est moins un soin pour lui qu'une horreur pour le crime,
Et je suis, sans avoir d'autres prétentions,
Ma pente naturelle aux belles actions.
Je cherche à l'obliger moins qu'à me satisfaire ;
Je lui dis seulement ce que je ne puis taire ;
Et si c'est un effort de generosité,
Pour m'en devoir beaucoup il m'a trop peu coûté ;
Oui, je veux faire voir par ma prompte retraite,
Que j'ai toûjours en moi tout ce que je souhaite.
Dés cette même nuit je veux partir d'ici,
Ce sont mes seuls desirs.
AGIS.
Ce sont les miens aussi.

SCENE IV.
LISANDRE, CLEONE.
LISANDRE.

L'Injustice du Roi rend mon ame interdite,
Cet exemple est de ceux que jamais je n'imite,
Vous trouverez en moi ce qu'il ne vous rend pas,
Et dans un rang moins haut des sentimens moins bas
Je sai à quoi pour vous mon salut me convie :
Souhaitez, ordonnez, n'épargnez point ma vie.

CLEONE.

Avant que de partir, je te veux témoigner
Que je n'ai pas dessein aussi de l'épargner,
De ceux qui te cherchoient une troupe accouruë,
Quand sous mes coups le Monstre expiroit à ta vuë,
De te conduire au Roi montroit des soins trop grands,
Pour nous laisser alors vuider nos differens :
Nous sommes seuls, sui-moi, viens avant mon absence,
Achever ma disgrace, ou hâter ma vengeance ;
Cherchons un lieu.

LISANDRE.

Non, non, il n'en est pas besoin,
Vous pouvez vous venger, & sans aller plus loin,
Sur ma vie en tous lieux vous pouvez tout prétendre,
Vous me l'avez renduë, & pouvez la reprendre ;
J'ai trop reçu de vous pour vous refuser rien,

Souhaiter tout mon sang c'est vouloir votre bien.
Je crains l'ingratitude, & ma plus forte envie
Ne peut m'en affranchir qu'en paiant de ma vie.
Je tiens de vous le jour qu'un monstre alloit m'ôter,
Et si vous m'en privez, ce sera m'acquiter.
CLEONE
Va, tu ne me dois rien, c'est moi qui t'en assure,
Un respect si mal dû me tient lieu d'une injure ;
Et tu ne me peux croire encor sans m'outrager,
Injuste & lâche assez pour vouloir t'obliger.
J'ai droit de te punir, & ma défence offerte,
Moins pour toi que pour moi vient d'empêcher ta perte,
Le Monstre en te perdant m'eût fait pleurer ton sort,
Tu trouvois trop de gloire en ce genre de mort :
Tu mourois pour ton Prince, & non pour mon offense,
Et ne te sauvant pas, je perdois ma vengeance.
LISANDRE
Ne la perdez donc pas, frapez, percez ce cœur,
Il s'offre sans défense à son Liberateur.
CLEONE.
Non, défens-toi, ta perte est due à ma colere,
Mais je veux l'achetter pour me la rendre chere,
Sui ta haine pour moi.
LISANDRE,
Votre effort dans le Bois
Vient de faire expirer plus d'un Monstre à la fois,
Et vos coups me sauvant d'une perte certaine,
Comme du Sanglier triomphent de ma haine.
Je fuirai Leonide, & l'amour que j'ai pris....
CLEONE.
Aime, l'amour est libre, & non pas le mépris.
Pour Cleone & pour moi ton mépris qui m'anime,
Est mon plus grand outrage, & ton plus lâche crime.
LISANDRE,
Mon aveugle erreur cesse, & mes regards en vous,
Ne découvrent plus rien que de noble & de doux,

Jusques au fond du cœur si je vous considere,
J'y trouve une vertu qu'il faut que je revere,
Et si jusqu'à vos yeux j'ose lever les miens,
J'y voi briller l'apas de mes premiers liens :
Ce qui fait que pour vous mon aversion cesse,
Semble pour votre Sœur rappeller ma tendresse,
Et ses traits, que sans haine ici j'observe en vous,
Pourroient seuls m'obliger à respecter vos coups.
CLEONE.
Tu cherches à surprendre une ame genereuse.
Reprens, reprens ta haine, elle est moins dangereuse,
D'un si lâche ennemi mon cœur tient tout suspect,
Et craint moins ta colere encor que ton respect.
LISANDRE.
C'est à tort en effet que mon ame interdite,
Me porte à vous parler de ce qui vous irrite,
Cette Amour fut toujours par une dure loi,
La source de l'horreur que vous avez pour moi,
Et pour Cleone ici mon cœur moins infidelle,
Est coupable pour vous s'il ne l'est plus pour elle.
Je vous dois tout, Seigneur, & ce feu renaissant,
S'il vous est odieux, ne peut être innocent :
Je saurai m'en guérir, ou je saurai m'en taire,
Il vous offenceroit, & je cherche à vous plaire.
CLEONE.
Ah ! connois mieux, ingrat, quel est ton défenseur ;
Je veux enfin, je veux.... *à part.*
      Quoi, que veux-tu mon cœur,
Lui découvrir ensemble & ma honte & ta flame ?
O ma fierté, reviens au secours de mon ame ?
LISANDRE.
Parlez, que voulez-vous ?
CLEONE.
      Ce que je dois vouloir,
Je veux partir sur l'heure, & ne te jamais voir,
LISANDRE.
Souffrez....

CLEONE.
Va, laisse moi.
LISANDRE.
Quoi, je vous desoblige
Jusqu'à ne vouloir pas....
CLEONE.
Va, laisse-moi, te dis-je.
LISANDRE.
C'est à moi d'obéir en l'état où je suis :
Mais me haïssez-vous toûjours ?
CLEONE.
Oüi, si je puis.

Fin du quatriéme Acte.

ACTE

ACTE V.

SCENE PREMIERE.

TIMÉE, TRASIMENE.

TIMÉE.

HÉ' bien mon esperance est-elle heureuse ou vaine?
Verrai-je l'Etranger?
TRASIMENE.
Oui, mon soin vous l'amene,
Je l'ai trouvé si triste & si prêt à partir,
Qu'à peine à mon dessein je l'ai fait consentir,
Je l'ai par le jardin fait entrer sans lumiere,
J'en avois fait ouvrir la porte de derriere ;
Et sans qu'on l'ait pû voir, en faveur de la nuit,
Dans votre appartement enfin je l'ai conduit :
Il attend.
TIMÉE.
Qu'il avance, & toi, sur toute chose,
Fais que personne n'entre, & dis que je repose.
Helas ! pourquoi faut-il qu'avec de si grands soins
L'innocence se cache, & craigne les témoins ;

Et que je doive faire en l'ardeur qui m'anime
Un acte de vertu comme l'on fait un crime ?
L'amitié toutes fois rompt ce qui me retient,
Pour une illustre Fille il faut.... mais elle vient.

SCENE II.

TIME'E, CLEONE.

TIME'E.

SOuffrez, chere Cleone, encor que je vous voie,
C'est pour votre interest autant que pour ma joie;
Et le bien de vous voir que je trouve si doux,
L'est d'autant plus pour moi qu'il doit l'être pour
vous.
Si c'est votre départ qui fait votre tristesse,
Je sai l'art de finir la douleur qui vous presse;
Et ne prétens vous voir que pour vous avertir
Du moien qui vous peut dispenser de partir.

CLEONE.
Mais quoi ! de qui dépend ce moien infaillible ?

TIME'E.
De vous.

CLEONE.
Ce moi, Madame ? helas, est-il possible ?

TIME'E.
Oui, oui, votre départ dépend de votre choix,
J'ai trouvé le remede & le mal à la fois,
Le Roi s'est expliqué, j'ai sû sa jalousie
C'est d'où naît le transport, dont son ame est saisie ;
Mes soins trop éclatans pour tous vos interests
Ont servi de matiere à ses soupçons secrets ;
Et devant qu'il eût pris le soin de me le dire,

Toutes ses actions auroient dû m'en instruire ;
En tout temps, en tous lieux, & de toutes façons,
Un jaloux malgré lui découvre ses soupçons :
Mais un cœur innocent facilement s'abuse ;
S'il ne s'accuse point il croit peu qu'on l'accuse,
Et tient tous les soupçons, qui l'osent attaquer,
Trop au-dessous de lui pour se les appliquer.
Otez du cœur du Roi ces fraieurs indiscretes,
Il fera ce qu'il doit, s'il connoît qui vous êtes,
Qu'il sache votre Sexe.

CLEONE.

Ah ! ce moien fatal
Est un remede encor plus cruel que le mal,
Puisqu'il se dit jaloux il me force à me taire,
Je ne puis demeurer sans exposer mon Frere;
Et cet effet si prompt s'opposant à nos vœux,
Donneroit de sa cause un soupçon dangereux.

TIMÉE.

Quoi l'interêt d'un Frere est plus fort que le vôtre,
Et vous ne devez pas plus à vous qu'à tout autre ?

CLEONE.

Aux interêts du sang j'ai joint ceux de l'honneur,
Je dois leur immoler mes soins & mon bonheur,
Que dis-je, mon bonheur ? helas ! puis-je en préten-
dre ?
Mon amitié pour vous ne peut être plus tendre :
Mais pour me rendre heureuse, il faudroit sans erreur
Que cette amitié seule occupât tout mon cœur,
Il faudroit que Lisandre aprés son inconstance
N'excitât que ma haine ou mon indifference,
Et me fit perdre un feu, que mon cœur abusé,
De peur de le connoître, a toujours déguisé.
Cependant, c'est à tort que je me suis flatée,
J'ai trop d'émotion pour n'être qu'iritée ;
Et l'amour malgré moi, qui me reste en ce jour,
Sous le nom du dépit n'en est pas moins amour.
Le bonheur de vous voir pour moi seroit extrême,
Je voi que vous m'aimez, je sens que je vous aime,

Et je sçai qu'il n'est rien qui doive plus charmer,
Que de voir ce qu'on aime, & de s'en voir aimer.
Mais je verrois aussi l'infidelle Lisandre :
Il me trahit, je l'aime, & ne m'en puis deffendre,
Et je sçai qu'il n'est rien qui fasse plus souffrir,
Que de voir ce qu'on aime, & de s'en voir trahir.
Ce n'est pas que le soin, que pour lui j'ai sçû pren-
 dre,
Ne l'ait touché pour moi d'un sentiment plus ten-
 dre,
Mais bien que mon secours ait semblé l'émouvoir,
C'est encor me trahir que m'aimer par devoir.
Il est toujours ingrat, & toujours il m'offence
Si je ne doi son cœur qu'à sa reconnoissance,
Et pour le recevoir, mon amour glorieux
Voudroit le devoir moins à mon bras qu'à mes yeux.
TIMÉE.
Plus ici par l'amour vous seriez outragée,
Plus à votre amitié je serois obligée;
Et si vous demeuriez aujourd'hui dans ces lieux,
Ce seroit pour moi seule.
CLEONE.
      Helas ! jugez-en mieux,
Ma retraite pour vous ici seroit honteuse,
Lisandre est trop ingrat, & vous trop genereuse ;
Et si je demeurois en ces lieux aujourd'hui,
Je crains que ce ne fût moins pour vous que pour lui.
TIMÉE.
Demeurez pour punir un amant si perfide,
Pour l'éloigner toujours du cœur de Leonide,
Pour faire qu'il partage au moins votre tourment,
Et souffre encor pour vous malgré son changement.
CLEONE.
Je lui veux peu de mal malgré son inconstance,
Je veux son repentir plûtôt que ma vengeance;
Et souhaite bien moins, si j'ose m'exprimer,
De le faire haïr que de me faire aimer.

TIME'E.
Il est doux d'être aimée, & vous la pouvez être :
Mais pour vous faire aimer faites-vous donc connoî-
　　tre ;
Demeurez pour l'instruire...
CLEONE.
　　　　　　Ah ! loin d'y consentir,
La peur d'en dire trop me presse de partir.
Mon aveu me peut nuire, & ne peut m'être utile,
Il n'est point de Royaume, où je ne trouve azile ;
Et Lisandre aisément verroit qu'en cette Cour,
Ce qui peut m'arrêter ne peut être qu'amour.
Je ne pourrois sans doute en mon desordre extrême
Avoüer qui je suis sans avoüer que j'aime,
Et malgré mon amour mon orgueil le plus fort
D'un aveu si honteux ne peut être d'accord.
TIME'E
Ne dites qu'au Roi seul ce qu'il faudra qu'il cele ;
Lisandre est en faveur, c'est un Sujet fidelle :
Mais j'aurai le pouvoir d'empêcher que le Roi
N'apprenne votre amour à cet amant sans foi.
CLEONE.
Le Roi peut s'empêcher de dire que je l'aime :
Mais qui m'empêchera de le dire moi-même ?
Pretendez-vous qu'un cœur surpris d'un doux poi-
　　son
Avec beaucoup d'amour ait beaucoup de Raison ;
Croyez-vous qu'au plus fort d'une ardeur inquiete
On puisse être long-temps, fille, amante & muette,
Et qu'il soit fort aisé de pouvoir plus d'un jour
Aimer, voir ce qu'on aime, & cacher son amour ?
Quand bien ma voix tairoit ce que je sens dans
　　l'ame,
Mes regards malgré moi découvriroient ma flame ;
Et de mes vains efforts l'Amour Victorieux
Au refus de ma bouche iroit tout dans mes yeux.
Lisandre y connoîtroit ma honte & ma tendresse.
Ne vous obstinez plus à presser ma foiblesse,

Pour éviter un mal laissez-moi fuir un bien.
TIME'E.
Puisqu'il faut.... mais quel bruit trouble notre entretien ?

SCENE III.
TRASIMENE, CLEONE, TIME'E.

TRASIMENE.
AH ! Seigneur, cachez-vous ?
CLEONE.
Qui, moi ?
TIME'E.
Vueillez la croire,
Si ce n'est pour vos jours, que ce soit pour ma gloire.
Tandis que de ce bruit je vai savoir l'effet.
Entrez, & demeurez au fond du Cabinet.

Cleone entre dans le Cabinet.

SCENE IV.

CHARILAS, MINDATE, TIME'E, GARDES.

MINDATE *à Charilas qu'il desarme.*

Il faut rendre l'épée....
CHARILAS.
Oui, le nombre m'accable :
Mais le plus malheureux n'est pas le plus coupable.
TIME'E.
D'où provient ce tumulte en mon appartement ?
MINDATE.
J'execute du Roi l'exprés commandement,
Madame, de ce traître il veut qu'on se saisisse,
En quelque endroit qu'il fuie, il faut que j'obéisse.
TIME'E.
Oüi, Mindate, il le faut, mais l'aiant arrêté,
Hâtez-vous de le mettre en lieu de sûreté.
Elle entre.
CHARILAS.
Ah! Princesse, on me livre aux mains de mon complice,
Il a part au forfait, qu'il ait part au suplice,
Sachez....
MINDATE.
Elle est entrée, & ne peut écouter
Ce que sans fondement vous m'osez imputer.
CHARILAS.
Je le dirai par tout.

MINDATE *aux Gardes.*
                    Sa douleur le transporte,
Amis, retirez-vous, & gardez bien la porte,
Je prétends dans l'effort du trouble où je le voi,
Découvrir des secrets qui regardent le Roi.
            Les Gardes se retirent.
Nous sommes seuls enfin.
            CHARILAS.
                        Ton erreur est extrême;
Ton crime aura toujours un témoin dans toi-même.
            MINDATE.
Ah! sauvez-moi.
            CHARILAS.
                    Sauver qui me livre au trépas!
            MINDATE.
Parler haut c'est me perdre.
            CHARILAS.
Et ne me perds-tu pas?
            MINDATE.
Non, quittez votre erreur & daignez me connoître,
Je suis toujours pour vous ce que j'ai promis d'être.
Le Roi m'a commandé de me faire escorter,
Pour vous chercher par tout, & pour vous arrêter.
Vous trouvant par malheur je n'ai pû me défendre
D'executer mon ordre, & de tout entreprendre.
Mais j'invente un moien, qui vous fera juger,
Si je prétens vous nuire ou vous veux obliger.
Ce Cabinet ouvert offre à notre vengeance
Tout ce que peut attendre une honteuse esperance,
Demeurez-y caché.
            CHARILAS.
                    Mais que prétendez-vous?
            MINDATE.
Le Roi m'a découvert ses sentimens jaloux:
Il me suivra d'abord si je lui persuade
Que j'ai vû dans ce lieu cacher Alcibiade,
Et prenant seul le soin d'y conduire ses pas,

TRAGI-COMEDIE.

Nous pourrons aisément lui donner le trépas.
Ce coup ne nous peut mettre en un peril extrême,
Je suis Chef de la Garde, & le Senat vous aime ;
Tout nous applaudira si nous réussissons,
Reprenez votre esprit, & perdez vos soupçons.

CHARILAS.
Cher Ami, pardonnez à des craintes frivoles.

MINDATE.
Ne perdons point de temps en de vaines paroles.
Passez vîte où bien-tôt le Roi sera conduit,
Et derriere la porte attendez-nous sans bruit.
Charilas entre dans la Cabinet.
C'est à moi maintenant.... mais j'aperçoi la Reine.

SCENE V.

TIMÉE, MINDATE.

TIMÉE.

OU donc est Charilas ?

MINDATE.
N'en soiez pas en peine,
Mon soin suivant les vœux de votre Majesté,
Vient de le faire mettre en lieu de sûreté.

TIMÉE.
Laissez-moi.

MINDATE.
J'obéïs. *Il se retire.*

TIMÉE.
Il me sera facile
D'avoir avec Cleone un entretien tranquile.

SCENE VI.

TRASIMENE, TIME'E.

TRASIMENE.

LE Roi vient pour vous voir.
TIME'E.
Le Roi ? quel embarras ?
TRASIMENE.
Leonide & Lisandre accompagnent ses pas.
TIME'E.
Dieux ! que je crains sa vuë !
TRASIMENE.
Afin qu'il se retire,
J'ai dit ce qu'à chacun j'avois ordre de dire.
TIME'E.
Quoi ?
TRASIMENE.
Que vous reposez, & qu'on ne vous void pas,
Mais Mindate l'arrête, & lui parle tout bas.

SCENE VII.
AGIS, MINDATE, TIME'E, TRASIMENE.

TIME'E.

IL avance, je tremble, helas! quelle est ma peine!
AGIS.
Que Mindate entre seul avec moi chez la Reine.
Quoi, vous me recevez d'un visage interdit ?
Vous reposiez, Madame, à ce qu'on m'avoit dit ?
Mais à ce que je voi sans peine je m'assure,
Que ce repos n'est pas si grand qu'on le figure.
TIME'E.
L'ordre que j'ai donné n'étoit pas fait pour vous,
Le bonheur de vous voir ne peut m'être que doux.
Je voulois être seule, & contre mon attente,
Si vous me surprenez, la surprise est charmante.
AGIS.
Si vous me dites vrai nous formons mêmes vœux :
Vous voulez être seule, & c'est ce que je veux.
Mais à notre repos je pense qu'il importe,
Que de ce Cabinet Alcibiade sorte.
TIME'E.
Comment Alcibiade ? il n'est point en ces lieux,
Il est bien loin, Seigneur, j'en atteste les Dieux.
AGIS.
Epargnez vos sermens, & le faites paroître ;
Je sai qu'il est ici.
TIME'E.
Je sai qu'il n'y peut être.

AGIS.

Pour vous convaincre mieux je vai vous le montrer,
Mindate, éclairez-moi.

TIMÉE.

Seigneur......

AGIS.

Je veux entrer.

Il entre dans le Cabinet avec Mindate.

TIMÉE.

Quel malheur ! mais quel bruit déja se fait entendre ?

TRASIMENE.

Souffrez qu'on laisse entrer Leonide & Lisandre,
Ils sont dans l'antichambre, ils venoient pour vous
  voir.

TIMÉE.

Qu'ils viennent, leur secours est mon dernier espoir.
Ah, sans doute on immole une Fille innocente !
O Dieux ! le bruit redouble, & ma terreur augmente.

SCENE VIII.

LEONIDE, LISANDRE, AGIS, TIMÉE, TRASIMENE.

TIMÉE *à Leonide & à Lisandre.*

AH Princesse ! ah, Seigneur, hâtez-vous, sui-
  vez-moi
Mais Dieux ! il n'est plus temps, puisque voici le
  Roi.

AGIS *sortant l'épée à la main.*

Périsse ainsi quiconque aura la même envie.

TIMÉE.

Se peut-il......

AGIS
C'en est fait, il a perdu la vie,
Mon perfide Ennemi vient d'achever son sort.
TIMÉE
Mais de qui croiez-vous avoir causé la mort ?
AGIS.
De l'horreur des humains, de l'objet de ma haine,
Du lâche Charilas.
TIMÉE.
Quoi, sa perte est certaine ?
AGIS.
Je sai qu'il ne vit plus, & que Mindate enfin,
Comme il eut même crime aura même Destin,
Avec un faux raport aiant pu me séduire,
Dans un piege mortel il a sçu me conduire.
En entrant aprés lui, jugez de mon effroi,
Quand j'ai vû Charilas paroître devant moi ;
Et Mindate manquant au soin qu'il devoit prendre,
L'xciter à me perdre au lieu de me deffendre,
Surpris de leurs efforts j'aurois peu resisté,
Si lors quelqu'un des Dieux n'eut éteint la clarté,
Puisqu'enfin c'est sans doute ainsi qu'il faut qu'on
  nomme,
Celui qui me sauvant a paru plus qu'un homme ;
Sans se faire connoître il a fait choir d'abord
Charilas à mes pieds en criant : *je suis mort.*
En courant à Mindate, & venant à l'atteindre,
M'a donné le moien de sortir sans rien craindre.
LISANDRE.
Dans cet heureux succés, Seigneur, permettez-moi,
D'aller voir quelle main nous sauve un si grand Roi.
Il entre dans le cabinet.
AGIS.
Si c'est quelque mortel qui vient de me défendre,
Qu'il vienne recevoir le prix qu'il doit prétendre :
Et vous, Reine innocente, approuvez dans mon cœur,
Le juste repentir de mon injuste erreur.
Je crains Alcibiade, & j'avoüe avec honte,

Que ma jalouse ardeur fut trop forte & trop prompte ;
Et que si j'avois pû le trouver prés de vous,
Vous l'auriez vû bien-tôt percé de mille coups,
Sa mort étoit concluë, & devant vous ma rage,
Eut lavé dans son sang son crime & mon outrage.

SCENE IX.

LISANDRE, CLEONE, AGIS, TIME'E, LEONIDE, TRASIMENE.

LISANDRE.

Seigneur, voiez quel bras a pû vous secourir.

AGIS.

Que vois-je ! Alcibiade ! ah traître, il faut mourir.

LISANDRE.

Regardez mieux quel sang vous prétendez répandre;
Devez-vous l'attaquer s'il vient de vous deffendre ?
Et par quel droit, Seigneur, voulez-vous lui porter
Des coups pareils à ceux qu'il vous fait éviter ?
Pouvez-vous bien pretendre avec quelque justice,
Que de votre salut le prix soit un supplice,
Qu'il soit puni des jours qu'il vous a conservez,
Et qu'il meure par vous quand par lui vous vivez ?

AGIS.

Ah ! cruel deffenseur, quelle étoit ton envie ?
Pourquoi t'es-tu mêlé de me sauver la vie,
Et crois-tu que devoir mes jours à ton effort,
Ne me soit pas un mal plus rude que la mort ?
Puis-je te voir, caché, seul, de nuit, chez la Reine,

TRAGI-COMEDIE.

Sans voir au même tems ma honte trop certaine,
Et puis-je sans souffrir un tourment infini,
Voir l'Auteur de ma honte, & le voir impuni ?
Comme mon ennemi tu me dois ma vengeance,
Comme mon défenseur, je te dois récompense,
Et ces deux noms en toi sont si bien confondus,
Que je sens dans mon cœur tous mes vœux suspendus,
Si je te veux punir de ma gloire ternie,
Il faut donner la mort à qui je doi la vie ;
Et si je veux paier ce qu'a fait ta valeur,
Il faut donner la vie à qui m'ôte l'honneur,
Je me trouve réduit avec incertitude,
A choisir de la honte ou de l'ingratitude,
Et doi par la rigueur du choix qui m'est offert,
Ou perdre qui me sauve, ou sauver qui me pert.
Mais à tort sur ce point mon esprit se partage ;
Si le jour est bien cher, l'honneur l'est davantage ;
Et puisqu'il m'a servi beaucoup moins qu'outragé,
Sans pouvoir être ingrat je puis être vengé.

LISANDRE.

Une preuve sur vous peut donc moins qu'un indice ?
Vous doutez de l'outrage, & non pas du service ;
Et ce service encor vous doit faire juger,
Que qui vous sert si bien ne peut vous outrager.
Souffrez que votre esprit sur son grand cœur s'assure,
Rien de honteux ne part d'une Source si pure,
Et s'il vous eut trahi, son bras sans faire effort
Pour assurer son crime eut souffert votre mort,
Mais pour calmer votre ame inquiete & timide,
Il suffit de savoir qu'il aime Leonide.

AGIS.

Plût aux Dieux !

LISANDRE.
Vous pouvez s'il devient son Epoux,
En cessant d'être ingrat cesser d'être jaloux.

AGIS.
Vous avez ma parole.

LISANDRE.

                Oui, mais sans rien prétendre
Pour le prix de ses soins je veux bien vous la rendre
Nous devons immoler à qui nous rend le jour,
Vous, toute votre haine, & moi, tout mon amour.

AGIS.

Mais est-il juste aussi reprenant ma parole,
Que pour mes interêts Leonide s'immole ;
Et quel droit sur ma Sœur me permet d'exiger,
Qu'elle force son ame au choix d'un Etranger ;

LEONIDE.

Ah! pour vos interêts tout me sera facile,
Je trouve aisément doux ce qui vous est utile,
Et ce choix qui pour moi vous doit moins allarmer,
S'il a de quoi vous plaire, a de quoi me charmer.

CLEONE à *Leonide*.

Le Sort d'Alcibiade ici doit faire envie,
Si d'un si grand bonheur sa disgrace est suivie ;
Et ce qu'il pert ailleurs n'a rien eû de si doux,
Que l'honneur éclatant d'être ici votre Epoux.

AGIS.

Hé bien, ma Sœur, il faut que rien ne nous retienne ;
Donnez-lui votre main & recevez la sienne :
Donnez.. quoi, l'insolent a ma Sœur devant moi,
Refuse avec audace & sa main & sa foi ?

TIMÉE.

Si vous pouviez connoître..

AGIS.

                Ah, Princesse infidelle!
Je ne connois que trop son amour criminelle.
Pouvoit il mieux pour vous, prouver sa lâche ardeur,
Qu'en bravant ma clemence, & méprisant ma Sœur?
Mais d'un amour si noir cette claire assurance,
Comme de mon affront m'instruit de ma vangeance.
Par où je le voi tendre il recevra mes coups,
Et pour le punir mieux je ne perdrai que vous.

CLEONE.
Perdre la Reine ? ô Dieux ! quelle injustice horrible !
AGIS.
Ce coup pour un Amant doit être fort sensible ;
Mais il me paroît doux s'il te semble inhumain.
On ne peut mieux percer son cœur que dans ton sein:
L'Amour te rend coupable, il faut qu'il te punisse,
Et que ton propre crime ici soit ton suplice.
CLEONE.
Ce malheur quoi que grand me donne peu d'effroi !
On pourra l'empêcher.
AGIS.
   Et qui le pourra ?
CLEONE.
      Moi.
AGIS.
Nous le verrons, hola.
CLEONE.
    Que personne n'avance.
Sans combattre, Seigneur, je prendrai sa défense ;
Et l'important secret, que je vai reveler,
Doit craindre les témoins loin d'en faire apeller.
AGIS.
Que l'on nous laisse seuls.
CLEONE.
    Je ne me puis deffendre
D'arrêter Leonide, & de souffrir Lisandre.
Pour conserver la Reine aprenez votre erreur,
D'Alcibiade en moi reconnoissez la Sœur,
Je suis Cleone enfin.
AGIS à *Timée*.
    Ah ! Reine incomparable,
Votre innocence ici me va rendre coupable.
TIMÉE.
L'Amour qui fit l'erreur, qui vous sçut abuser,
Ne veut qu'un repentir pour vous faire excuser;
Mais Cleone aisément ne se peut satisfaire.

CLEONE à *Agis*.
Je ne veux qu'obtenir votre Sœur pour mon Frere:
Son choix le doit charmer, & je garde ma foi,
Si je lui donne en lui ce qu'elle perd en moi.
AGIS.
Je desire ardemment que ma Sœur y consente.
LEONIDE.
Pour moi votre desir est une loi charmante.
LISANDRE à *Cleone*.
A peine revenu d'un juste étonnement,
Permettez qu'à vos pieds je cherche un châtiment.
CLEONE.
Ce que je veux de vous n'est pas une vengeance.
LISANDRE.
Ah! vous ne savez pas toute mon inconstance,
Mon cœur vous a trahie, & pour vous animer,
Apprenez que ce traître ose encor vous aimer,
L'amour d'un inconstant n'est rien qu'un nouveau crime.
CLEONE.
Malgré moi contre vous il n'a rien qui m'anime,
Et mon cœur feroit voir s'il montroit ce qu'il sent,
Que ce crime suffit pour vous rendre innocent.
LISANDRE.
Quoi, je puis être heureux?
CLEONE.
Toute ma feinte est vaine,
Si mon Frere le veut je le voudrai sans peine ;
Et dans l'état qu'il est, & Straton n'étant plus,
Vous n'avez pas sujet de craindre aucun refus.
AGIS.
De cet heureux dessein, qu'ici nous devons taire,
Envoions en secret avertir votre Frere,
Attendant son aveu pour ne hazarder rien,
Cachez sous ces habits votre Sort & le sien ;
Et pour ne craindre pas qu'on se le persuade,
Conservez dans ces lieux le nom d'ALCIBIADE.

Fin du cinquiéme & dernier Acte.

AMALASONTE,

TRAGEDIE

DE

Mr. QUINAULT.

Representée en 1658.

ACTEURS.

CLODESILE, *Prince Amant d'Amalasonte.*
ARSAMON, *Prince Ami de Clodesile, & Amant d'Amalfrede.*
LEUDERE, *Domestique de Theodat.*
THEODAT, *Fils de Theudion, & Amant d'Amalasonte.*
THEUDION, *Regent des Etats d'Amalasonte.*
EURIC, *Capitaine des Gardes.*
AMALFREDE, *Sœur de Clodesile.*
ULCIDE, *Suivant d'Amalfrede.*
AMALASONTE, *Reine des Gots & d'Italie.*
CELINDE, *Suivante d'Amalasonte.*
GARDES.

La Scene est à Rome.

AMALASONTE
Tragedie.

AMALASONTE,
TRAGEDIE.

ACTE I.
SCENE PREMIERE.
CLODESILE, ARSAMON, LEUDERE.

CLODESILE à *Leudere.*

NOn, de ce Cabinet ne m'ouvrez point la porte,
Nous attendrons ici que Theodat en forte,
Nous savons quel respect son rang nous doit donner,
Nous venons pour le voir, non pour l'importuner.
Leudere se retire.
ARSAMON.
C'est être trop soûmis, notre illustre naissance
Nous devroit dispenser de cette complaisance;
Theodat n'a sur nous nul avantage ici,
Et s'il est Prince enfin, nous le sommes aussi.

CLODESILE.
Oui, mais son pere ici peut tout ce qu'il desire,
Le feu Roi l'a nommé Regent de cet Empire,
La Reine ne fait rien que par ses seuls avis,
Et jusques sur le Trône il peut porter son fils :
Amalasonte l'aime & le choisit pour Maître ;
Regardons ce qu'il est, & non ce qu'il doit être,
Il n'est plus notre égal, puis qu'il va s'agrandir :
La Fortune le flâte, il lui faut aplaudir,
Et puis que cet Aveugle à l'élever s'engage,
Il faut aveuglément respecter son ouvrage.

ARSAMON.
Respecter un Rival, ah ! c'est trop de rigueur.

CLODESILE.
Cet effort doit durer autant que sa faveur.

ARSAMON
Nous le verrons long-tems en état de nous nuire,
Si nous le respectons au lieu de le détruire.

CLODESILE.
Je travaille à sa perte en lui faisant la Cour.
Nous avons contre nous la Fortune & l'Amour.
Et ce sont deux Torrens furieux dés leur source,
Qui grossissent alors qu'on s'oppose à leur course,
Et de qui le courant, que l'on dit redouter,
Entraîne avecque soi ce qui l'ose arrêter,
Attaquer Theodat avec la force ouverte,
C'est loin de le détruire attirer notre perte,
Pour perdre un Favori qui fait des mécontens,
Les moiens les plus sûrs sont les moins éclattans,
La haine est impuissante alors qu'elle est suspecte,
Il faut en le perdant feindre qu'on le respecte,
Et lors que par la force il ne peut succomber,
Il faut le soûtenir pour le faire tomber :
Enfin par cette voie utile & peu commune
Je prétens en ce jour ébranler sa fortune,
Pour beaucoup de raisons vous sçavez que jamais,
Avec Justinian nous n'avons eu de paix,
Et que cet Empereur ne souffre qu'avec honte ;

La conquête de Rome, où regne Amalasonte,
L'amitié qui nous joint avec des nœuds si doux,
N'a laissé dans mon cœur aucun secret pour vous;
Et j'aurois crû commettre un crime de vous taire,
La rage, où m'a réduit le trépas de mon Pere,
Depuis qu'Amalasonte aux yeux de cette Cour
Sur de legers soupçons le fit priver du jour.
J'ai, comme vous savez, animé de vengeance,
Avec Justinian été d'intelligence.
Il a par mon avis écrit à Theodat,
Comme s'il le devoit servir contre l'Etat;
La lettre est arrivée, & l'aiant fait surprendre
Aux mains d'Amalasonte on doit bien-tôt la rendre,
Qui par son Favori se croiant voir trahir,
Aura trop de fierté pour ne le pas haïr.

ARSAMON.
De haïr Theodat la Reine est peu capable,
Qui sçait plaire à son Juge est rarement coupable,
Et dans une ame atteinte en faveur d'un Amant,
L'Amour avec ses feux met son aveuglement.
Le trépas de ce Prince est l'espoir qui nous reste,
Son merite trop grand comme à vous m'est funeste:
J'adore votre Sœur, & j'ai trop bien compris,
Que son amour pour lui m'expose à ses mépris,
De nos ennuis communs sa vie est l'origine,
Il faut de sa mort seule attendre la ruine,
Et comme de lui-même il tient tout aujourd'hui,
Sa fortune ne peut périr qu'avecque lui.

CLODESILE.
Son trépas est aussi le seul but où j'aspire;
Mais il faut qu'en secret contre lui je conspire,
Et pour hâter sa fin mes soins plus importans,
Sont d'en chercher le lieu, les moiens & le tems;
La Reine dont l'Hymen flate mon esperance,
Aime trop Theodat pour aimer qui l'offence,
Et pour prendre une main que trop indignement,
Elle verroit rougir du sang de son Amant.

ARSAMON.
Vengez, puis que sa vie à la Reine est si chere,
Hautement par sa mort celle de votre pere.
CLODESILE.
C'est un mal bien plus grand que je lui dois causer,
Et pour la mieux punir je la veux épouser :
Oui, pour venger mon pere il n'est point d'artifice,
Qui puisse m'inspirer un plus cruel supplice,
Que d'obliger la Reine en me donnant sa foi,
D'être femme d'un homme aussi méchant que moi,
Je serai son Tyran, & je rendrai pour elle,
Chaque instant de sa vie une peine nouvelle,
Ses momens les plus doux seront ceux de sa mort,
Mais le Cabinet s'ouvre & Theodat en sort.

SCENE II.

THEODAT, ARSAMON, CLODESILE.

THEODAT.

AH ! Princes, dans ce lieu qui peut vous faire attendre ?
ARSAMON.
Le seul respect, Seigneur, que nous devons vous rendre.
THEODAT.
Vous ne me devez rien.
CLODESILE.
    Nous ne devons pas moins,
Sans cesse pour l'Etat vous emploiez vos soins,

TRAGEDIE.

Et leurs effets toujours meritent tant d'estime,
Qu'on ne les peut jamais interrompre sans crime.

THEODAT.

Le soin, où pour l'Etat je me trouve engagé,
Sans crime avecque vous peut être partagé,
Et vous n'avez pas lieu de vous pouvoir défendre
De veiller pour un sceptre, où vous pouvez prétendre.

ARSAMON.

Où nous pouvons prétendre, ah! ne presumez pas
Qu'un bien qui vous est dû, pour nous ait des appas:
La Reine dont le choix au Trône vous appelle,
Rendroit notre esperance à present criminelle:
Et bien qu'un sceptre offert ait d'extrêmes beautez,
Elle vous offre moins que vous ne meritez.

CLODESILE.

Oui, la Reine en rendant votre gloire parfaite,
Loin de faire un present n'acquitte qu'une dette,
Et sur son Trône enfin veut moins vous retenir,
Pour en être porté que pour le soûtenir:
Votre haute Vertu, dont l'éclat est extrême,
Peut donner de l'estime à l'Envie elle-même,
J'ai de l'ambition, le trône a des appas,
J'y prétendois monter si vous n'y montiez pas,
Je voudrois être Roi si vous ne deviez l'être,
Mais je voi tant de gloire à vous avoir pour Maître:
Que le destin d'un Roi n'a rien qui soit si doux
Que le sort d'un sujet, qui ne l'est que de vous,
Mais ces discours ne sont que des paroles vaines,
Vous aurez de mes soins des marques plus certaines,
Et mes vrais sentimens ne vous seront appris
Que par des actions, dont vous serez surpris,
Le desir le plus doux, qui dans mon cœur s'enferme,
Et que votre fortune arrive au dernier terme,
Et qu'enfin par mes soins je puisse avoir le bien
De vous mettre en état de ne craindre plus rien.

THEODAT.

Vous promettez beaucoup.

AMALASONTE
CLODESILE.
                    Je veux encor plus faire
Et bien-tôt vous saurez: mais voici votre pere.

SCENE III.
THEUDION, THEODAT, CLODESILE, ARSAMON, EURIC, Gardes.

THEUDION.

JE viens vous consulter sur un point important,
Mon fils.
THEODAT.
              C'est un honneur pour moi trop éclattant,
Et je serois trop vain.
THEUDION.
                    Souffrez que je m'explique.
THEODAT.
Seigneur...
THEUDION.
Ecoutez-moi, vous dis-je, & sans replique.
Quel sentiment, mon fils, avés-vous d'un sujet,
Qui des soins de la Reine aiant été l'objet,
Loin qu'avec ses bontez il fit croître son zele,
Ne seroit animé qu'à conspirer contre elle?
THEODAT.
Quiconque pour la Reine a pû manquer de foi,
Doit n'attendre qu'horreur & que haine de moi.
THEUDION.
Ce sentiment est juste autant qu'il le peut être,
Mais à quel châtiment condamnez-vous ce traître?

TRAGEDIE.
THEODAT.
On partage un forfait, qu'on ne condamne pas.
Un traître tel qu'il soit est digne du trépas,
En détournant sa perte on devient son complice:
Et qui l'ose épargner merite son supplice.
THEUDION.
Pour montrer à quel point j'approuve vos avis,
Dés ce même moment vous les verrez suivis,
Votre attente par moi ne sera point trompée,
Et pour vous le prouver donnez-moi votre épée.
THEODAT.
Mon épée,
THEUDION.
Oui ; donnez.
THEODAT.
Votre ordre est ma raison.
J'obéïs.
THEUDION.
Vous aurez ce Palais pour prison.
THEODAT.
Que faut-il faire enfin pour sçavoir mon offence?
THEUDION.
Il faut n'interroger que votre conscience.
THEODAT.
Elle ignore mon crime.
THEUDION.
Hé bien vous l'apprendrez.
Euite, je vous le laisse, & vous en répondez.

SCENE IV

THEODAT, CLODESILE, ARSAMON,
EURIC, Gardes.

THEODAT.

Fortune, qui me pers, d'où te vient ce caprice?
Quel revers me fait choir du trône au précipice,
Et par quel sort fatal, que je ne comprens pas,
N'ai-je monté si haut que pour tomber si bas :
Princes, que dites-vous de ce malheur extrême!

ARSAMON.
Ma réponse, Seigneur, sera la vôtre même,
Quiconque pour la Reine a pû manquer de foy,
Doit n'attendre qu'horreur & que haine de moi.

THEODAT.
Il se retire.

Il insulte au malheur, mais j'ai quelque esperance,
Que pour moi Clodesile aura plus d'indulgence.

CLODESILE.
On partage un forfait qu'on ne condamne pas,
Un traître tel qu'il soit, est digne du trépas,
En détournant sa perte on devient son complice,
Et qui l'ose épargner merite son supplice :
Ce sont vos propres mots, si je m'en souviens bien,
Ce sentiment est juste, & c'est aussi le mien.

SCENE V.

THEODAT, EURIC, Gardes.

THEODAT.

C'Est ainsi que s'enfuit cette foule infidelle,
Que la Fortune attire & fait fuir avec elle:
Ainsi d'un Favori les flatteurs inconstans,
Voiant changer son sort changent au même temps:
Il ne voit point d'ami, qui ne le desavoüe,
La main, qui le flattoit, le plonge dans la boüe:
Qui connoît son malheur cherche à le redoubler,
Et tel, qui l'élevoit, commence à l'accabler ;
Mais ma disgrace encor fut-elle plus étrange,
Mon cœur ne peut changer quoi que mon destin
    change,
Et bien que tout me quitte on ne doit point douter
Que ma Vertu du moins ne me sauroit quitter.
Ciel, serois-je coupable en l'esprit de la Reine ?
Ah ! s'il est vrai que je sens que ma constance est vaine,
Et que mon cœur enfin est plus fort en ce jour,
Pour les traits du malheur que pour ceux de l'Amour.
Mais ! quoi ? d'un tel soupçon la Reine est peu capable
Je suis trop innocent pour lui sembler coupable,
Et je l'offenserois si touché de terreur,
Je l'osois accuser d'injustice ou d'erreur,
Ce sont les sentimens, où je me dois soûmettre
Pour les lui témoigner servons-nous d'une Lettre,
C'est par ce seul moien... mais qui vient me troubler ?

SCENE VI.

LEUDERE, THEODAT, EURIC, Gardes.

LEUDERE.

Amalfredé, Seigneur, demande à vous parler.

THEODAT.

Elle me peut servir au dessein que je tente,
Dites-lui que j'écris une lettre importante.

Il entre dans le cabinet.

SCENE VII.

AMALFREDE, LEUDERE, ULCIDE.

AMALFREDE.

Peut-on voir Theodat ?

LEUDERE.

Oui, Madame, à l'instant,
Je pense qu'il acheve un billet important.
On ne doit point le voir, il vient de le défendre :
Mais tout vous est permis.

TRAGEDIE.
AMALFREDE.
Non, laissez-moi l'attendre.
ULCIDE.
En cette occasion votre soin me surprend,
Il sera criminel si la Reine l'apprend ;
Un coupable toujours merite qu'on l'opprime,
Et qui plaint son malheur, se charge de son crime.
AMALFREDE.
Si je te faisois voir la source de mes soins,
Tu serois plus surprise en croïant l'être moins,
Plus Theodat fait voir de crime en apparence,
Plus en effet pour moi j'y trouve d'innocence.
ULCIDE.
D'un Discours si bizarre & si contraire au mien,
Le sens est si confus que je n'y comprens rien.
AMALFREDE.
Si ce sens est confus, mon ame l'est de même,
Mais sans confusion, peut-on dire qu'on aime ?
ULCIDE.
Vous aimez Theodat ?
AMALFREDE.
Le mot en est lâché,
Et mon feu brille trop pour être encor caché :
Oui j'aime Theodat, pour toi ma feinte est vaine,
Si la premiere fois on dit j'aime, avec peine,
Dés qu'on a commencé d'exprimer son desir,
On dit toujours qu'on aime aprés avec plaisir.
ULCIDE.
En vain donc Arsamon à vous plaire s'obstine,
Lui, que pour votre époux votre frere destine.
AMALFREDE.
Oui, ce Prince, qui manque & de cœur & de foi,
Est de se faire aimer indigne autant que moi,
Le crime seulement nous peut unir ensemble,
Et je l'abhorre enfin parce qu'il me ressemble.
La vertu que l'on quitte a toujours des appas,
Et l'on n'aime rien tant que ce que l'on n'a pas :
J'aime enfin Theodat, & puis l'aimer sans honte,

O 4

Je l'ai cru jusqu'ici charmé d'Amalasonte,
Mais s'il l'ose trahir & s'il peut conspirer,
Il peut aimer ailleurs, & je puis esperer,
Et d'un premier amour quand l'ame est occupée,
Elle est d'un second trait mal-aisément frapée :
Mais un cœur qu'on poursuit n'aime jamais si bien,
Ni si facilement que quand il n'aime rien.
Oui, je puis laisser naistre en mon ame charmée,
L'espoir délicieux d'aimer & d'être aimée :
Et puis que Theodat trahit la Reine ainsi,
Je puis....

ULCIDE.
Parlez plus bas, Madame, le voici.

SCENE VIII.

THEODAT, AMALFREDE, ULCIDE, Gardes.

THEODAT.

Le soin qu'en mon malheur pour moi vous daignez
    prendre,
Est un honneur, Madame, où je n'osois prétendre.

AMALFREDE.

Theodat connoît mal les secrets de mon cœur,
J'aime son seul merite, & non pas son bonheur,
Le sort injurieux, qui contre lui s'irrite,
Peut tout sur son bonheur, & rien sur son merite,
Et ne peut faire enfin par ses coups rigoureux,
Qu'il cesse d'être aimable, en cessant d'être heu-
    reux,
Oui le sort est injuste, & je ne saurois l'être,
J'ai plus d'ardeur pour vous, que je ne fais paroître,

J'aurois peine à pouvoir m'exprimer là-dessus,
Et si je dis beaucoup, je pense encor plus.
THEODAT.
Cette bonté si rare & si peu méritée,
Seroit mal reconnuë étant peu respectée,
Mais quelque bien pour moi qu'elle puisse causer,
Je crains de m'en servir de peur d'en abuser.
AMALFREDE.
Votre ame en ma faveur de tendresse incapable,
Peut-être auroit regret de m'être redevable.
THEODAT.
Ah ! jugez mieux d'un cœur, qui d'ennuis outragé,
Met sa derniere joie à vous être obligé,
Mais mon esprit confus d'une bonté si rare,
Tremble encor au moment qu'il faut qu'il se déclare.
AMALFREDE.
Parlez, tous vos discours ont toujours tant d'apas,
Que quoi que vous disiez vous ne déplairez pas.
THEODAT.
Mes craintes, mes transports, & mon desordre extrême,
Devroient-ils pas déja vous avoir dit que j'aime.
AMALFREDE.
Il aime, ah ! si c'est moi, quel bonheur est le mien ! *bas.*
Achevez Theodat, & n'apprehendez rien.
THEODAT.
Oui, mon crime est trop beau, pour le dire avec honte,
Oui j'aime, oui j'aime enfin.
AMALFREDE.
    Qui donc ?
THEODAT.
      Amalasonte.
AMALFREDE.
Amalasonte, Prince, & quoi vous ignorez,
Quels maux par cet amour vous seront préparez,
Quoi, vous ne savez pas que cette fiere Reine,

A l'Ame indifférente, imperieuse & vaine?
Qu'elle ne croit rien voir digne de l'enflamer,
Et pour être haï que l'on n'a qu'à l'aimer?
THEODAT.
Ce n'est point-là mon mal, & pour ne vous rien
    feindre,
De ses mépris pour moi j'aurois tort de me plaindre,
Vous êtes en faveur, & sans être indiscret,
Je crois que je vous puis confier ce secret,
Oui, cette fiere Reine a pressenti, je pense,
Quelque chose pour moi plus que l'indifférence,
Et dedans ses regards si fiers aux yeux de tous,
Les miens n'ont bien souvent rien trouvé que de doux;
Aussi dans mon malheur, quoique je me propose,
Je croirois l'offenser si je l'en croiois cause:
C'est ce que cet écrit lui doit faire savoir;
Tandis que ma prison me deffend de la voir,
Et puisqu'à m'obliger vous paroissez constante,
Je vous veux confier cette lettre importante.
AMALFREDE.
Je réüssirai mal peut-être en cet emploi.
THEODAT.
N'importe, faites-vous ce peu d'effort pour moi.
Vous me l'avez promis
AMALFREDE.
              O funeste promesse!
THEODAT.
Marquez-lui mon respect, marquez lui ma tendresse,
Princesse dites-lui que loin de ses beaux yeux,
Les objets les plus doux pour moi sont ennuïeux,
Qu'où je ne la puis voir je ne voi rien d'aimable,
Que toute beauté me paroît effroiable.

SCENE IX.

EURIC, THEODAT, AMALFREDE,
ULCIDE, GARDES.

EURIC.

JE vous viens à regret faire commandement,
De rentrer à l'instant dans votre appartement,
Je dois vous empêcher d'être vû de personne,
C'est un ordre nouveau, Seigneur, que l'on me donne,

THEODAT.

Je vous laisse ma lettre, & c'est vous dire assez.

AMALFREDE.

J'en prendrai soin, Seigneur, plus que vous ne pensez.

SCENE X.

ULCIDE, AMALFREDE.

ULCIDE.

O Ciel que faites-vous ! vous ouvrez cette Lettre,

AMALFREDE.

A qui rien n'est permis l'amour peut tout permettre,
Moi, servir ma rivale, & de ma propre main
Aller fournir des traits pour me percer le sein,

Moi, servir Theodat en m'outrageant moi-même ?
Non, je le dois trahir d'autant plus que je l'aime,
Je manquerois de sens ne manquant pas de foi,
Et ne dois pas l'aimer pour d'autre que pour moi.
Mais avant que ma rage à me venger s'applique,
Aprenons ce qu'il pense, & comment il s'explique.

Elle lit.

  Merveille, où brillent tant d'appas,
 Encor que la plus forte envie
 Du Prince à qui je doi la vie
 Soit de m'exposer au trépas,
 Ce ne m'est qu'un leger supplice,
 Que la Nature me trahisse,
 Si l'amour ne me trahit pas.
  Bien que mon malheur soit pressant,
 Votre pitié que je reclame,
 Pour rendre la joie à mon ame,
 Est un secours assez puissant ;
 Il m'est fort peu considerable,
 Que chacun m'estime coupable,
 Si vous m'estimez innocent.

ULCIDE.

Son amour dans ces mots innocemment s'exprime.

AMALFREDE.

Ah ! c'est son innocence ici qui fait son crime,
Et mon plus cruel mal c'est que dans ce moment,
Je ne puis contre lui me plaindre justement.

ULCIDE.

Mais l'avez-vous flâté d'une esperance vaine ;

AMALFREDE.

Non, non ; je ferai voir cette lettre à la Reine,
Et je la ferai voir d'un air qui fera foi,
Que j'aime Theodat, mais non pas plus que moi.

Fin du premier Acte.

ACTE II.

SCENE PREMIERE.

THEUDION, AMALASONTE, CELINDE.

THEUDION.

Oüi, oüi, pour Theodat, étouffez votre estime,
L'écrit de l'Empereur vous marque assez son crime;
Et la bonté pour lui, que vous me faites voir,
Rend, loin de l'excuser, son attentat plus noir,
De tendresse pour lui, je ne suis plus capable.

AMALASONTE.
Mais il est votre Fils ?

THEUDION.
Oui, mais il est coupable.
Pour lui contre ma Reine il ne m'est rien permis,
J'étois votre sujet avant qu'il fut mon Fils,
Son crime soüille en lui le sang qui l'a fait naître,
C'est n'être plus mon Fils qu'être indigne de l'être;
Et tout mon sang qu'il est, il faut l'envisager,
Comme un sang corrompu dont je me dois purger.

AMALASONTE.
Je veux être pour lui malgré votre colere,

Meilleure Reine ici que vous n'êtes bon Pere,
Avant qu'on le condamne il le faut écouter,
Commandez qu'on l'amène.
THEUDION.
                        Il faut vous contenter.

SCENE II.
AMALASONTE, CELINDE.
AMALASONTE.

A Quoi te resous-tu, Reine, indigne de l'être,
Peux-tu sans te trahir chercher à voir un traître?
Mais un traître agreable, à qui dans ton erreur,
Ton Trône étoit offert aussi bien que ton cœur,
Peux-tu bien presumer, trop aveugle Princesse,
De le voir sans horreur, & même sans tendresse,
Et ne conçois-tu pas une juste terreur,
D'avoir plus de tendresse encor que d'horreur,
Va dire promptement que Theodat demeure,
Et s'il est criminel que je consens qu'il meure.
CELINDE.
J'obéïs, & j'y cours.
AMALASONTE.
                  Ne te presse pas tant.
CELINDE.
Mais on va l'amener.
AMALASONTE,
               Cours-y donc à l'instant,
Va, revien, non retourne, en quel trouble est mon
   Ame,
Arrête un peu, je veux...

TRAGEDIE.
CELINDE.
Que voulez-vous, Madame..
Je ne le puis savoir.
AMALASONTE.
Ce que je veux, helas !
Comment le saurois-tu, si je ne le sai pas ?
CELINDE.
Mais, Madame, pour peu qu'ici l'on me retienne,
Theodat va venir.
AMALASONTE.
Bien, qu'il vienne, qu'il vienne,
Ma tendresse bannie est déja de retour,
J'ai beaucoup de dépit, mais bien moins que d'Amour,
Il vient, & je sens bien, que malgré ma colere
Tout perfide qu'il est, il ne me peut déplaire.

SCENE III.

THEUDION, AMALASONTE, THEODAT, EURIC, GARDES, CELINDE.

THEUDION.
Voici ce Fils ingrat.
AMALASONTE.
Vous êtes irrité,
Mais sans emportement il doit être écouté.
THEUDION.
Vous connoissez mon zele, & c'est assez me dire,
Que votre Majesté veut que je me retire,
Je sors.

AMALASONTE.
Vous m'obligez, je croi n'avoir besoin,
Que de lui seul pour juge, & de moi pour témoin.

SCENE IV.

AMALASONTE, THEODAT, CELINDE, *les Gardes s'étant retirez au fond du Theatre.*

AMALASONTE.

Approchez, Theodat, & prenez cette Lettre,
L'Empereur dans vos mains m'oblige à la remettre,
Voiez.

THEODAT.
A Theodat. Elle s'adresse à moi,
Et j'en suis fort surpris.

AMALASONTE.
C'est ce que je connois.

THEODAT.
Je ne puis concevoir qui le porte à m'écrire.

AMALASONTE.
Pour vous en éclaircir il suffira de lire,
Peut-être en saurez-vous plus que vous ne voudrez.

THEODAT.
Moi, je....

AMALASONTE.
Lisez, vous dis-je, & puis vous répondrez.

THEODAT *lit.*
J'ai promis avec vous de partager l'Empire,

TRAGEDIE.

Et toutes les douceurs qu'on y peut recevoir,
Et vous m'avez promis comme je le desire,
De mettre Amalasonte & Rome en mon pouvoir,
C'est maintenant qu'il faut que rien ne nous retienne,
Tenez votre parole, & je tiendrai la mienne;
Justinian.

AMALASONTE.
Hé bien, vous demeurez confus.

THEODAT.
Je dois l'être en effet, si jamais je le fus,
Mais la confusion, dont mon ame est remplie,
Pour bien être exprimée est trop bien ressentie.

AMALASONTE.
Ah ! tu connois sans doute un trouble si puissant,
De voir ta perfidie avortée en naissant,
Et ton regret provient, si j'en croi cette Lettre,
Moins du crime commis, que du crime à commettre,
Parle, & me fais, ingrat, s'il se peut pressentir,
Que ta confusion vient de ton repentir.

THEODAT.
Je n'ai rien fait pour vous que mon cœur desavouë,
Rien, dont ma raison même en secret ne me louë,
Et votre Majesté ne me sauroit blâmer,
Que d'avoir trop aimé ce que je dois aimer,
Oui, bien que contre moi cet aveu vous anime,
Si je suis criminel, mon amour est mon crime,
Mais ce crime est si beau, qu'il faut vous avertir,
Que je mourrai plûtôt que de m'en repentir.

AMALASONTE.
Ah ! méchant, plût au Ciel qu'Amour fut ton offence,
Ton forfait me plairoit plus que ton innocence,
Mon cœur d'un si beau crime avec joie éclairci,
Ne pourroit t'accuser sans s'accuser aussi,
Et tu ne sais que trop malgré ton injustice,
Qu'il seroit moins ton juge ici que ton complice,
Mes yeux, mes traîtres yeux, par tes regards surpris,
T'ont moins donné d'amour que mon cœur n'en a pris,

AMALASONTE,

Oüi, malgré mon orgueil, par une ardeur trop prompte,
J'ai bien osé t'aimer, tu le sçai à ma honte,
Mais ma raison sur moi, perdant tout son credit,
J'ai fait plus que t'aimer, ingrat, je te l'ai dit,
Et dans les mouvemens qu'un noble orgueil inspire,
Il est bien plus aisé d'aimer que de le dire,
Cependant quand tu sçais qu'au mépris de vingt Rois,
Mon ame avec plaisir te réserve son choix,
Quand en t'offrant un Trône, où tu ne peux prétendre,
Pour t'y mieux élever je tâche d'en descendre ;
Quand l'unique regret, qui me fasse souffrir,
Est de n'avoir encor qu'un seul Trône à t'offrir,
Et de ne te pas rendre en l'ardeur qui m'enflâme,
Maître de tout le monde ainsi que de mon ame,
Quand il n'est point d'espoir qui ne te soit permis,
Tu conspire ma perte avec mes ennemis ;
Je puis donc te déplaire avec une Couronne,
Tu veux me l'arracher lors que je te la donne :
Or tu peux donc perfide aimer mieux en ce jour
La devoir à ton crime enfin qu'à mon amour,
Répons, répons, ingrat.

THEODAT.

Je n'ai rien à répondre,
Cette accusation suffit pour me confondre,
Plus d'un engagement me soûmet à vos loix,
Vous êtes ma partie & mon juge à la fois,
Et vôtre Majesté n'a plus besoin d'excuse,
Puis qu'elle me condamne alors qu'elle m'accuse,
Le crime qu'on m'impute est digne du trépas,
Tous mes jours sont à vous ne les épargnez pas,
Mais en m'ôtant la vie au moins qu'il vous souvienne,
Qu'on ne m'ôtera rien qui ne vous appartienne,
L'honneur que vous m'ôtez fait mes plus rudes coups,
Mais si j'aime l'honneur ce n'est pas plus que vous,
Par un effort d'amour qu'à peine on pourra croire,
Je veux même immoler ma gloire à votre gloire,
Je puis confondre ici l'Ecrit de l'Empereur.

TRAGEDIE.

Mais faire voir ma foi, c'est montrer votre erreur,
Et je ne puis, Princesse, aimable autant qu'auguste,
Me nommer innocent sans vous nommer injuste,
Je consens à perir plutot qu'à faire voir,
Qu'une Ame si brillante a pû se décevoir,
Et j'aime mieux souffrir un injuste supplice,
Que de convaincre ici ma Reine d'injustice.

AMALASONTE.

Non, non, fai tes efforts plutot pour t'excuser,
Je crains de te convaincre en voulant t'accuser,
Mon desir le plus doux, est que je sois deçuë,
J'aimerai mon erreur si j'en suis convaincuë,
Tâche à vaincre un courroux, qui n'est pas trop
     puissant,
Fai moi paroitre injuste, & parois innocent,
J'abhorre l'injustice, & d'une horreur extrême,
Mais je l'aime encor mieux en moi, qu'en ce que
     j'aime,
Ne te pas excuser, c'est vouloir me trahir,
Parle.

THEODAT.

Vous l'ordonnez, & je vais obéïr,
Cette accusation, sans doute m'embarrasse,
Je me deffendrai mal, quelqu'effort, que je fasse,
Troublé par des forfaits, qui me sont inconnus,
Ce que je vous dirai sera foible, & confus ;
Mais vous n'ignorez pas qu'en un trouble semblable,
Qui sçait bien s'excuser semble être un peu coupable,
Et qu'étant accusé d'un crime si fatal,
C'est paroitre innocent que s'en deffendre mal.
Ceux, qu'à des trahisons un soin coupable anime,
Preparent leur excuse en preparant leur crime,
Leur constance est suspecté, & de tels attentats,
Ne sont pas ignorez s'ils ne surprennent pas :
Mais l'imposture étonne en pareille avanture,
Ceux, qui n'ont jamais sçu ce que c'est qu'imposture,
Et qui sur leur vertu s'osant trop confier,
N'ont jamais appris l'art de se justifier,

AMALASONTE,

Je crains peu, toutefois votre Ame a des lumieres,
Qui pourroient découvrir des ruses moins grossieres,
Et votre esprit brillant par un crime imposé,
Peut bien être surpris, mais non pas abusé ;
L'écrit de l'Empereur, si l'on me rend justice,
Vous doit être suspect de beaucoup d'artifice,
J'ai pour accusateur ici votre ennemi,
Contre qui j'ai vingt fois votre Trone affermi,
Un Prince intimidé, que ma valeur étonne,
Dont mon bras a vingt fois fait trembler la Couronne,
Et qui par vos bontez voyant avec ennui,
Recompenser les soins, que j'ai pris contre lui,
Impuissant à me nuire avec la force ouverte,
Cherche en des trahisons sa vengeance & ma perte,
Mais pour y reüssir l'attentat imputé
Est trop peu vrai semblable & trop mal inventé.
Aprés de vos bontez la solide assûrance,
Le crime, qu'on m'impose, a-t-il quelqu'apparence,
Puis-je avec quelque sens refuser en ces lieux,
D'une main adorable un sceptre glorieux,
Pour vouloir prendre ailleurs tout couvert d'infamie,
Un Sceptre mal acquis d'une main ennemie,
Et puis-je apparemment avoir consideré,
Un espoir incertain plus qu'un bien assûré ?
Mais dans un trouble égal à mon desordre extrême,
Qui sçait comme on raisonne ignore comme on aime,
Et pour être excusé de cette trahison,
J'attends de mon amour plus que de ma raison,
J'adore ma Princesse, & personne n'ignore,
Que l'on peut rarement trahir ce qu'on adore,
Et que quand d'un feu pur une Reine est l'objet,
Ce qui fait un Amant fait un meilleur sujet,
Je ne cherche donc plus de raison pour deffence,
Qui sçaura mon Amour, sçaura mon innocence,
Et le feu, qui me brûle est brillant à tel point,
Qu'il doit ne plaire pas à qui ne le sçait point,
Oüi pour peu que ce feu puisse encore vous plaire,
Au moment, qu'il me brûle, il faut qu'il vous éclaire

TRAGEDIE.

Et malgré ce forfait justement dénié,
Si je ne suis haï je suis justifié :
Mais je pers tout espoir, si je pers votre estime,
Je dois plus craindre ici votre haine qu'un crime,
Je ne me deffens plus si vous me haïssez,
Et ma mort...

AMALASONTE.

C'est assez, Theodat, c'est assez,
Ma défiance expire, & ma colere est vaine,
L'Amour sçait rendre une Ame incapable de haine,
Et quoi qu'on ait d'un crime un indice puissant,
Un criminel, qui plaît, est toujours innocent,
Theodat n'a besoin ici, que de lui-même,
Il m'en a dit assez en me disant qu'il m'aime,
Il a peu de sujet de paroître allarmé,
Puis qu'il est innocent il peut se croire aimé,
Et peut même douter que je fusse capable
De ne le pas aimer quand il seroit coupable.

THEODAT.

Ah ! c'en est trop...

AMALASONTE.

Non, non c'est faire encor trop peu,
Un effet éclatant doit suivre cet aveu.

Elle parle à Euric.

Hola, suivez ce Prince, & dites à son Pere,
Qu'il rende son épée, & qu'il soit moins severe,
Vous lui direz de plus qu'un dessein important,
Veut qu'il fasse assembler mon Conseil à l'instant,
Et que son Fils s'y trouve afin que je lui donne,
Avecque plus d'éclat ma main & ma Couronne.

THEODAT.

O bonté trop charmante, ô bonheur sans pareil !

AMALASONTE.

Va faire promptement assembler mon Conseil,
Ces momens, que ta flame en vains discours employe,
Sont autant de larcins, que tu fais à ma joie,

AMALASONTE,
THEODAT.
Pour marquer mon transport, mon trouble est trop
    puissant,
Je ne vous répondrai qu'en vous obéissant.

SCENE V.

CLODESILE, ARSAMON, AMALASONTE, CELINDE.

CLODESILE à Arsamon.

Il sort tout interdit, & tout semble nous rire,
AMALASONTE.
Ah ! Princes vous venez, comme je le desire,
Theodat nie un crime, & je m'assure bien,
Que votre sentiment pour lui suivra le mien.
CLODESILE.
Notre Ame en votre gloire est trop interessée,
Et ce sujet ingrat vous a trop offencée,
Pour conserver pour lui sans crime & sans erreur,
Quelqu'autre sentiment, que de haine & d'horreur.
ARSAMON.
Mon ardeur pour sa perte a tant de violence,
Que pour vous l'exprimer je manque de puissance.
CLODESILE.
Et mon zele est si grand pour l'Etat & pour vous,
Que l'espoir de sa mort fait mon soin le plus doux.
ARSAMON.
Quelque punition, que votre Ame medite,
Il n'aura pas encor tout le mal, qu'il merite.

TRAGEDIE.
CLODESILE.
Et fut-il le plus grand de tous les malheureux,
Il n'aura pas encor le mal, que je lui veux.
AMALASONTE.
Ce sont vos sentimens.
CLODESILE.
Nous n'en avons point d'autres.
AMALASONTE.
Apprenez donc les miens, comme j'ai sçu les vôtres;
Sçachez que Theodat m'est un objet si cher,
Que tout ce qui le touche a droit de me toucher,
Qu'un crime est dans son Ame une chose impossible,
Que qui lui nuit m'outrage, où je suis plus sensible,
Que votre sort dépend plus de lui, que de moi,
Et que mon choix le rend mon Maitre & votre Roi.
CLODESILE.
Mais.....
AMALASONTE.
Enfin, je ne puis, sans une peine extrême,
Voir ceux, qui lâchement haïssent ce que j'aime.
CLODESILE.
Ma sœur qui vient.
AMALASONTE.
Allez, son entretien m'est doux,
Et je lui veux parler, mais ce n'est pas de vous.

SCENE VI.

AMALASONTE, AMALFREDE, ULCIDE, CELINDE.

AMALASONTE.

Toi, qui me fus toujours si chere & si fidelle,
Aproche & viens aprendre une heureuse nouvelle
Aprens qu'il faut nommer le dernier attentat,
Un crime de l'envie, & non de Theodat,
Mais croi que de ma part, je lui rendrai justice,
Et qu'il faut en ce jour que l'hymen nous unisse.

AMALFREDE.

Ah Ciel!

AMALASONTE.

Qui peut causer ce trouble, où je te voi?

AMALFREDE.

Un grand mal me surprend, Madame, excusez-moi.

AMALASONTE.

Il te faut retirer.

AMALFREDE.

Je sors, mais je vous jure,
Que je prens grande part dedans votre avanture.

ULCIDE *à Amalfrede qui laisse tomber une lettre.*

Une Lettre est tombée.

AMALFREDE.

Arrête & ne dis rien :
Qui trouve à se vanger, trouve encore un grand bien.

CELINDE *amassant la lettre.*

Amalfrede en sortant a laissé cette lettre.

AMA-

TRAGEDIE.
AMALASONTE.
Donnez, entre ses mains il faudra la remettre,
Elle n'a point d'adresse, & sans rafinement,
Il est aisé de voir qu'elle vient d'un Amant.
AMALFREDE *retournant sur ses pas.*
Qu'ai-je fait, quel malheur !
AMALASONTE.
      Qu'avez-vous ?
AMALFREDE.
       Ah Madame ?
Par tout ce qui jamais a pû toucher votre Ame,
Si vous ne me voulez reduire au desespoir,
Rendez moi promptement ma lettre sans la voir.
AMALASONTE.
Ma curiosité, que ce discours excite,
Est une ardeur, qui croit lors que plus on l'irrite.
AMALFREDE.
Si mon zele indiscret s'oppose à vos desirs,
C'est pour vous épargner de mortels déplaisirs.
AMALASONTE.
Je sçaurai ce que c'est, j'en meurs d'impatience.
AMALFREDE.
Vous aurez du regret de cette connoissance,
Un mal n'est jamais mal, tant qu'il est inconnu,
Et l'on s'est repenti souvent d'avoir trop vû.
AMALASONTE.
N'importe, il faut tout voir, je serai satisfaite,
En vain vous le craignez.
AMALFREDE *à part.*
     C'est ce que je souhaite.
AMALASONTE.
Theodat vous écrit, ces mots sont de sa main.
AMALFREDE.
Puis que vous le voiez, je le nierois en vain,
La lettre est de lui-même.
AMALASONTE.
    Il vous l'a donc fait prendre.

Tom. II.   P

AMALFREDE.
Puis que je l'ai fait choir, je ne m'en puis deffendre.
AMALASONTE.
Vous parle-t'il d'amour, me manque-t'il de foi ?
AMALFREDE.
C'est ce que cét écrit vous dira mieux que moi.
AMALASONTE *lit.*

   Merveille, où brillent tant d'appas,
Encor que la plus forte envie
Du Prince, à qui je doi la vie,
Soit de m'exposer au trépas,
Ce ne m'est qu'un leger supplice,
Que la Nature me trahisse,
Si l'Amour ne me trahit pas.

   Bien que mon malheur soit pressant,
Votre pitié que je reclame
Pour rendre la joie à mon Ame,
Est un secours assez puissant,
Il m'est fort peu considerable
Que chacun m'estime coupable
Si vous m'estimez innocent.

Quoi, ce traître pour vous, marque un amour si tendre,
Helas ?
AMALFREDE.
Je l'ai bien dit, vous voulez trop apprendre.
AMALASONTE.
L'aimez-vous ?
AMALFREDE.
   Moi, Madame, ah ! votre Majesté
Fait un tort bien sensible à ma fidelité,
J'aimerois un ingrat, qui trahit ma Princesse,
Ah ! ne m'imputez pas cette horrible foiblesse,
Et croyez que l'amour, qu'un cœur si lâche a pris,
Ne peut produire en moi que haine & que mépris.
AMALASONTE.
Mais vous souffrez ses soins.

AMALFREDE.
Oui, mais j'y suis forcée,
De son credit sur vous, l'ingrat m'a menacée,
Et s'est fait voir tout prêt pour me combler d'effroi,
De m'imputer pour lui, l'amour qu'il a pour moi.
AMALASONTE.
D'un tel secret plutot vous me deviez instruire.
AMALFREDE.
De tels secrets souvent sont dangereux à dire,
Theodat est à craindre, il s'est toujours vanté,
Qu'il peut tout sur l'esprit de votre Majesté,
Et sûr de vous tromper peut-être avec audace
Qu'il dira que je l'aime avant que le jour passe.
AMALASONTE.
O Ciel que j'ai d'horreur pour cette trahison,
Que je hai cet ingrat.
AMALFREDE.
C'est avecque raison.
Il vient, mon mal redouble, à son abord je tremble.
AMALASONTE.
Il vous regarde fort le traître.
AMALFREDE.
Il me le semble.
Mais si vous m'en croyez, gardez de l'écouter.
AMALASONTE.
Comme un monstre à present, je le veux éviter.
Le perfide il l'aborde !

SCENE VII.

THEODAT, AMALFREDE, AMALASONTE, CELINDE, ULCIDE.

THEODAT à *Amalfrede*.

Avez-vous pris la peine
AMALFREDE *en se retirant.*
Oui j'ai parlé de vous fort long-temps à la Reine.
THEODAT *à Amalasonte.*
Le Conseil assemblé n'attend plus desormais.
AMALASONTE.
Qu'il se separe, & vous ne me voyez jamais.

SCENE VIII.

THEODAT.

Interdit du revers, qui vient de me surprendre,
Je ressens mon malheur sans le pouvoir comprendre,
Ne me voyez jamais, dit-elle avec transport,
Me faites vous mes sens un fidelle rapport ?
Oui, oui, tristes témoins de mes peines mortelles,
Ce n'est pas vous ici, qui m'êtes infidelles,

Ne me voyés jamais ! quoi l'amour inégal,
Ne promet un grand bien que pour faire un grand mal ?
Quoi tout change, & par tout, où l'on ressent sa flame,
S'il est quelque constance, elle n'est qu'en mon Ame ?
Ne me voyez jamais ! quel crime ai-je commis,
Reine, qui de vos yeux faites mes ennemis,
Et tous mes ennemis qu'ils puissent être encore,
Doi-je ne les voir plus, s'ils sont ce que j'adore,
Ne me voyez jamais ? ah vous devez sçavoir,
Qu'il faut cesser de vivre en cessant de vous voir,
Oui ; vous n'ignorez pas, qu'où vous m'êtes absente,
L'image du trépas, m'est sans cesse presente,
Et j'ai trop bien compris qu'en un si triste sort,
Vous me condamnés moins à l'exil qu'à la mort,
Hé bien sans murmurer il faut vous satisfaire,
Ma vie est votre bien, mon but est de vous plaire,
C'est mon soin le plus cher & le plus important ;
Et si ma mort vous plaît, je dois mourir content.

Fin du second Acte.

ACTE III.

SCENE PREMIERE.

CLODESILE, AMALFREDE.

CLODESILE.

Quoi vous sortez si tard étant indisposée,
Votre douleur, ma Sœur, est bien-tôt appaisée.
AMALFREDE.
Mon mal n'a point cessé, mais venant de savoir
Que la Reine chez moi devoit venir ce soir,
Je ne l'ai pû souffrir avecque bien-seance,
Et pour la prevenir je me fais violence.
CLODESILE.
La réponse est adroite, & j'avouë en effet,
Que le plus défiant en seroit satisfait ;
Mais comme pour ma Sœur ma tendresse est parfaite,
Sa sortie en ce temps me trouble & m'inquiete,
Il n'est rien plus contraire aux grands maux que la
    nuit,
Si vous en exceptez le mal, qu'Amour produit.
AMALFREDE.
Arsamon, qui me sert, se trompe s'il se vante,
Que l'Amour soit un mal, que pour lui je ressente.

CLODESILE.
Theodat pourroit mieux se vanter aujourd'hui,
Que l'Amour est un mal que vous sentez pour lui,
On dit que vous brûlez d'une ardeur, qui m'outrage.
AMALFREDE.
Oui je brûle pour lui, Seigneur, mais c'est de rage,
Je jure que l'ardeur, qui m'anime en ce jour,
Est un feu tout contraire aux ardeurs de l'amour,
Et que loin de sa flâme à la tendresse invite,
Détruit toujours l'amour, & jamais ne l'excite,
Prête à voir Theodat au Trône au lieu de vous,
Mes transports sont pareils à vos transports jaloux,
Et je consentirois avec joie & sans peine,
A le voir plutôt mort, que mari de la Reine,
Lui, mari de la Reine, Ah ; cessez de trembler,
Il tombera, dût-il en tombant m'accabler,
Par moi seule il peut voir sa fortune arrêtée,
Je suis femme, il est vrai, mais je suis irritée ;
Et quand la rage anime un cœur comme le mien,
Il peut tout faire craindre à qui ne craint plus rien.

CLODESILE.
Je reconnois ma Sœur à l'ardeur heroïque,
Qui dans cette colere en ma faveur s'explique,
Garde en l'executant de me faire rougir,
C'est à toi de parler, mais c'est à moi d'agir,
Il suffit pour ma Sœur d'un transport de colere,
Mais plus interessé, je dois aussi plus faire,
Je dois perdre ce Prince, & d'un coup inhumain
Il faut absolument qu'il meure de ma main.
AMALFREDE.
Quoi vous voulez sa mort ?
CLODESILE.
Quoi ce dessein t'étonne ?
AMALFREDE.
Il faut en le perdant gagner une Couronne,
Et vous ne devez plus osant l'assassiner,
Rien prétendre à la main, qui doit vous couronner.

CLODESILE.

Encor que son trépas doive affliger la Reine,
Je crains peu sa douleur, si j'évite sa haine.
Le secret de sa mort, dont tu prens trop d'effroi,
Sera toujours secret pour tout autre que toi.

AMALFREDE.

Mais vous êtes perdu, s'il est sçu de tout autre,
Et sa vie attaquée exposera la vostre,
C'est de son bonheur seul que vous craignez le cours
Détruisez son bonheur, mais épargnez ses jours.
Déja par une fourbe heureusement conçuë,
La Reine à Theodat a deffendu sa vûë,
Et pour peu qu'avec art mon dessein soit conduit,
Votre bonheur naîtra de son bonheur détruit.

CLODESILE.

Tu me flates en vain ; tous ces petits divorces,
En irritant l'amour en font croître les forces,
Ces differens, que forme un leger accident,
Ont l'effet d'un peu d'eau sur un feu bien ardent,
Dont la froideur est foible, & qui n'est pas à craindre,
Redouble les ardeurs, qu'elle ne peut éteindre,
Pour vaincre ce dépit, qui fonde ton espoir,
Mon Rival seulement n'a qu'à se faire voir,
N'esperons qu'en sa mort sans que rien me retienne,
Tu me verras hâter ou sa perte ou la mienne,
Tant qu'il sera vivant il sera fortuné,
Son bonheur à sa vie est trop bien enchaîné,
Et je ne puis malgré ton importune envie
Détruire son bonheur sans détruire sa vie.

AMALFREDE.

Mais cet assassinat est un crime odieux.

CLODESILE.

S'il peut me couronner il sera glorieux,
Tous les moiens sont beaux lors que la fin est belle,
La Couronne rend pur ce qui s'aproche d'elle,
Et quand un crime noir mene au Trône où l'on tend,

Par l'éclat qu'il y trouve, il devient éclattant,
C'est toujours un effet d'une ame peu commune,
De détruire d'un coup ce qu'a fait la Fortune ;
Je l'entreprens à tort, mais je m'assure aussi,
Qu'on est justifié, quand on a réussi,
Qu'une injustice heureuse est toujours legitime,
Et qu'un Sceptre vaut peu, s'il ne vaut bien un crime,
L'effroi ne peut toucher un cœur tel que le mien.
AMALFREDE.
Mais si.....
CLODESILE.
J'entends du bruit, demeure, & ne dis rien.
AMALFREDE.
Où voulez-vous aller ?
CLODESILE.
Si tu me veux attendre,
Avant qu'il soit long-temps tu le pourras apprendre.
AMALFREDE.
Sans doute à Theodat il va donner la mort,
Mais avec Arsamon je l'aperçoi qui sort.

SCENE II.

AMALFREDE, THEODAT, ARSAMON.

AMALFREDE.

Quel dessein à telle heure en ces lieux vous ameine ?
THEODAT.
Suivant un ordre exprés je vai trouver la Reine.

AMALFREDE.
Je vous y conduirai, quoi qu'il puisse avenir.
ARSAMON.
La Reine sans témoins prétend l'entretenir,
Je voudrois qu'il vous pût devoir ce bon office,
Je dois seul le conduire, il faut que j'obéisse.
THEODAT.
Obligeante Princesse, épargnez-vous ce soin,
Il m'est avantageux de la voir sans témoin.
ARSAMON.
Allons, voici, Seigneur, le chemin qu'il faut prendre,
C'est dans son Cabinet qu'elle vous doit attendre.

SCENE III.

AMALFREDE, ULCIDE.

AMALFREDE.

Il va seul chez la Reine, ah ! je perds tout espoir,
Elle doit le haïr, mais elle doit le voir,
Et je ne sai que trop par mon experience,
Que le voir & l'aimer ont peu de difference;
Quand je songe quel trouble, & quel ravissement,
Cet espoir a fait naître au cœur de cet Amant,
Et combien pour la Reine il a l'ame attendrie,
Tout ce que j'eus d'amour se transforme en furie,
Et je ressens déja que mon cœur à son tour,
A bien plus de fureur qu'il n'eut jamais d'amour.
Oui j'abhorre l'ingrat, & j'en suis dégagée,
Je n'y songerai plus que pour m'en voir vengée,
Sa perte est maintenant mon unique desir,
Je sens que je verrois sa mort avec plaisir,
Et si d'un coup mortel.... mais j'aperçoi mon frere.

SCENE IV.

CLODESILE, AMALFREDE, ULCIDE.

CLODESILE.

ENfin, grace à mes coups, rien ne m'eſt plus con-
traire,
C'en eſt fait il eſt mort par un noble attentat.
AMALFREDE.
Il eſt mort, qui, Seigneur ?
CLODESILE.
      Theodat.
AMALFREDE.
      Theodat !
CLODESILE.
Oui, ce bras te répons que ſa mort eſt certaine.
AMALFREDE.
Et vous ne craignez pas la fureur de la Reine ?
Quoi ſes beaux jours aux miens par l'amour en-
chaînez,
Par ta rage barbare ont été terminez ?
Quoi, tu viens d'égorger cette illuſtre victime,
A qui trop de merite a tenu lieu de crime,
Ce Heros par tes coups lâchement abatu,
Qui n'eut pour ennemis que ceux de la vertu,
Et qui, par un malheur, qui n'eſt pas ordinaire,
Te déplût ſeulement pour avoir trop ſçu plaire ?
Quoi, tu m'as pû ravir un objet ſi charmant,
Et tu crois échaper à mon reſſentiment ?
Que fais-je !
          bas.

CLODESILE.
Indigne Sœur, quel Demon vous inspire,
Que pouvez-vous penser, & que m'osez-vous dire?
AMALFREDE.
Qu'à peu prés en ces mots la Reine contre vous,
Fera tantôt sans doute éclatter son courroux.
CLODESILE.
Quoi ce n'est qu'un avis?
AMALFREDE.
En seriez-vous en doute.
Je parle en bonne sœur des maux, que je redoute,
Et croi de ces transports devoir vous avertir,
Pour vous y préparer & vous en garentir.
CLODESILE.
J'ai rendu cette mort si secrette & si prompte,
Que j'ai peu de sujet de craindre Amalasonte;
Sur ce petit degré, qui méne au Cabinet,
Sans lumiere & sans bruit cela vient d'être fait,
Arsamon prétextant un ordre de la Reine,
De mon rival trop vain s'est fait suivre sans peine,
Et l'aiant fait passer par l'endroit indiqué,
L'a mis entre mes mains, qui ne l'ont point manqué.
AMALFREDE.
Mais frapant Theodat de nuit & sans lumiere,
Avez-vous de sa mort une assurance entiere?
CLODESILE.
Oui, oui, j'ai fait sans doute exprimer mon Rival,
La chûte d'Arsamon étoit notre signal;
Il est tombé d'abord, & cette feinte chûte,
Laissant lors Theodat à tous mes coups en butte,
Courant à lui sans crainte un poignard à la main,
Meurs perfide, ai-je dit, en lui perçant le sein,
Il est mort sans répondre, & ma rage assouvie,
A fait cesser ensemble & sa voix, & sa vie.
AMALFREDE.
Hélas!
CLODESILE.
Par ce soupir, plaignez-vous mon Rival?

TRAGEDIE.
AMALFREDE.
On peut se plaindre alors qu'on sent croistre son mal,
Et je sens ma douleur à tel point redoublée,
Qu'on doit peu s'étonner si je parois troublée.
CLODESILE.
S'il est ainsi, ma Sœur, il faut vous retirer.
AMALFREDE.
La Reine qui paroît m'oblige à demeurer.
CLODESILE.
Ma presence en ce lieu ne me peut être utile.

SCENE V.

AMALASONTE, CLODESILE, AMALFREDE, ULCIDE, CELINDE, *Suite*.

AMALASONTE.

JE sortois pour te voir, vous, restez Clodesile?
CLODESILE.
Madame, je craignois.....
AMALASONTE.
Non, non, ne craignez rien,
Vous pouvez avoir part à tout notre entretien,
La raison dans mon ame est enfin revenuë,
Votre fidelité ne m'est plus inconnuë,
Restez pour condamner Theodat avec moi,
Je connois votre zele, & sais son peu de foi.
Vous avez vû pour lui malgré moi ma foiblesse,
Cependant ce perfide a trahi ma tendresse,
Et votre Sœur sait bien qu'il ne m'est plus permis

AMALASONTE,

De douter qu'il conspire avec mes ennemis,
Puis qu'on ne peut penser sans une erreur nouvelle,
Qu'un infidelle amant soit un sujet fidelle,
Mais j'ai conclu sa mort, & qui veut m'obliger,
Doit accroître en mon cœur l'ardeur de me venger.

CLODESILE.

S'il suffit de sa mort pour vous rendre contente,
Une main favorable a rempli votre attente,
Theodat ne vit plus.

AMALASONTE.

Dieu! que me dites-vous?

CLODESILE.

Qu'il est tombé sans vie, & tout couvert de coups,
Et que son meurtrier.....

AMALASONTE.

Il en mourra le traître.
Hé bien, son meurtrier?

CLODESILE.

Ne s'est pas fait connoître.

AMALASONTE.

Ne m'aprendrez-vous point ce qu'il est devenu?

CLODESILE.

Non, Madame, & sans doute il craint d'être connu.

AMALASONTE.

Que l'on cherche par tout ce traître & ses complices,
Je les ferai périr au milieu des suplices.

CLODESILE.

Quoi, plaignez-vous l'ingrat, qui vous a sçu trahir?

AMALASONTE.

Hélas! je me flatois quand j'ai cru le haïr,
Quand j'ai dit que pour lui ma haine étoit extrême,
Je vous trompois tous deux, & me trompois moi-même
Je parlois de sa mort, mais sans y consentir,
Mon cœur ne souhaitoit de lui qu'un repentir,
Sa mort impunément ne sera pas soufferte,
Et si je vis encor, c'est pour venger sa perte.

SCENE VI.

AMALASONTE, EURIC, CLODESILE, AMALFREDE, ULCIDE, CELINDE, Suite.

AMALASONTE.

HE' bien du Prince mort, puis-je venger sa fin ?

EURIC.

Oui, Madame, on a sçu quel est son assassin,
Il ne peut échaper.

CLODESILE à part.

O Ciel ! quelle est ma peine ?

EURIC.

Par l'ordre du Regent le voici qu'on l'amène.

SCENE VII.

THEODAT, AMALASONTE, CLODESILE, AMALFREDE, ULCIDE, CELINDE, EURIC, GARDES.

AMALASONTE.

C'Eſt Theodat vivant, Ciel! que m'avez-vous dit?
CLODESILE.
J'étois trompé, Madame, & j'en reſte interdit.
EURIC.
A regret contre lui je rends ce témoignage,
Mais l'ordre de ſon Pere à cet effort m'engage,
Arſamon, que le ſang uniſſoit avec vous,
Vient d'être indignement maſſacré par ſes coups,
Son Pere a de ſon crime une aſſurance entiere,
Sortant du Cabinet avec de la lumiere,
J'accompagnois ſes pas quand il l'a rencontré,
Interdit & ſanglant prés du corps maſſacré,
Vous le ſavez, Seigneur, & que même à ſa vuë,
Votre confuſion tout-à-coup s'eſt accruë.
THEODAT.
Il eſt vrai, mais malgré cet indice puiſſant,
Il eſt encor plus vrai que je ſuis innocent.
EURIC.
Son pere m'a d'abord commandé ſans l'entendre,
Et de vous l'amener, & de vous tout apprendre,
Mais ſi comme témoin il faut tout déclarer,
Comme pere il a cru devoir ſe retirer,
Il ne peut être juge, il craint que la nature,

TRAGEDIE.

Si son Fils l'abusoit n'aidât son imposture,
Et ne le fit juger en cette extrêmité,
Plus suivant ses desirs que suivant l'équité.

AMALASONTE.

Vous m'en avez appris assez pour le confondre,
A tout ce qu'il a dit, qu'avez-vous à répondre ?

THEODAT.

Que suivant Arsamon, qui m'avoit fait savoir,
Que votre Majesté m'ordonnoit de la voir,
Pour attaquer ma vie il m'avoit fait attendre,
Dans un passage obscur qu'il m'a d'abord fait prendre,
Sa chûte étoit sans doute un signal concerté,
Mais tombant par hazard dans ce lieu sans clarté,
Un assassin trompé par son propre artifice,
Au lieu de me fraper a frapé son complice,
Un coup si surprenant étoit à peine fait,
Que mon Pere sortant de votre Cabinet,
Me trouvant seul auprés de ce corps déplorable,
Et même un peu sanglant m'a pris pour le coupable ;
Et d'un si grand malheur plus il m'a vû troublé,
Plus son soupçon injuste encore a redoublé.

AMALASONTE.

Quoi, son mensonge est-il seulement vrai-semblable ?

CLODESILE.

Je ne puis toutefois croire qu'il soit coupable.

THEODAT.

Ce Prince en peut répondre, & s'il le veut, je croi,
Qu'il vous peut de ce crime instruire mieux que moi ;
Ce discours le surprend.

CLODESILE.

    Oui, j'ai l'ame confuse
De me voir accusé par celui que j'excuse.

THEODAT.

Le crime vous regarde, & je voi qu'en effet,
Vous l'excusés trop bien pour ne l'avoir pas fait,
Quand le bras que j'évite a fait périr un autre,
J'ai oüi certaine voix fort semblable à la votre,

AMALASONTE,

CLODESILE
Ou vous voulez tromper, ou vous êtes trompé,
J'étois prés de ma Sœur dans ce tems occupé.

THEODAT.
Et qui peut l'assurer ?

AMALASONTE.
Moi, qui l'ai vû prés d'elle,
Et qui connois assez votre crime & son zele.

THEODAT.
Si......

AMALASONTE.
Ne repliquez point.

CLODESILE.
Graces au Ciel mon bras,
S'il vouloit l'attaquer, ne se cacheroit pas,
Lors que j'ai cru tantôt sa trahison certaine,
Je n'ai point contre lui dissimulé ma haine,
Mon zele a fait éclat & n'auroit pas moins fait,
S'il l'avoit soupçonné de ce dernier forfait :
Mais quoi sa calomnie ici doit peu surprendre,
Sur le point de se perdre, il ne sait où se prendre,
Tel qu'un desesperé, qu'un naufrage a surpris,
Il veut que ce qu'il void le suive en son débris,
Et troublé du péril, qui devant lui se montre,
S'attache en se perdant à tout ce qu'il rencontre,
Mais c'est un crime encor qu'il lui faut épargner,
Ma presence le cause, & je vai m'éloigner.

AMALASONTE.
Allez, je connois bien quel parti je dois prendre,
S'il vous attaque absent, je saurai vous défendre.

SCENE VIII.

THEODAT, AMALASONTE, AMAL-
FREDE, ULCIDE, CELINDE,
EURIC, Gardes.

THEODAT à *Amalfrede*.

JE crains en lui parlant d'augmenter son courroux,
Je me tais par respect & n'espere qu'en vous.
AMALASONTE.
Le traître ! à ma Rivale il parle en ma presence.
AMALFREDE.
Pour ce Prince, Madame, aiez de l'indulgence,
Il est de votre sang, vous avez interest
A le sauver encor tout accusé qu'il est.
AMALASONTE.
Le Conseil assemblé saura demain résoudre,
Si l'on peut justement le punir ou l'absoudre.
THEODAT à *part à Amalfrede*.
De toutes ses rigueurs ne vous rebuttez pas.
AMALASONTE.
Quoi, sans me regarder il lui parle encor bas ?
AMALFREDE.
Excusez.
AMALASONTE.
L'excuser, c'est partager sa faute.
Qu'on l'ôte de mes yeux:
AMALFREDE.
Mais, Madame.

AMALASONTE.

                                  Qu'on l'ôte,
Et qu'il soit dans la tour soigneusement gardé,
Jusqu'au tems où son sort doit être décidé.
           THEODAT *à part à Amalfrede*
Ah ! dites-lui, Princesse, à mes desirs propice,
Que je veux l'adorer malgré son injustice,
Et qu'enfin sa rigueur, qui m'accable en ce jour,
Ne peut ôter la vie, & non pas mon amour.
               AMALASONTE.
Quoi, donc je vois encor cet objet de ma haine,
S'il ne veut pas marcher, Gardes, que l'on l'entraîne.

SCENE IX.

AMALASONTE, AMALFREDE, CELINDE, ULCIDE.

AMALASONTE.

Le traître vous parloit d'un air fort interdit,
Que pouvoit-il prétendre, & que vous a-t-il dit ?
               AMALFREDE.
Que bien qu'à ses desirs je ne sois pas propice,
Il me veut adorer malgré mon injustice,
Et que votre rigueur qui l'accable en ce jour,
Lui peut ôter la vie, & non pas son amour,
Voilà ce qu'il m'a dit puis qu'il faut vous l'aprendre.
               AMALASONTE.
Ces mots sont en effet ceux que je viens d'entendre,
Avec confusion les aiant entendus,
Je tâchois d'en douter, mais je n'en doute plus,

TRAGEDIE.

Ce qui doit toutefois m'étonner davantage,
C'est de voir qu'Amalfrede en son salut s'engage :
Et qu'excusant l'ingrat, qu'elle vient d'accuser,
A ma juste colere elle ose s'opposer.

AMALFREDE.

Vous vous étonnez trop d'une adresse grossiere,
Quoi pensez-vous que j'aie assez peu de lumiere,
Pour ne découvrir pas que Theodat vous plaît,
Et vous est toujours cher tout accusé qu'il est ?
Je voi bien quoi qu'il fasse, & quoi qu'il en arrive,
Que vous voulez encor qu'il vous aime & qu'il vive,
Et quand j'ai combattu votre juste courroux,
Je pense avoir parlé moins pour lui que pour vous.

AMLASONTE.

Hélas ! que tu vois clair dans le fond de mon Ame ;
Oui, ma colere encor cachoit toute ma flâme,
Et le feu, dont l'Amour a mon cœur embrasé,
Lors qu'il sembloit éteint, n'étoit que déguisé,
J'estime encor l'ingrat de tout crime incapable,
Ma raison en effet m'apprend qu'il est coupable,
Mais mon cœur, qui l'excuse aprés sa trahison,
Sent quelque chose en moi plus fort que ma raison.

AMALFREDE.

Songez s'il est ainsi, que son sort vous regarde,
S'il demeure en prison son salut se hazarde,
Et vous ne serez plus maîtresse de son sort,
S'il est par le Conseil jugé digne de mort,
Son Pere à son salut ne sera pas contraire,
Il sait bien que son fils a l'honneur de vous plaire,
Et puis qu'il vous l'envoie, il ne peut mieux prouver,
Que bien-loin de le perdre, il cherche à le sauver.

AMALASONTE.

L'ingrat ne peut mourir sans m'empêcher de vivre,
Ce soir secretement je veux qu'on le délivre,
Je feindrai d'ignorer demain qu'il soit parti,
Tandis je veux qu'il sorte, & qu'il soit averti
Que c'est en ta faveur qu'il reçoit cette grace,
Et qu'il saura de toi ce que je veux qu'il fasse,

Et le voiant d'abord, tu lui feras savoir,
Que je suis résoluë à ne le jamais voir,
Et qu'il doit promptement pour suivre mon envie,
Sortir de mes Etats sur peine de la vie,
Fai si bien toutefois qu'il puisse consentir,
A me voir malgré moi devant que de partir,
Dis-lui que je le sauve, & que le plus barbare,
Doit un remerciement pour un bienfait si rare,
S'il t'aime, il t'est aisé de le persuader.
AMALFREDE.
Mais si je ne le puis ?
AMALASONTE.
     Tu peux lui commander.
AMALFREDE.
Vous aimez trop à voir un traître qui vous laisse.
AMALASONTE.
Oui, mais c'est par vengeance, & non pas par foiblesse,
Pour exciter en moi la haine & la fierté,
Je veux lui reprocher son crime & ma bonté,
Je veux qu'il ait horreur de sa propre injustice,
Et qu'au moins un remords me venge & le punisse.
AMALFREDE.
Ah ! sondez votre cœur, il cherche à vous trahir,
On n'aime point à voir ce que l'on veut haïr.
Et quoi qu'on se propose, & quoi qu'on veüille feindre,
On cherche à s'apaiser quand on cherche à se plaindre.
Craignez d'un imposteur la vûë & les discours,
Qui nous trompe une fois, peut nous tromper toujours,
Cette entrevuë enfin vous peut être funeste.
AMALASONTE.
Fais ce que je t'ai dit, je prendrai soin du reste.

Fin du troisième Acte.

ACTE IV.

SCENE PREMIERE.
AMALFREDE, THEODAT.

AMALFREDE.

Quoi, malgré mes conseils, & contre mon espoir,
Vous allez chez la Reine, & prétendez la voir?

THEODAT.
Quand vous me conseillez de ne voir plus la Reine,
Ma raison y consent, mais ma raison est vaine,
Et malgré vos conseils & vos soins superflus,
Je ne dois plus rien voir si je ne la voi plus,
Mon amour me retient, quand sa haine me chasse,
Sa bouche sait charmer, quand même elle menace,
Ses yeux dans leur fureur conservent leurs clartez,
Et sont toujours charmans, quoi qu'ils soient irritez,
La liberté par vous est un bien qui m'arrive,
Souffrez que je m'en serve, ou faites qu'on m'en prive.

AMALFREDE.
Ce que vous souhaitez ne vous est pas permis,
L'amant n'est plus amant quand il n'est plus soûmis,
La Reine absolument vous défend sa presence,
Marquez-lui votre amour par votre obéïssance.

THEODAT.

Que vous connoissez mal l'amour & ses effets,
Plus il nous éblouït, plus ses feux sont parfaits,
Et l'ardeur d'un amant n'a rien que d'ordinaire,
S'il ne fait rien de plus que ce qu'il devroit faire,
Il est beau d'obéir contre son sentiment,
Mais c'est comme sujet, & non pas comme amant,
Quiconque sait aimer doit prendre pour un crime
Tout ce qui fait obstacle à l'amour qui l'anime,
Et dût-il voir périr son espoir tout-à-coup,
S'il peut fuir ce qu'il aime, il n'aime pas beaucoup.
Aussi quoy que la Reine avec soin me rebutte,
Je veux savoir au moins tout ce qu'elle m'impute.

AMALFREDE.

En vain j'ai pour l'apprendre emploié mon pouvoir,
Si je ne l'ai pas sçu, le pourrés-vous savoir ?
Ce soin est inutile, & choquant sa défense,
Dans le plus innocent peut tenir lieu d'offense.

THEODAT.

Hé bien, que pour un crime on prenne tous mes soins,
Quand j'aurai plus de tort la Reine en aura moins,
Je dois aimer sa gloire, & quoi qu'il en avienne,
Ici mon injustice amoindrira la sienne,
Et comme ingrat sujet, quoy que fidelle amant,
Elle pourra du moins me haïr justement.

AMALFREDE.

Les faveurs ont du charme, & si je ne m'abuse,
D'autres vous offritoient ce qu'elle vous refuse ;
Vous êtes né sans doute avec des qualités,
A pouvoir mériter plus que des cruautés,
Quoi, si perdant la Reine un Objet plus fidelle,
Etoit autant aimable, & vous aimoit plus qu'elle,
S'il s'en trouvoit quelqu'un, qui flatant vos langueurs,
Peut-être eut ses beautés, & n'eut pas ses rigueurs,
Qui n'eut rien épargné pour montrer qu'il vous aime,
Et qui fut sur le point de le dire à vous-même,
Répondant à ses vœux par de pareils desirs,
Ne changeriez-vous pas vos peines en plaisirs ?

THEO-

THEODAT.
Ce bien s'il m'arrivoit me feroit peu d'envie,
De la Reine dépend tout le bien de ma vie,
Tout autre plaisir cede à celui d'être aimé,
Mais quelqu'objet pour moi qui pût être enflammé,
Ce plaisir ne peut être aussi doux que la peine,
Que me fait endurer la rigueur de la Reine,
Et n'eut-elle jamais des sentimens meilleurs,
Prés d'elle un mal pour moi vaut mieux, qu'un bien ailleurs.

AMALFREDE.
Ah ! je rougis pour vous de la foiblesse horrible,
Qui vous rend insensé presqu'autant qu'insensible.

THEODAT.
Vous auriez mes erreurs, si vous sentiez mes coups,
Mais Celinde s'approche, & veut parler à vous.

SCENE II.

CELINDE, AMALFREDE, THEODAT.

CELINDE.
JE vous cherche, Madame, afin de vous apprendre,
Que la Reine chez vous sans suite se va rendre.

AMALFREDE.
Pour sortir si matin son soin doit être grand.

CELINDE.
Le chagrin qu'elle montre, en effet me surprend,
Sans cesse elle soupire, & de cette maniere,
Elle a sans reposer passé la nuit entiere,
Son mal par vos conseils se pourra divertir.

AMALFREDE.
Je m'en vai la trouver, allez l'en avertir.

Tome II. Q

SCENE III.
AMALFREDE, THEODAT.

AMALFREDE.

Je vai parler pour vous, Prince.
THEODAT.
Ah ! quoi qu'il vous arrive
Vous allés chés la Reine, il faut que je vous suive.
AMALFREDE.
Me suivre, ah ! c'est vouloir détruire mes desseins.
THEODAT.
Pour qui n'a plus d'espoir, tous les conseils sont vains,
De l'Amour seul ici je suivrai les maximes,
Je veux d'Amalasonte apprendre tous mes crimes,
Et le dernier remede, où je veux recourir,
C'est d'aller à ses pieds m'excuser ou mourir.
AMALFREDE.
Gardés bien d'achever un dessein si bizarre,
Ou souffrés qu'à vous voir, au moins je la prepare,
J'entends du bruit, ah ! Ciel, c'est la Reine qui sort,
Laissés moi seule ici faire un dernier effort.
THEODAT.
Vous l'obligerés donc à souffrir ma presence.
AMALFREDE.
Je veux plus faire encor, sortés en diligence.

SCENE IV.

CELINDE, AMALASONTE, AMAL-
FREDE, THEODAT.

CELINDE.

Avecque Theodat Amalfrede est ici.
AMALASONTE.
Qu'on ne me suive point.
AMALFREDE. *Celi. de entre.*
Laissez-moi, la voici.
Theodat se retire.
AMALASONTE.
Theodat te parloit, quel sentiment peut être,
Celui, qui le fait fuir dés qu'il me voit paroitre ?
AMALFREDE.
Vous le pouvez, Madame, aisément concevoir,
On ne cherit pas fort ce que l'on craint de voir,
Rarement on évite un objet agreable,
Et l'on ne fuit jamais ce que l'on trouve aimable.
AMALASONTE.
Quoi le traitre m'évite, & me fuir par mépris ?
AMALFREDE.
C'est ce que ses discours ne m'ont que trop apris.
Mais....
AMALASONTE.
Mais quoi qu'a-t'il dit ?
AMALFREDE.
Ce que je vous dois taire.
AMALASONTE.
Non, parle.

AMALFREDE.
Voulés vous que j'ose vous déplaire.
AMALASONTE.
Oui, je le veux, acheve.
AMALFREDE.
Avec sincerité
Je vai donc obéïr à votre Majesté.
Il m'a dit qu'à m'aimer il borne sa fortune,
Qu'il ne veut plus souffrir votre amour importune,
Qu'il trouve son exil une trop dure loi,
Qu'il aime mieux mourir que s'éloigner de moi,
Et qu'il veut demeurer, quelqu'ordre qui le presse,
Pour ne vous voir jamais, & pour me voir sans cesse,
J'ai de tout mon pouvoir combattu son dessein,
J'ai fait tous mes efforts, & les ai faits en vain,
Quoi qu'on die, il ne peut vous aimer ni vous craindre,
Quand il voudra sa grace, il dit qu'il n'a qu'à feindre,
Qu'il seduira votre ame, & sçaura, malgré vous,
Y faire succeder la tendresse au courroux,
C'est ce qu'il me disoit, quand vous êtes venuë,
Je n'ai pû l'arrêter si-tôt qu'il vous a vûë,
Et par sa prompte fuite il vous témoigne assez,
Qu'il ne vous verra point, si vous ne l'y forcez.
AMALASONTE.
Le forcer à me voir! non l'audace est trop grande,
Je l'ai moins souhaité que je ne l'apprehende,
Qu'il parte pour jamais, va le faire avertir,
Que de Rome à l'instant il soit prêt à partir,
Et que s'il t'ose voir sa mort sera certaine,
Toi ne le souffre plus, sur peine de ma haine.
AMALFREDE.
S'il me cherche avec soin.
AMALASONTE.
Fuis avec soin ses pas.
AMALFREDE.
Mais....
AMALASONTE.
Fais ce que j'ordonne, & ne replique pas.

SCENE V.

AMALASONTE seule.

ET toi cruelle ardeur, qui fais toute ma peine,
Amour, sors de mon Ame, & fai place à la haine,
L'objet, qui t'entretient, s'en va fuir de ces lieux,
Fuis, & m'ôte du cœur, ce que j'ôte à mes yeux,
Du cœur ! oui, du cœur ! hé bien qu'en veux-tu dire ?
Esclave infortuné que j'entends qui soûpire,
Cœur lâche, aveugle Auteur des maux que j'ai souf-
    ferts,
N'es-tu point las encor d'avoir porté des fers ?
Qui te fait murmurer, quand ma Raison s'applique
A t'affranchir d'un joug honteux & tyrannique,
Dois-tu pas t'irriter quand tu te vois trahir,
Et si tu peux aimer, ne peux tu pas haïr ?
Laisse donc succeder les fureurs aux tendresses,
Pers de ton lâche amour jusqu'aux moindres foiblesses,
Ou s'il t'en reste, au moins déguise les si bien,
Que ma raison s'y trompe, & n'en découvre rien.
Mais quel charme en mes sens à mon trouble succede,
Ah ! je sens qu'au sommeil, le plus fort ennui cede,
Doux assoupissement, repos délicieux,
Passe dedans mon Ame ainsi que dans mes yeux.

Elle s'endort sur un Fauteuil

SCENE VI.

THEODAT, AMALFREDE, AMALASONTE.

THEODAT.

TOut votre effort en vain à mes desirs s'oppose.
AMALFREDE.
Quoi voulez-vous troubler la Reine qui repose ?
THEODAT.
Un Amant qui perd tout, & n'espere plus rien,
Peut troubler le repos de qui trouble le sien,
Je consens toutefois que l'ingrate jöüisse
Du repos, qu'elle m'ôte avec son injustice,
Mais dût finir ma vie avecque son sommeil,
Je veux ici sans bruit attendre son réveil,
Jusqu'à ce temps fatal malgré le sort contraire,
Je la verrai du moins sans la voir en colere.
AMALFREDE.
Vous vous perdrez.
THEODAT.
   N'importe, il m'est trop glorieux,
S'il faut ainsi mourir que ce soit à vos yeux.
AMALFREDE *dit les deux premiers vers à part.*
C'en est fait s'il la void, ma fourbe est reconnuë.
Il faut que je le perde, ou bien je suis perduë,
Voyez-la j'y consens, mais avant ce danger,
Ecoutez je veux ...
THEODAT.
    Quoi ?

TRAGEDIE.
AMALFREDE.
Ce fer pour me venger.
Elle tire l'épée de Theodat, s'avance vers la Reine comme pour la fraper.
THEODAT *l'arrêtant.*
Quelle subite rage à votre Ame occupée.
AMALFREDE *à part.*
Ma Rivale s'éveille, il faut quitter l'épée,
Elle laisse l'épée à la main de Theodat.
AMALASONTE *s'éveillant.*
Que voi-je ?
AMALFREDE.
Se mettant entre la Reine & Theodat.
Ah ! de ses coups veuillez vous détourner,
Madame, ce méchant vous veut assassiner.
AMALASONTE.
Hola, Gardes à moi, qu'on saisisse ce traître,
Voiez qu'il est confus.
AMALFREDE.
Il a bien lieu de l'être.
AMALASONTE.
Grace aux soins d'Amalfrede, ingrat tu n'auras pas
Le plaisir d'achever ton crime & mon trépas,
Qui t'inspire Barbare une si lâche envie,
Pour me donner la mort, quel mal t'a fait ma vie,
Et par quelle fureur prétends-tu sans effroi
Percer d'un coup mortel un cœur, qui fut à toi ?
Qui te fait devenir le bourreau de ta Reine,
Que peux-tu m'imputer digne de cette peine,
De quelqu'emportement, dont tu sois animé ?
Tu sais que tout mon crime est de t'avoir aimé,
Mais quel que soit ici ton dessein, que j'ignore,
Dois-tu m'oser punir d'un crime, qui t'honore,
Parle en m'assassinant, quel but étoit le tien ?
THEODAT.
Moi, vous assassiner, ah vous n'en croiez rien,
Plus ce crime est horrible, & moins il est croiable,
Etre homme me suffit pour n'être point coupable,

Q 4

AMALASONTE,

Pour pouvoir outrager tant d'attraits precieux,
Il faudroit être un monstre, & sans cœur, & sans yeux.

AMALASONTE.

L'audace me surprend, quoi l'ingrat, que j'accuse,
De l'horreur de son crime ici fait son excuse,
Et coupable qu'il est, soutient qu'il ne l'est point,
A cause seulement qu'il l'est au dernier point ?
Par quel orgueil perfide oses-tu bien prétendre,
De t'excuser d'un crime, où tu te vois surprendre ?
Et crois-tu tes efforts encore assez puissans,
Pour resister à ton gré ma Raison & mes sens ?
Quoi, lors que je me vois prête d'être frapée,
Et de ta propre main, & de ta propre épée,
Prétends-tu me forcer d'un soin audacieux,
A croire encor plutôt mon Bourreau que mes yeux ?

THEODAT.

Non, non, de m'excuser je ne suis plus capable,
On nie un crime en vain, lors qu'on n'est plus croiable,
Et quand l'indice est fort par une dure loi,
Quiconque est accusé n'est plus digne de foi ;
Mais vous qu'un droit sacré rend mon juge suprême,
Vous ne pouvez qu'à tort vous croire aussi vous-même,
Un juste Juge doit, d'un esprit ingenu,
Croire ce qu'on lui prouve, & non ce qu'il a vû,
L'Equité ne peut être où la passion regne,
Plus un objet l'émeut, plus il faut qu'il le craigne ;
La justice est la regle en tous temps, en tous lieux,
Et comme elle est aveugle, il doit être sans yeux.

AMALASONTE.

Amalfrede est témoin d'une action si noire,
Ne la croirai-je pas ?

THEODAT.

         Oui, vous la pouvez croire,
Mais faites-la parler avec sincerité,
Faites-lui dire....

AMALFREDE.

Et quoi, Prince ?

TRAGEDIE.

THEODAT.
       La verité.
AMALFREDE.
La verité, Seigneur, par un recit sincere,
Puis que vous le voulez, je vai vous satisfaire,
Si-tôt que par mon ordre on vous a fait savoir
Qu'il vous étoit enjoint de partir sans me voir,
N'êtes-vous pas venu me dire avec furie,
Qu'avant que me quitter vous quitteriez la vie,
Que la Reine vouloit porter trop loin pour vous
Son amour importun, & ses transports jaloux,
Et que puis qu'à me perdre, elle osoit vous contrain-
  dre,
De votre desespoir elle devoit tout craindre ;
Ne vous fuïois-je pas enfin, quand dans ces lieux,
Sur la Reine endormie aiant tourné les yeux,
J'ai vû, non sans effroi, votre main préparée
A rendre son sommeil d'éternelle durée ?

THEODAT.
Pouvez-vous....

AMALFREDE.
     Pouvez-vous nier ce que j'ai dit ?
Qu'il est fourbe, voiez comme il fait l'interdit.

AMALASONTE.
Un si lâche artifice aggrave son offence.

AMALFREDE.
Il sait de quelle ardeur j'ai pris votre deffence ;
Et ne sauroit nier qu'il ne m'ait point juré,
Que votre mort rendroit mon bonheur assuré,
Que sa plus forte envie étoit de me voir Reine,
Et que vous hors du Trône il m'y mettroit sans peine.

THEODAT.
Ah ! Ciel que dites-vous ?

AMALFREDE.
      Je dis la verité.
Ne vous en plaignez pas, vous l'avez souhaité,
Vous savez qu'on merite un mal, que l'on s'attire,
Et qu'enfin je n'ai dit que ce que j'ai dû dire.

Q 5

THEODAT.

Oui, oüi, de mon malheur le sujet m'est connu,
Et je connois qu'enfin mon crime est d'avoir plû,
Dans ce succés fatal je découvre sans peine,
Que l'amour quelquefois agit comme la haine,
Qu'un péril suit souvent la conquête d'un cœur,
Et que l'heur d'être aimé n'est pas toujours bonheur.

AMALFREDE.

Il faut peu s'étonner de cette audace extrême,
Ne vous ai-je pas dit qu'il diroit que je l'aime?

THEODAT.

Je voi que cet amour me coûtera bien cher,
Mais ce n'est pas à moi de vous le reprocher,
Je ne saurois qu'à tort, quoi que je me propose,
Me plaindre d'un effet, dont j'ai produit la cause,
L'Amour vous fait agir, je suis aussi sa Loi,
Et dois souffrir en tous, ce que je souffre en moi,
Votre Cœur, dont je dois excuser l'artifice,
S'il étoit sans Amour seroit sans injustice,
Mais de ce feu, qu'à tort vous voulez m'imputer,
Qui me convaincra....

AMALASONTE.

      Moi, qui n'en saurois douter,
Moi, qui ne sçais que trop tes amours inconstantes,
Moi, qui par tout en vois des preuves convainquantes,
Enfin moi, qui t'ai vû prêt à m'assassiner,
Lors que tu me voiois prête à te couronner,
Lors que je cherissois le jour moins que ma flâme,
Et lors qu'amour étoit si puissant dans mon Ame,
Qu'il n'auroit pas falu sans doute en cet état,
Pour l'y faire mourir moins qu'un assassinat.

THEODAT.

Ah! Princesse....

AMALASONTE.

Ah Perfide! apprens que tu t'abuses.
De vouloir t'obstiner à chercher des excuses,
Il n'en est plus pour toi traître, & pour le prouver,
Il suffit de savoir que je n'en puis trouver,

Mon cœur, qui te veut nuire aprés un coup si rude,
S'il en a le dessein, n'en a pas l'habitude,
Et comme il a sa pente à te favoriser,
Si tu n'étois coupable il sauroit t'excuser.
THEODAT.
Quelqu'injuste que soit l'Arrest que je dois craindre,
Je serois, je l'avouë, injuste de m'en plaindre,
Dans tout ce que j'entens, dans tout ce que je voi,
Les preuves en effet sont toutes contre moi,
Et votre Majesté jugeant sur cet indice,
Peut perdre un innocent sans faire une injustice,
Ce succez est cruel, mais il me semble doux,
En ce qu'il justifie au moins un crime en vous,
Et peut vous exempter, quand je serai sans vie,
Des remords dont toujours l'injustice est suivie,
Si vous voulez ma mort, je l'attens sans effroi,
Quand je perdrai le jour, vous perdrez plus que moi,
Je perdrai mes ennuis, & votre ame cruelle,
De vos adorateurs perdra le plus fidelle.
AMALASONTE.
Toi, fidelle ? ah, pourquoi veux-tu feindre toujours,
Est-ce encor pour vouloir attenter sur mes jours ?
Je ne puis plus souffrir un si lâche artifice,
Qu'on le méne en la Tour attendre son suplice.
THEODAT.
Quelque cruel qu'il soit il me sera plus doux,
Que celui que je souffre en m'éloignant de vous.
AMALASONTE.
C'est trop, ne souffrez pas, Gardes, qu'il continuë,
Qu'à l'instant pour jamais on l'ôte de ma vuë.

SCENE VII.

AMALFREDE, AMALASONTE, CELINDE

AMALFREDE.

Voulez-vous pour jamais le perdre...
AMALASONTE.
Oui, pour jamais,
Tu veux parler pour lui, sors, & me laisse en paix,
Tu m'as trop bien servie, & je croi beaucoup faire
De t'empêcher encor de me pouvoir déplaire,
Vous, cherchez Zenocrate, & de plus écoutez.
Elle parle bas à Celinde.

SCENE VIII.

CLODESILE, AMALFREDE, AMALASONTE, CELINDE.

CLODESILE.

Ah! ma Sœur, que j'ai sçu d'étranges nouveautez,
J'ai vû mon rival pris, on l'accuse.
AMALFREDE.
On l'outrage,
S'il paroît criminel son crime est mon ouvrage,

TRAGEDIE.

Si je n'étois coupable, il seroit innocent.
CLODESILE.
Et la Reine ?
AMALFREDE.
Elle montre un dépit fort preſſant,
Mais au fonds de ſon cœur je ſçai ce qui ſe paſſe,
Pour bien faire ſa Cour il faut parler de grace,
Si vous la voulez voir, profitez de l'avis.
AMALASONTE à Celinde.
Allez, & qu'à l'inſtant mes ordres ſoient ſuivis.

SCENE IX.
AMALASONTE, CLODESILE.
AMALASONTE.

C'En eſt fait Monſtre horrible, ame dénaturée,
Ma vengeance eſt certaine, & ta perte aſſurée,
De ton cœur inhumain il faut que dans ce jour,
La mort triomphe au moins au défaut de l'amour.
Et vous êtes honteux de la fatale flame,
Qu'un Tigre déguiſé fit naître dans mon ame,
Feux mal éteints ceſſez de cauſer mon ennui,
Suivez qui vous fit naître, & mourez avec lui.
Fut-il jamais parlé d'un crime plus barbare ?
CLODESILE.
Plus un forfait eſt grand, plus un pardon eſt rare,
La vengeance eſt un bien que chacun trouve doux,
Mais un bien ſi commun n'eſt pas un bien pour vous,
La clemence eſt p'us noble, & convient davantage
A la Divinité, dont vous êtes l'image,
Pour mon intereſt propre & le bien de l'Etat,
Je devrois deſirer la mort de Theodat,

Mais votre interêt seul qu'avec ardeur j'embrasse,
Me force aveuglément à desirer sa grace.
AMALASONTE.
Sa grace?
CLODESILE.
Oüi, Madame.
AMALASONTE.
Il suffit, demeurez,
Je vai vous envoier ce que vous desirez.

SCENE X.
CLODESILE.

O Promesse funeste, ah! rigueurs sans égales,
Quoi, je trouve ma perte en des faveurs fatales,
Et sauve, malgré moi par un soin mal rendu,
Celui que je veux perdre, & que je croi perdu!
Cruelle, de mes vœux tu devois mieux t'instruire,
Sa mort, & non sa grace est ce que je desire,
Et des transports en moi, tout contraires aux tiens,
Font mon arrest mortel du pardon que j'obtiens.
Moi, lui porter sa grace, ah! rigoureux suplice,
Reine aveugle crois-tu qu'ici je t'obeïsse,
Non, tu deviens injuste, & sans plus consulter,
Ne pouvant obeïr, je te veux imiter,
Puis que par le pouvoir d'une ardeur condamnable,
Tu sauves un amant, que tu connois coupable,
Par l'effet d'un transport qui n'est pas moins puissant,
Je veux perdre un Rival, que je sçais innocent,
Je sçais que ton amour, par une aveugle audace,
M'oblige avec empire à lui porter sa grace,
Mais aprens que ma haine avecque plus d'effort,
M'oblige au lieu de grace à lui porter la mort,
Je vai.... Mais quelqu'un vient, que mon malheur
améne.

SCENE XI.

CELINDE, CLODESILE.

CELINDE *donnant un billet à Clodesile.*

Voici pour Theodat ce qu'a promis la Reine.
CLODESILE.
Elle lui fait donc grace.
CELINDE.
    Oui, sans doute, Seigneur.
CLODESILE.
Elle est trop indulgente, & me fait trop d'honneur,
Veut-elle de la Tour souffrir qu'on le retire.
CELINDE.
Oui, dés qu'il aura lû ce qu'elle vient d'écrire,
Mais vous, n'en lisez rien sur peine du trépas.
CLODESILE.
Je sçai bien mon devoir, & n'y manquerai pas.

Fin du quatriéme Acte.

ACTE V.

SCENE PREMIERE.
ULCIDE, AMALFREDE.

ULCIDE.

Oui, que pour Theodat rien ne vous embarrasse,
Votre frere m'a dit qu'il lui porte sa grace.
AMALFREDE.
Sa grace, ah! plût au Ciel.
ULCIDE.
     Rien n'est plus assuré,
Il l'avoit dans ses mains quand je l'ai rencontré,
J'ai bien vû qu'il souffroit une extrême contrainte,
Dans sa moindre action sa rage étoit dépeinte,
Et ses pas incertains & ses yeux égarez,
M'en ont paru d'abord des témoins assurez,
Mais quelqu'étonnement que m'ait donné sa rage,
Vos nouvelles bontez m'étonnent davantage,
Et j'ignore d'où vient que vous vous disposez,
A souhaiter la fin du mal que vous causez.
AMALFREDE.
Helas! de Theodat je suis toûjours amante,
Plus ma flame est cachée, & plus elle est ardente,
Nuirois-je à ses amours, si je ne l'aimois pas,

TRAGEDIE.

Et puis-je, si je l'aime, endurer son trépas ?
Non, de ma perte encor sa mort sera suivie,
Je n'en veux qu'à son cœur, & non pas à sa vie,
Et ma jalouse rage a recherché toujours,
La fin de ses mépris, & non pas de ses jours,
Quand ces derniers discours s'offrent à ma memoire,
Je sens des mouvemens qu'on auroit peine à croire,
Quand je me ressouviens qu'il a sans s'émouvoir
Gardé toute sa force en perdant tout espoir,
Et qu'il a reconnu sans plainte & sans murmure,
Ma passion funeste, & ma lâche imposture ;
Sa vertu convertit, tant ses charmes sont forts,
Ma furie en tendresse, & mon crime en remords,
Et comme le dépit, dont j'eus l'ame saisie,
Fit transformer en moi l'amour en jalousie,
Je sens que la pitié fait aussi qu'à son tour,
La jalousie en moi se transforme en amour,
Mais cette passion est d'autant plus puissante,
Que ce qui lui nuisoit, devient ce qui l'augmente,
Et que de ma fureur les transports surmontez
A mon amour encor sont des feux ajoutez ;
Juge si son salut me doit tirer de peine,
Et si je n'en suis pas obligé à la Reine.
Il lui faut applaudir, & je vai faire effort
Pour...

ULCIDE.
Vous n'irez pas loin, je l'apperçoi qui sort.

SCENE II.

AMALASONTE, AMALFREDE, CELINDE, ULCIDE.

AMALASONTE à Celinde.

JE meurs d'impatience, oui, je ne puis attendre,
Et je cherche à sçavoir ce que je crains d'apprendre.
AMALFREDE.
Clodesile à votre ordre, & votre Majesté
Doit croire qu'à present il est executé.
AMALASONTE.
Helas!
AMALFREDE.
L'effort est grand, Madame, je l'avouë;
Mais ne vous plaignez pas, quand il faut qu'on vous
    louë,
Une belle action donne un plaisir secret,
C'est ne l'achever pas que la faire à regret.
AMALASONTE.
Ah! que d'une vertu la joie est imparfaite,
Lors qu'elle fait agir contre ce qu'on souhaite,
Et qu'entre deux desirs un cœur se fait d'effort,
Quand suivant le plus juste, il combat le plus fort.
AMALFREDE.
Cet effort est loüable.
AMALASONTE.
Helas! se peut-il faire,
Qu'il soit loüable en moi, s'il n'est pas volontaire?
AMALFREDE.
Ce discours est confus, & me surprend un peu,

TRAGEDIE.

Theodat vous fut cher, si j'en croi votre aveu,
Est-ce faire un effort à vos desirs contraire,
Que mettre son pardon dans les mains de mon frere ?

AMALASONTE.

Ton frere est abusé, mais ne t'abuse pas,
Il croit porter sa grace, & porte son trépas,
Tu sçais que Zenocrate excelle en Medecine,
Et sait jusqu'aux secrets de la moindre racine,
Mon écrit par ses soins étoit empoisonné,
Avant qu'à Clodesile il eut été donné,
Mais d'un poison si fort que l'on s'en doit promettre
La mort de Theodat dés qu'il lira ma lettre.

AMALFREDE.

Ah ! Ciel qu'avez-vous dit !

AMALASONTE.

                     Ce que tu dois savoir,
J'ai dit ce que j'ai fait, & j'ai fait mon devoir,
Mais que de ce devoir la regle est inhumaine,
Qu'on a peine à haïr ce qu'on aima sans peine,
Et que dans la tendresse un cœur accoutumé,
Souffre quand il faut perdre un criminel aimé,
Pour la mort d'un ingrat j'ai des fraieurs mortelles,
Mais son Pere qui vient, m'en dira des nouvelles.

SCENE III.

AMALASONTE, THEUDION, AMALFREDE, CELINDE, ULCIDE, Suite.

AMALASONTE.

HE' bien ma Lettre, Prince, a-t-elle eu son effet,
Le coupable est-il mort ?
THEUDION.
Madame, c'en est fait.
AMALFREDE.
Quoi, Seigneur, il est mort ?
THEUDION.
Rien n'est plus veritable,
Je viens de voir moi-même expirer le coupable,
Il est mort à mes yeux, & presqu'entre mes bras.
AMALFREDE.
Il me suffit, je sors, & reviens sur mes pas.

SCENE VI.

THEUDION, AMALASONTE, CELINDE, Suite.

THEUDION.

Vous saurez qui la chasse en aprenant le reste,
Ecoutez un recit aussi vrai que funeste,
Et sachez que l'auteur d'un attentat si noir....
AMALASONTE.
Le coupable étant mort, je n'ai rien à savoir.
THEUDION.
En faveur de mon Fils j'ai quelque chose à dire.
AMALASONTE.
Fut-il même innocent, gardez de m'en instruire,
Je ne puis rien trouver d'injuste en son trépas,
Et quand je le pourrois, je ne le voudrois pas,
Contre lui maintenant je veux que l'on m'anime,
Et crains son innocence encor plus que son crime.
THEUDION.
Mais....
AMALASONTE.
Mais n'en parlez plus.
THEUDION.
Cet ordre est rigoureux.
AMALASONTE.
A llaissez-moi de grace
THEUDION.
O Fils trop malheureux!

SCENE V.

AMALASONTE, CELINDE,
Suite.

AMALASONTE.

SI tes yeux dans mon cœur voioient ce qui se passe,
Tu verrois un malheur plus grand que sa disgrace,
Et tu confesserois, toi, qui le plains si fort,
Que l'amour fait souvent plus souffrir que la mort,
Tu saurois que ton Fils à l'instant qu'il expire,
Souffre moins que mon cœur au moment qu'il soûpire,
Et qu'amour fait pousser en de tels déplaisirs,
Des soûpirs plus cruels que les derniers soûpirs,
Toi, dont la juste mort fait mon inquiétude,
Si tu meurs d'un poison, j'en sens un bien plus rude,
J'aime, & le Ciel a mis beaucoup plus de rigueurs,
Au poison que je sens, qu'à celui dont tu meurs,
Et pour toi mon repos, Rivale trop fidelle,
Pourquoi me sauvois-tu de sa rage mortelle ?
Ma mort m'eut épargné le déplaisir secret,
De perdre ce perfide, & le perdre à regret,
Mon amour ne sauroit finir avec ma vie,
Son trépas me fait moins de pitié que d'envie,
Son suplice a cessé, le mien est éternel,
Et le juge est puni plus que le criminel,
Son crime & ma vertu ne sont qu'un vain remede.

SCENE VI.
AMALASONTE, AMALFREDE, CELINDE, ULCIDE.

AMALASONTE.

AH! viens à mon secours trop soigneuse Amalfrede,
Je perds un criminel, mais en le punissant,
Je sens ce que l'on souffre à perdre un innocent,
Mon cœur est soulevé, ma passion l'emporte,
Contre un ingrat puni rends ma raison plus forte,
Parle de ses forfaits, tâche à m'en faire horreur,
Arrache pour jamais ce traître de mon cœur,
Ou s'il n'en peut sortir, quelque mal qui m'avienne,
Fais que ce soit la haine au moins qui l'y retienne.

AMALFREDE.
Non, Reine, il n'est plus tems de te rien déguiser,
Je viens aigrir ton mal au lieu de l'appaiser,
Il faut pour Theodat que ton tourment redouble,
On t'a dit qu'il est mort ; & c'est ce qui te trouble,
Mais moi pour te causer un trouble plus puissant,
Je te viens dire encor qu'il est mort innocent.

AMALASONTE.
Innocent, d'où te vient cette rage effroiable,
Et s'il est innocent, qui donc est le coupable,
Qui donc, s'il meurt à tort, doit mourir justement ?

AMALFREDE.
Je m'en vai t'en instruire, écoute seulement,
Il faut pour ton malheur que je te desabuse,
Le trépas d'Arsamon, dont son pere l'accuse,
Et sa ligue apparente avec tes ennemis,

AMALASONTE,

Ne sont que des forfaits que mon frere a commis.
AMALASONTE.
Que l'on cherche son Frere, & que l'on s'en assure.
AMALFREDE.
Ce que j'ai dit t'étonne, & blesse la nature,
Mais pour faire cesser ce grand étonnement,
Je n'ai qu'à t'avouer que j'aimois ton amant,
Je veux perdre après lui ce qui lui fut contraire,
Dedans son ennemi je méconnois mon frere,
Je dévrois l'épargner, mais lors qu'on aime bien,
Et qu'on perd ce qu'on aime, on n'épargne plus rien,
Je te veux accabler de remords legitimes.
AMALASONTE.
Pour m'en pouvoir défendre il reste assez de crimes,
Ce traître qui t'aimoit est puni justement,
Comme mon assassin & comme ton amant.
AMALFREDE.
Cette erreur te plairoit; mais je cherche à te nuire,
Et t'obligeroit trop de ne le pas détruire,
Apprens que Theodat n'eut jamais le dessein,
D'être ni mon amant, ni ton lâche assassin,
Ta défiance étoit injustement formée,
Il ne m'aima jamais, & t'a toujours aimée,
Et lors que je feignois de te donner secours,
Mon bras au lieu du sien attentoit sur tes jours.
AMALASONTE.
Quelle furie! hola, Gardes, qu'on s'en saisisse,
Tu mourras.
AMALFREDE.
J'ai déja pris soin de mon suplice,
Je suis empoisonnée, & par ce noble effort
Je mourrai pour le moins maîtresse de mon sort.
Pour cet ingrat amant insensible à ma flame,
Le dépit & l'amour ont partagé mon ame,
Le dépit comme ingrat me le fit outrager,
Et l'amour comme amant m'oblige à le venger.
Mais crois tu qu'à mes jours ma vengeance fatale,
En ne m'épargnant pas épargne ma Rivale?

Et

Et n'ait pû t'immoler dans mon premier transport,
S'il n'étoit rien pour toi plus cruel que la mort,
Vis pour sentir long temps le mal, qui te possede,
Ta mort comme le terme en seroit le remede,
Je laisse à tes remords le soin de te punir,
J'aime trop ton tourment pour le vouloir finir,
Tu te viens d'outrager en vangeant mon outrage,
J'ai sçû te rendre ici Ministre de ma rage,
J'ai malgré ton amour, forcé ta cruauté,
De te ravir l'amant, que tu m'avois ôté,
Tu serois morte enfin, si j'en eusse eu l'envie,
Mais pour dernier malheur je te laisse la vie,
Dans l'horreur, que t'inspire un si funeste aveu,
Si tu mourrois trop-tôt, tu souffrirois trop peu.

AMALASONTE.

Monstre ou plutot Demon sorti des noirs abîmes,
C'est trop peu qu'une mort pour punir tous tes crimes,
Qu'on tâche à la sauver, afin que par mon choix,
Je puisse au moins la voir mourir plus d'une fois.

AMALFREDE.

Rien ne me peut sauver, & ma perte m'oblige,
Puisque de mon trépas ma Rivale s'afflige,
Et puisque mon poison lui servant de Bourreau,
Fait de ma mort pour elle un supplice nouveau,
Oui, c'en est fait, je meurs, & je meurs impunie,
Mon crime est infini, mais ma peine est finie,
Mon cœur suit ce qu'il aime, & jusqu'au monument,
Va de plus prés que toi suivre encor ton amant,
L'instant funeste arrive, où mon ame abatuë.
Doit......

CELINDE.

Madame, elle expire.

AMALASONTE.

Otez-la de ma vuë.

SCENE VII.

AMALASONTE, CELINDE.

AMALASONTE.

QUoi, je fais donc perir au fort de mon amour,
Le plus illustre amant, qui vit jamais le jour,
Quoi je perds un Heros, qui m'aime, & que j'adore,
Theodat meurt fidelle, & je puis vivre encore ?
Ah ! je croyois à tort, puis que je ne meurs pas,
Qu'un excés de douleur pût causer le trépas,
Dieu que j'outrage, Amour, punis une inhumaine.
Tu dois hâter ma perte, & tu le peux sans peine,
La mort de mon Amant, & l'effort de mon deüil,
M'ont poussée à moitié déja dans le cercueïl.
Esclave trop ingrat qui survis à ton Maître,
Toi, mon cœur, que le Ciel pour Theodat fit naître,
Quand tu sçais qu'il n'est plus, qui t'anime aujourd'hui,
Ne dois-tu pas mourir, ne vivant plus pour lui !
Par l'ordre de l'Amour & de la Destinée,
Ta vie avec tes jours doit être terminée,
Et chaqu'instant de vie aprés son triste sort
Est un larcin honteux, que tu fais à la mort.
Vous qui n'éclairez plus qu'à des objets funebres,
Couvrez dans vous mon deüil d'éternelles tenebres
Mes yeux, dans mes malheurs vous m'êtes superflus,
Je n'ai plus rien à voir où mon amant n'est plus,
Et toi, d'où vient l'Arrêt, dont il faut que j'expire,
Tes regrets ne sont pas ce qu'ici je desire,
Bouche, infidelle bouche, interromps tes discours,
Tu n'as que trop parlé, ferme toi pour toujours,
Enfin, grace à l'Amour, mon Ame se prepare,

TRAGEDIE.

A joindre la moitié, dont la mort la separe.
CELINDE.
Ah ! Madame.
AMALASONTE.
Ah ! je meurs, cher & fidelle Amant,
Nous allons être au moins unis au monument.
CELINDE.
Elle est évanouie, helas ! quelle est ma peine ?

SCENE VIII.

CELINDE, THEODAT, AMALASONTE.

CELINDE.

MAis que vois-je ? ah ! Seigneur, prenés soin de la Reine,
Pour vaincre le peril, qui menace ses jours,
Je vai diligemment chercher quelque secours.

SCENE IX.

THEODAT, AMALASONTE.

THEODAT.

Vous mourez beau sujet des peines que j'endure,
Helas ! j'avois promis de mourir sans murmure,
Mais la mort, que me va causer votre trépas,
A trop de cruauté pour n'en murmurer pas,
Ah ! Beaux yeux rallumez vos feux avec ma flame.

AMALASONTE.

Quelle agreable voix appelle ici mon ame,
Theodat....

THEODAT.

Ma Princesse.

AMALASONTE.

Ah ! vois-je encor le jour ?

THEODAT.

Qui peut vous le ravir ?

AMALASONTE.

La douleur & l'amour.

THEODAT,

C'est à moi d'en mourir, vivez belle Inhumaine,
Vivez, dût avec vous vivre encor votre haine,
Vivez, votre trépas me donne assez d'effroi,
Pour montrer que mon ame est plus en vous qu'en moi.

AMALASONTE.

Ne sois pas étonné, si tu me vois confuse,
Je me trompe moi-même, ou ton Pere m'abuse,
Si ton Pere a dit vrai, tu dois ne vivre plus,
Et tu vis, si mes yeux & mon cœur en sont crûs.

THEODAT.

Mon Pere vous a fait un recit veritable,
Vous n'avez sçû de lui que la mort du coupable,
Et puis que Clodesile a terminé son sort,
Il a dit sans erreur que le coupable est mort ;
Sur le bruit de mon crime emporté de furie,
Il alloit dans la Tour pour me priver de vie,
Lors qu'il a rencontré ce Prince infortuné,
Expirant du poison, qui m'étoit destiné,
Il avoit lû déja votre lettre mortelle,
Et le remords pressant son ame criminelle,
Il a connu mon Pere, & d'un ton languissant,
A dit pour derniers mots que je suis innocent,
Qu'il m'eût porté la mort sans votre lettre ouverte,
Que le Ciel faisoit voir sa justice en sa perte,
Et ne devoit punir que sa sœur avec lui,
De tous les attentats, qu'on m'impute aujourd'hui :
C'étoit ce que mon Pere avoit à vous apprendre,
Alors que vous avez refusé de l'entendre.
Enfin pour me soustraire à votre emportement,
Il veut que je m'absente, & le veut vainement,
Il m'a fait délivrer, mais quoi qu'il puisse faire,
Ma Reine peut sur moi beaucoup plus que mon Pere,
Son pouvoir cede au votre, & n'est pas assez fort,
Pour assurer mes jours, quand vous voulez ma mort,
Je viens ici m'offrir à suivre votre envie,
J'ai beaucoup plus d'amour pour vous que pour la vie,
Mon cœur cherche à vous plaire, ou cherche le trépas,
Il n'a plus qu'à mourir, puisqu'il ne vous plaît pas.

AMALASONTE.

Non, non, ma haine enfin meurt avec Amalfrede,
Comme elle fit mon mal, elle a fait mon remede,
Cette Amante ennemie en perdant la clarté,
M'a fait sçavoir son crime & ta fidelité,
Mon Arrêt fut injuste, & je sçai qu'en ta place,
Ton Juge maintenant aura besoin de grace,
Mais j'aperçois ton Pere.

SCENE DERNIERE.

THEUDION, AMALASONTE, CELINDE, THEODAT. EURIC, Suite.

THEUDION à Celinde.

Est-il possible ? ah ! Cieux,
La Reine évanouïe, & mon fils en ces lieux.
CELINDE.
De foiblesse déja la Reine est revenuë.
AMALASONTE.
De votre Fils, Seigneur, l'innocence est connuë,
Veuillez de notre himen approuver le lien.
THEUDION.
Puis qu'il est innocent, son bonheur est le mien.
THEODAT.
A pouvoir m'exprimer mon soin en vain s'employe.
AMALASONTE.
Je sçai ta passion, & devine ta joye.
N'ayons plus d'autre soin que d'aller en ce jour
Prendre des mains d'himen ce que nous doit l'Amour.

Fin du cinquiéme & dernier Acte.

LE
FANTOSME
AMOUREUX,
TRAGI-COMEDIE
DE
Mr. QUINAULT.

Representée en 1659.

ACTEURS.

CARLOS, *Amant d'Isabelle, & ami de Fabrice.*
CLARINE, *Suivante d'Isabelle.*
FABRICE, *Amant de Climene.*
CLIMENE, *Maîtresse de Fabrice & du Duc.*
IACINTHE, *Suivante de Climene.*
FERDINAND, *Duc de Ferrare.*
VALERE, *Capitaine des Gardes du Duc.*
ISABELLE, *Sœur de Fabrice.*
ALPHONCE, *Pere de Fabrice & d'Isabelle.*
LICASTE, *Domestique d'Alphonce.*
CELIN, *Domestique de Carlos.*
GARDES.

La Scene est à Ferrare.

LE FANTOSME AMOUREUX,
TRAGI-COMEDIE.

ACTE I.
SCENE PREMIERE.

CARLOS, CLARINE *dans une ruë.*

CARLOS.

Le sais tu bien Clarine ? ô Ciel ! est-il possible,
Qu'Isabelle pour moi, cesse d'être insensible ;
Et que cette beauté ressente en ma faveur
Le feu que ses beaux yeux ont fait naître en mon cœur ?

CLARINE.

Je vous le dis encor ; oui votre amour la touche,
C'est une verité que j'ai sçu de sa bouche.

R 5

CARLOS.
Je suis fort étonné d'un succés si charmant.
CLARINE.
Moi, je m'étonne fort peu de votre étonnement,
Seigneur à vos plaisirs ne mettez point d'obstacle,
Voir changer une fille, est-ce un si grand miracle ?
Nous avons une pente à changer tour à tour,
Soit ou l'amour en haine, ou la haine en amour ;
Et lors que notre haine, ou notre amour se change,
Un effet si commun doit peu sembler étrange :
Isabelle est d'un âge à ressentir l'effet
Et du feu, quelle allume, & du mal qu'elle fait :
La fin de ses froideurs ne vous doit pas surprendre,
Qui donne de l'amour peut aisément en prendre,
Et lors qu'un jeune cœur n'a jamais rien aimé,
Au premier feu qui brille il s'en trouve enflammé,
Ma Maîtresse est sensible autant comme elle est belle;
Et vous serez heureux si vous êtes fidele.
CARLOS.
Mais viens-tu par son ordre ?
CLARINE.
      A m'expliquer sans fard,
Elle m'a commandé de parler de ma part ;
Mais votre honnêteté m'oblige à vous tout dire,
C'est par son ordre exprés que je viens vous instruire
Je vous ai découvert un important secret,
Mais pour en profiter il faut être discret ;
Pour bien savoir aimer, il faut savoir se taire.
CARLOS.
Je pourrai dire au moins mon bonheur à son frere,
Notre amitié l'oblige à me favoriser,
Et je me ferois tort de lui rien déguiser.
CLARINE.
Ah ! c'est ce que sur tout ma Maîtresse redoute ;
Loin de l'en avertir craignez qu'il ne s'en doute.
Ignorez-vous encor que son Pere inhumain
Ne lui permettra pas de vous donner la main :
Qu'il veut pour soûtenir l'éclat de sa famille
Favoriser son fils aux dépens de sa fille,

TRAGI-COMEDIE

Et comme il se pratique aujourd'hui fort souvent
Destine à l'un ses biens, & pour l'autre un Convent.
CARLOS.
Je sai qu'à ce dessein son Pere se prépare,
Mais s'il est inhumain, son frere est moins barbare,
L'amitié nous unit par de si beaux liens,
Que dans mes interêts il confondra les siens.
CLARINE.
Sachez si j'ose ici parler avec franchise
Qu'il n'est point de liens, que l'interêt ne brise,
Que l'on garde toujours son bien mieux que sa foi,
Et qu'il n'est point d'ami qu'on aime plus que soi:
Ne recevez personne en votre confidence,
Le peril suit toujours le trop de confiance :
Moins un bien est connu, plus il doit être doux,
Enfin que vos secrets ne soient sçus que de vous,
Ma Maîtresse le veut.
CARLOS.
Ah ! c'est assez Clarine,
Il n'est plus de raison, qu'à present j'examine,
Il faut que j'obéisse avec aveuglement,
Et que le nom d'Ami cede à celui d'Amant ;
Mais verrai-je ce soir notre belle Maîtresse ?
CLARINE.
Monsieur il est bien tard.
CARLOS.
Je connois ton adresse,
Et tu sais....
CLARINE.
Oui je sai vos liberalitez,
Je m'en vai l'avertir comme vous souhaitez,
Et je viendrai bien tôt, si vous voulez m'attendre,
Ou vous faire monter, ou la faire descendre.
CARLOS *seul*.
Qu'il est doux d'attendrir un cœur fier & cruel,
Que l'Amour est charmant, quand il est mutuel,
Et qu'un captif ressent de charmes dans ses peines,
Quand la main qui le dompte aide à porter les chaînes :

R 6

Un bien acquis sans peine est peu délicieux ;
Et plus il a coûté, plus il est precieux.
Malgré l'obscurité, dont l'horison se couvre,
Je discerne aisément, que cette porte s'ouvre,
C'est sans doute Isabelle, il se faut avancer.

SCENE II.

CARLOS, FABRICE.

CARLOS.

Mon bonheur est plus grand, que je n'osois penser,
Je ne puis vous marquer, quelque effort que j'emploie,
Toute ma passion avec toute ma joie.

FABRICE.

De grace cher ami, laissons les complimens,
Je suis persuadé de tes bons sentimens.

CARLOS à part.

Dieu que je suis confus, c'est son frere Fabrice.

FABRICE.

Tu sais donc à quel point le destin m'est propice,
Mon hymen est conclu, l'on vient de l'arrêter,
Et sans doute tu viens pour m'en feliciter.

CARLOS.

Ami....

FABRICE.

Je suis certain, que c'est cela qui t'amène.

CARLOS à part.

Qu'il est ingénieux à me tirer de peine.

FABRICE.

Tu viens pour prendre part à mon ravissement.

CARLOS.

Tu me ferois ferois grand tort d'en juger autrement.

FABRICE.
Apprens que nos defirs étoient d'intelligence,
J'allois t'en apporter l'avis en diligence,
J'ai cru que mon bonheur ne t'étoit pas connu,
Et je n'attendois pas de me voir prévenu ;
A ta rare amitié je suis trop redevable.
CARLOS.
Je ne fais rien pour toi, qui soit considerable :
Mon interêt m'améne en ce lieu seulement,
Et tu ne m'en dois faire aucun remerciement.
FABRICE.
Comment, quel interêt en ce lieu t'a fait rendre ?
CARLOS.
Celui qu'en tes plaisirs l'amitié me fait prendre.
Entre deux vrais amis tout doit être commun,
La joie en touche deux alors qu'elle en touche un :
Sache, quand je prens part dans ton bonheur extrême,
Qu'au lieu de t'obliger, je m'oblige moi-même,
Et du soin que je prens, je suis si bien payé,
Que je n'ai pas besoin d'être remercié.
FABRICE.
Sache aussi quand le sort me fait quelque avantage,
Que Carlos le redouble, alors qu'il le partage,
Et qu'il diminüeroit si tu n'y prenois part ;
Mais de notre maison qui peut sortir si tard.

SCENE III.

CLARINE, FABRICE, CARLOS.

*CLARINE s'adressant à Fabrice,
croiant parler à Carlos.*

Entrez, entrez, Seigneur, ma Maîtresse Isabelle
Vous attend en sa chambre, & veut....
FABRICE.
Quoi, que veut-elle ?
CLARINE *à part.*
O malheur ! c'est Fabrice, il faut dissimuler.
FABRICE.
Que veut-elle ? achevez.
CLARINE.
Elle veut vous parler,
Et vous marquer la joie, où l'amitié l'engage
Sur la conclusion de votre mariage.
FABRICE.
Je connois sa tendresse, & je sçai mon devoir,
Je vai avec Carlos lui donner le bon soir.

SCENE IV.

CLIMENE, IACINTE, CARLOS, FABRICE.

CLIMENE *sortant de son logis.*

Cette voix que j'entens est celle de Fabrice,
Je ne pouvois sortir dans un tems plus propice.
CARLOS.
J'y consens de bon cœur ; allons-y de ce pas,
Tes desirs sont les miens, tu dois n'en douter pas.
FABRICE.
Entrons....
CARLOS *à part.*
Que ce succés favorise ma flame.
FABRICE *arrêté par Climene.*
Mais qui vient m'arrêter ? ô Ciel c'est une femme,
C'est à moi qu'elle en veut, demeure.
CARLOS.
Je t'attends.
Voici pour mon amour un nouveau contre-tems.
FABRICE.
D'où vient qu'elle s'éloigne alors que je m'avance.
CARLOS.
Elle te veut parler sans doute en confidence.
FABRICE.
Dans l'espoir que c'est moi que vous venez cherche,
Ne vous offensez pas si j'ose m'approcher.
J'ai le cœur assez bon, & l'ame assez civile,
Pour m'estimer heureux si je vous suis utile ;
Pour m'engager, Madame, à l'offre que je fais
D'employer tous mes soins au gré de vos souhaits.

Il suffit que du Ciel vous aiez l'avantage,
D'être de ce beau Sexe à qui tout doit hommage,
Si je puis, toutefois sans importunité,
Apprendre votre nom, & votre Qualité,
Vous accroîtrez mon zele, en me tirant de peine.
CLIMENE.
Sors d'erreur, cher Fabrice, & reconnois Climene.
FABRICE.
Climene, ma Maîtresse, est-il croiable, ô Cieux ?
Quel sort t'a pu conduire à telle heure en ces lieux,
Tu redoubles ma crainte, & mon inquietude,
Plus ta voix m'éclaircit, plus j'ai d'incertitude,
Loin de sortir d'erreur, j'entre en de nouveaux soins,
Et j'étois plus heureux lors que j'en savois moins ;
Quel dessein est le tien, je ne le puis comprendre ?
CLIMENE
Laisse-moi donc parler, je m'en vai te l'apprendre.
Je ne te dirai point combien dans un moment
L'on m'a donné de joie & de ravissement,
Lors qu'on m'a fait savoir que dans cette journée
Nos parens ont enfin conclu notre hymenée,
Mon amour dont tu dois garder le souvenir,
Doit m'exempter du soin de t'en entretenir,
Et m'oblige à te faire un recit veritable,
Beaucoup plus important, & bien moins agreable.
FABRICE.
Quoi, qui peut maintenant troubler notre heureux sort,
Lors qu'ainsi que nos cœurs, nos parens sont d'accord ?
CLIMENE.
Ce n'est pas d'aujourd'hui que l'amour s'accoutume,
A mêler ses douceurs de beaucoup d'amertume,
Ceux qu'il flate d'abord sont heureux rarement,
Sa malice est égale à son aveuglement,
Et comme la fortune il a pris l'habitude,
De n'avoir de certain que son incertitude:
C'est une vérité, qu'en cet évenement,
Tu ne vas concevoir que trop sensiblement :

Un jour le plus funeste entre ceux de ma vie,
Où mon Pere accablé d'âge & de maladie,
Reçut le triste honneur de se voir visité,
Par le Duc de Ferrare en cette extrêmité,
Ce Prince me connut, & crut voir quelques charmes
Sur mon visage pâle, & tout couvert de larmes,
Mes yeux plûrent aux siens, pour nos communs malheurs,
Et sa flame nâquit des sources de mes pleurs.
FABRICE.
Ah! Climene, je crains....
CLIMENE.
     Cette crainte m'offense,
Mon ame toute entiere étoit en ta puissance,
Je te l'avois donnée, & cette passion
N'a jamais excité que mon aversion :
Si j'ai caché ce feu, tu ne dois pas t'en plaindre,
Avant qu'il fut connu, j'esperois de l'éteindre,
Et j'aurois peine encor à te le reveler,
Si ton propre interêt ne me faisoit parler :
Sur le bruit qui s'épand de notre mariage,
La passion du Duc s'est convertie en rage.
Il m'est venu trouver dans son premier transport,
M'a juré que mon choix est l'arrest de ta mort,
Que l'amour l'empêchant de me punir moi-même,
Il croira faire plus en perdant ce que j'aime,
Et que pour me punir avec plus de rigueur,
Il ira me chercher jusqu'au fonds de ton cœur :
Enfin connoissant bien que son unique envie
Est d'attaquer mes jours en attaquant ta vie,
Conduite par l'amour, & plus par la terreur,
Je viens te conjurer d'éviter sa fureur ;
Fais d'ici, quelque soin pour moi qui t'y retienne,
Et pour sauver ma vie, enfin sauve la tienne.
FABRICE.
Ce discours est cruel, autant qu'il paroît doux,
Quoi, vous me conseillez de m'éloigner de vous ?
Je t'aurois mal aimer si je pouvois m'en taire :

Dites tout, avoüez que votre amour s'altere,
Que mon reste d'espoir se doit évanoüir,
Et que les feux du Duc ont sçu vous éblouïr ;
Je voi bien que ma flame ici vous importune,
Que vous quittez l'amour pour suivre la fortune,
Et qu'avec tous ses fers Fabrice infortuné,
Plaît moins à vos beaux yeux qu'un captif couronné :
Je n'accuserai point cette rigueur insigne,
Vous me privez d'un bien, dont je n'étois pas digne,
Et recevant un Sceptre offert à vos beautez,
Vous obtenez bien moins que vous ne meritez.
Regnez, rien n'est honteux pour prendre un Dia
 dême ;
Et comme je vous aime encor plus que moi-même,
Je tiendrai dans ma mort mon destin assez beau,
Si je vous laisse au trône en entrant au tombeau.
CLIMENE.
Peux-tu m'aimer Fabrice, & le pourrai-je croire,
Quand tu ne me crois pas digne de cette gloire,
Et quand, par des soupçons, que tu dévrois bannir,
De mon fidelle amour tu perds le souvenir ?
Peux-tu bien ignorer avec quelque justice,
Que j'aime beaucoup moins un Sceptre que Fabrice.
Et trouve plus de joie en partageant tes fers,
A regner sur ton cœur, qu'à regir l'Univers ?
FABRICE.
Ah ! Climene il suffit ; mon ame qui t'adore,
Quand tu l'abuserois te voudroit croire encore.
Et quoi que le mensonge ait de noir & de bas,
En sortant de ta bouche il auroit des appas ;
Mais d'où vient, quand pour moi tu fuis une couronne,
Que tu veux que je parte, & que je t'abandonne ?
Quoi, je te laisserois au pouvoir d'un Rival ?
Non, ce cruel remede est pire que le mal :
Souffre mon desespoir, ou souffre ma presence,
Qu'importe qui me tuë, ou le Duc, ou l'absence.
CLIMENE.
Il faut de deux perils songer au plus pressant,

TRAGI-COMEDIE.

Ici ta perte est seure, & tu peux vivre absent,
Songe qu'à quelque peine où notre amour te livre,
Tu ne saurois mourir sans m'empêcher de vivre,
Qu'avecque tes destins mes jours seront finis,
Qu'au cercueil par la mort nous serons réunis ;
Qu'où je ne te voi pas, je ne voi point de charmes,
Et si tu ne m'en crois, du moins crois en mes larmes.

FABRICE.

N'accrois point mes ennuis avecque tes douleurs,
Tout mon sang ne vaut pas le moindre de tes pleurs,
Et les maux dont je sens mon ame menacée,
Sont déja trop paiez d'une larme versée.

CLIMENE.

Quitte ces vains discours, & consens à partir.

FABRICE.

Hé bien ! hé bien, Climene, il y faut consentir.

CLIMENE.

J'ai lieu d'être affligée autant que satisfaite,
Je crains plus ton départ, que je ne le souhaite ;
Et je t'arrêterois, je t'en donne ma foi,
Si je le pouvois faire, & n'exposer que moi :
Séparons-nous, mais quoi, cette image funeste
Me dérobe déja la force qui me reste.
Epargne-moi de grace, en partant de ce lieu,
Le danger de mourir en te disant adieu.

FABRICE.

Climene ; elle me fuit, ô destin déplorable ?

SCENE V.

CARLOS, FABRICE.

CARLOS.

Amy, console-toi.
FABRICE.
Je suis inconsolable,
Il faut mourir, Carlos, puis qu'il faut m'absenter.
CARLOS.
Tu seras plus heureux si tu veux m'écouter,
Tu ne partiras point, & tu verras Climene,
Tous les jours sans péril, sans témoins, & sans peine.
FABRICE.
Me vouloir abuser, c'est mal me secourir,
C'est irriter mon mal, & non pas le guérir,
On ne peut trouver l'art de me rendre invisible.
CARLOS.
Bien donc, croi que pour toi je ferai l'impossible,
Souffre que je te parle, & dedans un moment
Tu perdras ta douleur, & ton étonnement ;
Tu sçais depuis quel tems l'Italie affligée,
Entre deux factions se trouve partagée,
Dont en chaque Cité les Partisans mutins,
Se nomment hautement Guelphes & Gibelins :
Souviens-toi que mon Pere, & celui de Climene
Prirent pour ce sujet une immortelle haine,
Et que par leur credit, & leur condition
Chacun d'eux se rendit Chef d'une faction :
Le Duc l'aiant appris, & redoutant l'issuë
De cette inimitié si fortement conçuë,
Il les fit arrêter avec quelque raison,
Laissant à chacun d'eux son logis pour prison.

Mon Pere qui voioit sa prétention vaine,
Sachant que sa maison de l'autre étoit prochaine,
Eut recours à l'adresse, & se crut tout permis
Pour perdre le plus grand de tous ses ennemis;
Et lors pour avancer en secret sa ruine,
Jusques sous son jardin fit creuser une Mine;
Déja même elle étoit achevée à peu prés,
Lors qu'il tomba malade, & mourut tôt aprés :
Je fus, comme tu sçais, par le droit de naissance,
Heritier de ses biens, & non de la vengeance ;
Et quand je haïrois Climene dans ce jour,
Je voudrois immoler ma haine à ton amour,
En ouvrant cette mine avec un peu d'adresse,
Tu peux, sans qu'on te voie, entrer chez ta Maîtresse,
Et pour l'executer en toute sureté,
Nous ferons croire à tous que tu t'es absenté.

FABRICE.

Que ne te dois-je point ? quelle reconnoissance.....

CARLOS.

De tes remercimens mon amitié s'offense,
Je m'en vai chez le Duc faire ma cour exprés,
Pour savoir ses desseins touchant tes interêts :
Entre dans mon logis.

FABRICE.

        Ne te mets point en peine,
Je vai de cet avis faire part à Climene ;
Mais qu'est-ce que j'entens ?

SCENE VI.

LE DUC, VALERE, FABRICE, IACINTE, Gardes.

LE DUC.

Faites ce que j'ai dit. *
FABRICE.
C'est le Duc, la fureur me rend tout interdit.
LE DUC.
Quelqu'horreur que Climene ait montré pour ma flame,
Quelque reste d'espoir flate encore mon ame,
J'ai gagné la suivante, & je viens de savoir
Qu'elle veut m'introduire en sa chambre ce soir,
On ouvre, est-ce Iacinte ?
IACINTE *sortant de chez Climene.*
Oni, tout nous est propice,
Ma Maîtresse se trompe, & vous prend pour Fabrice,
Elle m'a commandé d'ouvrir sans differer,
Et son ordre m'excuse en vous laissant entrer,
Ne perdez point de tems, mais je l'enteus descendre,
Ne parlez pas, sans doute, elle se va méprendre.
FABRICE.
Il faut nous éclaircir, aprochons doucement.

* *Valere frâpe à la porte du logis de Climene.*

SCENE VII.

LE DUC, CLIMENE, FABRICE, IACINTE, VALERE, GARDES.

CLIMENE *s'adressant au Duc, & croyant parler à Fabrice.*

Que peux-tu souhaiter, où viens-tu cher amant?
  FABRICE *à part.*
Amant, qu'entens-je, ô Ciel?
  CLIMENE.
  J'ai sujet de me plaindre,
A ma priere un soir ne peux-tu te contraindre?
Je t'excuse pourtant, & je veux présumer,
Que l'on se contraint mal, quand on sait bien aimer,
Et ne veux pas nier que mon ame charmée,
Ne peut se plaindre ici que d'être trop aimée.
  FABRICE *à part.*
Le puis-je croire, ô Ciel? suis-je point enchanté?
  CLIMENE.
Tu ne saurois douter de cette vérité,
Quand je veux m'irriter je sens que je m'abuse,
Mon ame te défend quand ma bouche t'accuse.
  LE DUC *à part.*
O trop heureux Fabrice!
  FABRICE *à part.*
  O trop heureux Rival!

CLIMENE.
Tu connois mon amour.
FABRICE à part.
Je le connoissois mal.
CLIMENE.
Quoi, tu ne réponds rien, doutes-tu de ma flame,
Crains-tu qu'un autre objet te chasse de mon ame,
Quoi qu'il puisse arriver, sois certain que toujours
Mon amour & ma vie auront un même cours,
Que de ne t'aimer plus je me trouve incapable.
LE DUC à part.
Que je suis malheureux!
FABRICE à part.
Que je suis miserable!
CLIMENE.
Qui t'oblige tout bas encor à murmurer,
Faut-il quelques sermens pour mieux t'en assurer.
Si toujours mon amour ne fait toute ma gloire,
Si tu n'occupes seul mon cœur, & ma memoire,
Que le......
FABRICE.
Ne jurez pas, ame ingrate & sans foi,
Il n'en est pas besoin, perfide je vous croi.
LE DUC.
Ton trépas de bien prés suivra ton insolence.
A moi, Gardes.
FABRICE en s'enfuiant.
En vain je ferois résistance.
LE DUC. *
Qu'on le suive & qu'il meure.
IACINTE.
Helas! je meurs d'effroi.
CLIMENE.
La force me défaut, Iacinte soûtiens-moi.

* *Valere & les Gardes vont aprés Fabrice.*

LE DUC.
Qu'il perisse, sa mort n'est que trop legitime,
Un merite trop grand est souvent un grand crime :
En perdant ce Rival je puis tout acquerir,
Et s'il ne perit pas mon espoir doit perir,
Sçachons si le succés répond à mon envie.

SCENE VIII.

VALERE, LE DUC, JACINTE, GARDES.

VALERE.

AH Seigneur ! c'en est fait, il est tombé sans vie,
En vain pour se deffendre il a fait quelque effort,
De mille coups mortels il a reçû la mort,
Et de son corps sanglant, & couvert de blessures,
Son ame a pour s'enfuir trouvé mille ouvertures.

JACINTE *sortant du logis de Climene.*
Ah ! Seigneur arrêtez.

LE DUC.
Tes soins sont superflus,
Je suis vangé, Jacinte, & Fabrice n'est plus.

JACINTE.
N'entrez point au logis, si vous aimez Climene,
D'une grande foiblesse elle revient à peine.

LE DUC.
Le sang, que j'ai versé lui coûtera des pleurs,
Entre, je n'irai point accroître ses douleurs,
Je vai me retirer, vous cependant Valere,
Du trépas de Fabrice avertissez son Pere,
Et lui faites sçavoir que sa temerité,
N'a reçu que le prix, qu'elle avoit merité.

Fin du premier Acte.

ACTE II.

SCENE PREMIERE.

ISABELLE, CLARINE dans une chambre.

ISABELLE.

Qui vient d'entrer ceans ?
CLARINE.
Madame, c'est Valere,
Qui de la part du Duc entretient votre Pere.
ISABELLE.
Quel sujet si pressant peut ici l'amener ?
CLARINE.
Pour vous le pouvoir dire, il faudroit deviner.
ISABELLE.
Un message à telle heure est chose assez nouvelle.
CLARINE.
C'est ce qui comme vous me tient fort en cervelle.
ISABELLE.
Attendons-en l'issuë, & changeons de propos.
CLARINE.
Vous voulez m'obliger à parler de Carlos,
Avoüez-le, Madame.
ISABELLE.
Il faut que je t'avoüe

Que j'ai quelque plaisir, quand j'entens qu'on le loue.
CLARINE.
J'aurois perdu le sang, si j'en disois du mal,
C'est un fort honnête homme, il est fort liberal,
Il merite beaucoup.
ISABELLE.
Mais de quelle maniere
A-t'il sçû que pour lui mon humeur est moins fiere,
Et que mon cœur enfin se dispose à l'aimer.
CLARINE.
Avecque des transports, qu'on ne peut exprimer.
ISABELLE.
Sur tout as-tu bien sçû lui dire avec adresse,
Qu'afin de le servir tu trahis ta Maitresse,
Et que tu l'avertis sans mon consentement.
CLARINE.
Oui, je l'ai dit, Madame, & fort adroitement ?
Mais vôtre amour bizarre a droit de me surprendre,
Vous craignez qu'il le sçache, & lui faites apprendre :
S'il en sçait un peu moins, en serez vous bien mieux ?
Les esprits des Amans sont bien capricieux.
ISABELLE.
Bien que j'aime Carlos, soit raison, ou caprice,
Je crois me faire tort, quand je lui fais justice,
La pudeur, que le Ciel dans notre Sexe a mis,
En matiere d'amour ne se croit rien permis ;
Et par certain pouvoir, que j'ignore moi-même,
Ne sçauroit, sans rougir, me laisser dire, j'aime :
Il semble que nos yeux faits pour dompter les cœurs,
Alors que nos captifs deviennent nos vainqueurs,
Quoi qu'ils trouvent d'aimable au trait, qui nous sur-
    monte,
Ne peuvent regarder ce changement sans honte,
De mépriser l'amour mon cœur ne sçait plus l'art :
Mais que vois-je, Carlos dans ma chambre, & si tard?
O Ciel !

SCENE II.

CARLOS, ISABELLE, CLARINE.

CARLOS.

De ce logis, voyant la porte ouverte,
Je n'ai pû refuser l'occasion offerte,
Et suivant mon amour, j'ai cru pouvoir monter,
Sans perdre le respect, & sans vous irriter.

ISABELLE.

Quoi, vous vous figurez que sans que je m'irrite
Je puisse ainsi de vous souffrir une visite,
Non, votre espoir se trompe, & cette liberté
Marque en vous peu d'amour, ou trop de vanité.
Pouvez vous bien m'aimer, & prendre une licence,
Qui fera contre moi parler la médisance,
Ou sans être trop vain pouvés vous bien penser,
Qu'un dessein si hardi ne puisse m'offenser ?

CARLOS.

Quelque raison, que j'aie ici pour ma deffence,
Je me tiens criminel, puisque je vous offense,
Et profiterois peu d'être assés obstiné,
Pour me croire innocent, quand je suis condamné.

ISABELLE.

Oui, oui, je vous condamne, & pour votre supplice,
Il faut que vous sortiés, & que je vous bannisse.

CARLOS.

Je n'en appelle point, je vai me retirer,
J'obéïs à regret, mais sans en murmurer.

ISABELLE.

Quoi, vous sortés si-tôt, quel motif vous y porte ?

CARLOS.

Puisque vous l'ordonnés, il faut bien que je sorte,
Je dois vous obéir.

ISABELLE.

Pour un parfait amant
C'est obéir Carlos, un peu bien promptement :
Croyant que vous m'aimés je paroitrois trop vaine,
On cherit sans ardeur, ce qu'on quite sans peine ;
L'amour par des respects se sçait mal exprimer,
Qui sait bien obéir, ne sait pas bien aimer.

CARLOS.

Ce discours surprenant rend mon ame interdite !
Pouvés vous bien vous plaindre alors que je vous quite;
Quand je vous obéis contre mon sentiment,
Quand mon amour éclate en mon aveuglement,
Et quand par une ardeur, qui n'est pas fort commune,
Mon bonheur me déplaît, lors qu'il vous importune ;
Que n'auriés-vous point dit, si cherchant mes plaisirs
J'avois à vos souhaits préferé mes desirs,
Et de quelle façon pourrai je enfin vous plaire,
Si vous obéissant je vous mets en colere.

ISABELLE.

Pour un homme amoureux, vous raisonnés trop bien,
Où l'Amour est puissant, la Raison ne peut rien,
L'un ne peut s'établir, tant que l'autre subsiste,
Quelquefois une fille aime qu'on lui resiste,
Qu'on s'obstine à l'aimer sans son consentement ;
Et comme ses desirs s'expliquent rarement,
Elle parle souvent pour se voir contredire,
Et pour être forcée à ce qu'elle desire :
Suivant cette maxime, en cet évenement,
Possible ai-je parlé contre mon sentiment,
Et peut être bien loin de me croire outragée,
Ne m'obéissant pas, vous m'auriés obligée.

CARLOS.

C'est agréablement que je reste confus,
Si cét aveu m'étonne, il me charme encor plus,
Et s'il faut demeurer pour ne vous pas déplaire,

Il n'est rien plus aisé que de vous satisfaire;
Puisque l'obéïssance a pour vous peu d'appas,
Je resterai, Madame, & n'obéïrai pas.
####### ISABELLE.
Il n'est plus temps; sortez, j'ai changé de pensée,
L'occasion se perd si-tôt qu'elle est passée,
Vous auriez trop d'orgueil, & j'en aurois trop peu,
Si je vous retenois aprés un tel aveu.
####### CARLOS.
Cét ordre est rigoureux.
####### ISABELLE.
      Il est sans injustice,
Je n'aime pas toujours qu'on me désobéïsse,
Suivez Carine, allez, & gardez d'être vû.
O Ciel! j'entens mon Pere.
####### CLARINE.
      Helas tout est perdu,
Possible il s'est douté de votre intelligence,
Dedans ce cabinet entrez en diligence.

SCENE III.

ALPHONCE, CLARINE, ISABELLE.

ALPHONCE.

Ah ma fille! ah ma fille!
####### ISABELLE *à part.*
      Il paroit furieux,
Je lis trop clairement mon malheur dans ses yeux.
####### ALPHONCE.
Pourrois-je vivre aprés des disgraces si grandes.

ISABELLE.
Qu'est-il donc arrivé?
ALPHONCE.
Quoi tu me le demandes,
Vois-tu pas dans l'excés de mes vives douleurs,
Que je suis accablé du plus grand des malheurs?
ISABELLE.
Quoi, quel malheur mon Pere?
ALPHONCE.
Isabelle, Isabelle,
Ce n'est plus de ce nom, qu'il faut que l'on m'appelle.
ISABELLE *à part.*
Je feindrois vainement, il faut tout confesser.
ALPHONCE.
Quel fatal changement? Ciel, qui l'eut pû penser.
ISABELLE.
De grace écoutez-moi.
ALPHONCE.
Que veux-tu que j'écoute,
Je ne sai que trop bien ce qu'aujourd'hui me coûte,
Cet amour, qui se plaît dans le sang & les pleurs,
Et cache des poisons, quand il montre des fleurs.
ISABELLE.
J'avouë....
ALPHONCE.
Ah que souvent nos attentes sont vaines,
Souhaitans des enfans, qu'on souhaite de peines.
ISABELLE.
Si son trépas....
ALPHONCE.
Oui, oui, son trépas est certain.
ISABELLE.
Souffrez que par mes pleurs.
ALPHONCE.
Tu les répands en vain.
ISABELLE.
Mon Pere, la vengeance est fort aisée à prendre.

ALPHONCE.
Helas ! contre le Duc que pourrai-je entreprendre.
ISABELLE.
Le Duc ! que dites-vous ?
ALPHONCE.
Hé quoi, tu ne sais pas
Que mon fils par son ordre a reçu le trépas ?
ISABELLE.
C'est ce que j'ignorois, ô disgrace cruelle !
ALPHONCE.
Valere de sa part m'en a dit la nouvelle,
Et m'a voulu forcer de demeurer d'accord,
Qu'il n'a rien fait d'injuste en lui donnant la mort.
ISABELLE.
Quoi donc, par une injuste & barbare contrainte,
Ainsi que la vengeance on vous deffend la plainte.
ALPHONCE.
Oui, pour punir mon fils, même aprés son trépas,
On veut que je l'aprenne, & n'en murmure pas ;
Il semble qu'on souhaite, en causant ma ruine,
Que j'aille encor baiser la main, qui m'assassine.
Et qui d'un fils si cher aiant percé le flanc,
Est encore fumante & teinte de mon sang.
ISABELLE.
Mais Seigneur, songez-vous dans cette conjoncture,
Que le corps de mon frere attend la sepulture ?
ALPHONCE.
Oui, j'en ai pris le soin, par mon commandement
On le doit apporter dans cet appartement.

SCENE IV.

LICASTE, ALPHONCE, ISABELLE, CLARINE.

LICASTE.

SEigneur de votre fils la mort est trop certaine,
Nous l'avons apporté dans la chambre prochaine.
A quelques pas d'ici nous l'avons rencontré,
Sans habits & de coups si fort défiguré,
Que l'on pouvoit douter avec quelque justice,
Que ce funeste corps fut celui de Fabrice,
Si l'on n'avoit trouvé, cherchant avecque soin,
Sa casaque assez proche, & son chapeau plus loin;
Ce qui dans ce malheur m'a mis le plus en peine,
C'est que j'ai fait du reste une recherche vaine,
Ses autres vêtemens ne se sont point trouvez,
Et j'ignore qui peut les avoir enlevez.

ALPHONCE.

O fils infortuné d'un Pere miserable!
Vous pouvez voir d'ici cet objet déplorable,
Avant qu'on se prépare à le mettre au tombeau,
S'il vous plaît d'ordonner qu'on tire ce rideau.

ALPHONCE.

Il est fort à propos, Licaste qu'on le tire. *
Que l'on nous laisse seuls, que chacun se retire:
Dans ce funeste objet mes regards interdits

S 5

* *L'on tire le rideau & l'on void dessus un lit un Corps massacré.*

Ne trouvent presque plus aucun trait de mon fils,
Et mon desordre a peine à me laisser connoître
Dans ce corps massacré celui que j'ai fait naître :
Est ce dans cet état que je te vois, mon Fils,
Un nom encor si doux me peut être permis,
A ce spectacle affreux, qui rend ma peine extrême,
Je me sens plus atteint de tes coups que moi-même,
Mon destin malheureux differe peu du tien,
Le sang, que tu répands est le plus pur du mien ;
Le bras, dont la rigueur hâte tes funerailles,
N'a pû percer ton flanc sans percer mes entrailles,
Et si nous differons dans un sort si confus,
C'est que je sens les maux, que tu ne souffres plus !
Sources de mes ennuis, Blessures violentes,
Qui ne paroissez plus que des bouches sanglantes,
Dont les muets accents sollicitent mon bras
A vanger cette mort par un autre trépas,
Le sort d'un Souverain n'est pas en ma puissance,
En vain contre un tel sang vous demandez vengeance ;
Je ne puis vous offrir d'autre sang en ces lieux,
Que celui, que mon cœur fait couler par mes yeux.

ISABELLE.

La cruauté du Duc devroit être punie.

ALPHONCE.

Il est mon Prince encor malgré sa tirannie,
Le destin des Sujets dépend des Souverains
Un crime devient juste en partant de leurs mains,
Et malgré leurs rigueurs, si ces Dieux de la terre
Doivent être punis, c'est d'un coup de Tonnere :
Je ferois aussi-bien des efforts superflus,
Mon fils revivra-t-il si le Duc ne vit plus ?
Mais Clarine à la hâte ici s'est avancée.

SCENE V.

CLARINE, ALPHONCE, ISABELLE.

CLARINE.

AH Seigneur! ah Madame....
ALPHONCE.
Etes-vous insensée?
CLARINE.
J'ai vû....
ALPHONCE.
Qu'avez-vous vû qui vous trouble si fort?
CLARINE.
J'ai vû, j'ai vû....
ALPHONCE.
Quoi donc....
CLARINE.
J'ai vû marcher un mort.
ALPHONCE.
Vous perdez la raison.
CLARINE.
Rien n'est plus veritable,
Il marche sur mes pas ce Fantôme effroiable.
Je l'entends, je le voi ce spectre que je fuis.
ISABELLE.
C'est mon frere....
ALPHONCE.
O merveille! en effet c'est mon fils.

S 6

SCENE VI.
ALPHONCE, FABICE, ISABELLE.

ALPHONSE.

Mon fils, mon ame est-elle éclaircie ou trompée,
Est-ce une illusion, dont ma vûë est frappée,
Si c'est un vain objet, que forme ma terreur,
Finisse au moins ma vie avec mon erreur ?
Peux-tu bien des vivans être encor du nombre,
Vois-je ton corps Fabrice, ou bien vois-je ton ombre,
Viens-tu pour me combler ou de joie, ou d'effroi,
Viens m'éclaircir, mon fils ! approche, embrasse-moi.

FABRICE.

Je vois le jour, Seigneur ; & j'y trouve des charmes,
Puis qu'à vos yeux ma vie épargne quelques larmes ;
Ce n'est pas qu'outragé du sort & de l'Amour,
L'on ne me fit faveur de me priver du jour,
Mais bien qu'on m'obligeât dans l'état où j'ai l'ame,
D'éteindre avec mon sang tout ce que j'ai de flâme,
Et que ce sang versé rendit mon sort plus doux,
J'aime à le conserver, parce qu'il vient de vous.

ALPHONCE.

D'où te vient pour la vie une si forte haine,
Tu ne saurois douter de l'amour de Climene ;
La passion du Duc te rend trop allarmé,
Si tu cheris beaucoup, tu n'es pas moins aimé.

FABRICE.

C'est un témoin bien faux, qu'une belle apparence,
Je m'assurois trop bien de sa perseverance,

TRAGI-COMEDIE.

Et croirois même encor ses desirs innocens,
Si je pouvois douter du raport de mes sens ;
J'ai de sa perfidie un trop sûr témoignage,
J'ai de sa propre bouche apris qu'elle est volage,
L'ingrate entretenoit mon Rival fortuné,
D'un air si peu commun & si passionné,
Que le respect du Duc, ni les soins de ma vie,
De marquer mon dépit n'ont pû m'ôter l'envie :
Le Duc aux premiers mots plein de haine & d'amour,
A donné l'ordre exprés de me priver du jour,
Et connoissant alors ma défense inutile,
Sous un portail obscur j'ai cherché mon azile.
Tandis qu'un inconnu marchant de ce côté,
Que l'on a pris pour moi parmi l'obscurité,
S'est trouvé tout-à-coup environné de Gardes,
Et s'est senti percer de coups de Hallebardes.
Dés que ces assassins ont été retirez,
Pour tirer de péril mes jours mal assurez,
Et rendre cette erreur encor plus vrai-semblable,
J'ai pris l'habit sanglant de ce corps déplorable ;
Et j'étois déja prêt à lui laisser le mien,
Dans le courant du fleuve aiant jetté le sien,
Alors qu'un bruit de voix traversant mon envie,
M'a fait laisser ce corps sans habits & sans vie,
Pour me rendre en ces lieux prés de vous promptement,
Et vous donner avis de cet évenement.

ALPHONCE.

De cet heureux succés la suite m'épouvente,
Aprens que de ta mort déja le Duc se vante ;
Il croit ta perte juste, & m'oblige à juger
Que tes jours conservez sont encor en danger ;
Si tu veux m'obéir, par une prompte absence,
Soustraits sans differer ta vie à sa vengeance.

FABRICE.

Mais quoi ! quitter Glimene.

ALPHONCE.

Elle t'a bien quitté,
Son exemple te guide à l'infidelité ;
Si trahir qui nous aime, est un trait de bassesse,
Aimer qui nous trahit n'est pas moindre foiblesse.

FABRICE.

Je suis toujours amant, quoi qu'amant maltraité,
Elle a moins d'injustice encor que de beauté :
Son crime dans ses yeux n'a rien moins d'effroiable,
Et cesse d'aimer sans cesser d'être aimable :
Et mon cœur qu'elle charme, & qu'elle a sçû trahir,
S'est trompé s'il a cru qu'il la pouvoit hair.

ALPHONCE.

De cette erreur l'absence est l'unique remede,
Il faut à mes desirs que ta passion cede ;
Fui par obéissance ou par ressentiment,
Assure ton salut par ton éloignement,
C'est ce que je desire

FABRICE.

Et ce que j'apprehende.

ALPHONCE.

N'importe....

FABRICE.

Mais, Seigneur....

ALPHONCE.

Mais je te le commande,
De peur d'être aperçu, sors sans suite & sans bruit,
Va passer chez Carlos le reste de la nuit ;
Et prends devant le jour le chemin de Florence,
Où j'ai beaucoup d'amis qui prendront la défense,
Je ferai chez Carlos par un fidelle Agent,
Te conduire un cheval avecque de l'argent.

FABRICE.

Ma sœur.....

ALPHONCE.

Par des regrets n'accrois point ma disgrace,
Sors, sors, sans differer ; adieu, que je t'embrasse.

De mon plus cher appui je me laisse priver,
Mais quoi je ne te perds qu'a fin de te sauver.

SCENE VII.

ALPHONCE, ISABELLE.

ISABELLE.

Par quelle cruauté bannissez-vous mon frere?
ALPHONCE.
Tu me parles en sœur, & moi j'agis en Pere;
Il est beaucoup plus doux à mon esprit confus
D'avoir un fils absent que de n'en avoir plus:
Je veux tromper le Duc, & qu'il perde l'envie,
En sachant son trépas de poursuivre sa vie:
Je veux que dés demain ma maison soit en deüil,
Que pour mon fils ce corps soit mis en un cercueil,
Afin qu'avec le Duc tout Ferrare se trompe,
Je le veux honorer d'une funebre pompe;
Aussi-bien devons-nous quelque honneur pour le prix
D'un sang de qui la perte a conservé mon fils,
Enfin....

SCENE VIII.

FABRICE, ALPHONCE, ISABELLE.

FABRICE.

Seigneur....
ALPHONCE.
Qui peut te troubler de la sorte ?
FABRICE.
J'ai rencontré le Duc auprés de notre porte,
Il suivoit un flambeau qui m'a pû faire voir,
J'oi du bruit, il me suit, allez le recevoir.
ALPHONCE.
O devoir trop injuste ! ô contrainte cruelle !
Dedans ce cabinet passe avec Isabelle.
ISABELLE.
Il va trouver Carlos, que dois-je devenir.
FABRICE.
Suivez-moi donc, ma Sœur, qui peut vous retenir ?
ISABELLE.
J'ai peur qu'on ne nous voie, & j'aurai moins de crainte,
Pourvu que la lumiere en ce lieu soit éteinte.
FABRICE.
Je n'y contredis point, dépêchons-nous d'entrer.

SCENE IX.

CARLOS *sortant du Cabinet.*

ILs sont entrez tous deux, sortons sans differer,
Le sort à mes desirs cesse d'être contraire,
Je puis sortir; mais quoi, j'entends la voix du Pere,
Que je suis malheureux.

SCENE X.

LE DUC, VALERE, ALPHONCE, CARLOS, *Gardes.*

LE DUC.

JE ne suis point déçû,
Votre fils est vivant, Alphonce je l'ai vû:
Aiant sçu que Climene étoit évanoüie,
J'ai voulu prendre soin d'une si belle vie ;
Et conduit par l'amour j'allois en son logis,
Alors que le hazard m'a fait voir votre fils ;
Je sçai qu'elle l'adore, & j'oserai vous dire
Que son mal cessera si Fabrice respire;
Enfin je le souhaite, & suis ici monté,
Afin de m'éclaircir de cette verité.

ALPHONCE *montrant au Duc le corps qui est sur le lit.*

Seigneur, il est aisé de vous tirer de peine,
Voici mon fils, jugez si sa perte est certaine,
Vous le craigniez vivant, ne le craignez plus mort,
Voiez son sang glacé qui fume à votre abord.

LE DUC.

C'est trop, j'ai de sa perte une assurance entiere,
Mais que faisoit Carlos en ce lieu sans lumiere ?

CARLOS *à part.*

Pour sauver notre ami, feignons adroitement.

LE DUC.

Il paroit interdit.

CARLOS.

Seigneur, c'est justement,
Venant pour de Fabrice apprendre ici la perte,
Dés que je suis entré dans cette chambre ouverte,
Son spectre au même instant s'est offert devant moi,
Mais dedans un état qui m'a transi d'effroi.
D'un Fantôme effroiable il avoit la figure,
Son sein étoit ouvert d'une large blessure,
Tout son teint étoit pâle, & tout son corps sanglant,
Il n'avançoit vers moi que d'un pas chancellant ;
Il lançoit un regard languissant & farouche,
Un sang livide & noir lui sortoit de la bouche ;
Et sa vigueur mourante en ce dernier effort,
Promenoit dans ses yeux l'image de la mort.

LE DUC.

La même vision tantôt m'est survenuë,
Mais Fabrice a paru moins horrible à ma vûë,
J'ai cru le voir vivant.

CARLOS.

Je vous donne ma foi,
Que votre Altesse a vû son Ombre comme moi.

LE DUC.
C'est ce qui me confond, je tenois pour un conte
Ce que des spectres vains le vulgaire raconte :
Je ne pouvois penser qu'un esprit hors d'un corps,
Pour s'offrir aux vivans se sépara des morts,
Qu'il cessa d'être simple, & qu'il lui fut possible,
Quand il n'a plus de corps d'être encore visible ;
Ce succés toutefois me doit épouvanter,
Je ne le saurois croire, & je n'en puis douter ;
Mais adieu, votre ennui s'accroît par ma pre-
    sence.

ALPHONCE.
Seigneur, je vous conduis.

LE DUC.
          Non, je vous en dispence.
Je sçai ce qu'est un Pere, & qu'il n'est pas permis
De rendre des devoirs à qui vous ôte un fils.

ALPHONCE à *Carlos.*
Que ne vous dois-je point ?

CARLOS.
          La grace n'est pas grande,
Que Fabrice à l'instant en mon logis se rende,
D'ici sans qu'on le voie il se peut évader,
Je vai suivre le Duc pour le persuader.

SCENE XI.

ALPHONCE, FABRICE, ISABELLE.

ALPHONCE.

SO.s & choisis demain Florence pour retraite.

FABRICE.

Seigneur......

ALPHONCE.

    Sans repliquer, fais ce que je souhaite;
Pour toi tous mes desirs doivent être des loix :
Adieu, viens m'embrasser pour la derniere fois.

ISABELLE.

Seigneur, malgré vos soins je crains bien que mon
   frere,
Ne se puisse soûmettre à cet ordre severe :
Par ses derniers discours je n'ai que trop compris
Qu'il aime encor Climene aprés tous ses mépris,
Et que son ame aveugle est encor résoluë,
A tout perdre plûtôt qu'à la perdre de vuë.

ALPHONCE.

Je veux m'en éclaircir, & j'y saurai pourvoir,
Chez Climene demain rends-toi devers le soir;

Le mal qui l'a surprise à ce devoir t'invite,
Et tandis à Carlos j'irai rendrai visite ;
Si mon fils est resté, j'espere avec raison
De le trouver dans l'une ou dans l'autre maison ;
Mais il est tard, adieu la fortune inhumaine
T'accorde du repos autant que j'ai de peine,
Je souffre assez d'ennuis.

ISABELLE.

Les maux que je ressens,
Pour être plus cachez ne sont pas moins pressans.

Fin du second Acte.

ACTE III.

SCENE PREMIERE.

LE DUC, IACINTE, *dans le Jardin de Climene.*

IACINTE.

C'Est ici le jardin, Seigneur, où ma Maî-
tresse,
Viendra dans un moment promener sa tri-
stesse :
L'ennui que lui produit la mort de son amant,
Ainsi que la santé trouble son jugement,
Encor que de son mal le danger soit extrême,
Elle marche, & voudroit se fuir presque elle-même;
Je puis vous assurer que bien-tôt ses douleurs
L'ameneront ici pour pleurer ses malheurs,
Et vous la pourrez voir sans témoins & sans peine,
Pour peu que votre Altesse en ce lieu se promene.
LE DUC.
Ton soin accroît ma peine, & non pas mon espoir,
Je brûle également, & je crains de la voir :
Je brûle de la voir quand je me represente
De toutes ses beautez une image charmante,
Et quand ses déplaisirs me sont representez,
Je crains de rencontrer ses beaux yeux irritez,

Oui, oui, je crains de voir cette belle affligée,
Me reprocher les maux, où mes feux l'ont plongée,
Dire que de mes soins sa haine est le seul fruit ;
Et qu'avec mon Rival mon esprit est détruit.

IACINTE.

Votre Altesse, Seigneur, doit être préparée
Aux reproches sanglants d'une amante éplorée.
A vous parler sans fard, j'ai peine à présumer
Que son cœur aisément se porte à vous aimer,
Mais votre ame en ce point doit-elle être incertaine,
Servez-vous de la force, où la douceur est vaine,
Puisque tous vos desirs tendent à l'épouser :
Ravissez un bonheur qu'on veut vous refuser.
Enlevez cette amante aveugle & rigoureuse,
Et malgré qu'elle en ait forcez-la d'être heureuse.

LE DUC.

Moi, l'enlever ! non, non, je n'y puis consentir,
La force avec l'amour ne sauroit compâtir :
Je voudrois être aimé sans qu'elle fut contrainte,
Et qu'elle eut de l'amour sans avoir de la crainte ;
Mais loin que son dédain cessât par cet effort,
En devenant plus juste il deviendroit plus fort.

IACINTE.

Vos raisons ne sont pas tout-à-fait legitimes,
Notre Sexe, Seigneur, a d'étranges maximes ;
Souvent ce qu'il témoigne est ce qu'il ne sent pas,
Il aime rarement le débris du trépas :
Dans l'esprit d'une amante, après cette disgrace,
L'amour devient douleur, & la douleur se passe ;
Et malgré ses sermens, & ses cris superflus,
La passion défaut lors que l'objet n'est plus.
Climene dans son cœur dés ce moment peut-être
Des cendres de l'amour sent l'ambition à naître,
S'aprête à preferer, malgré son juste deüil,
Le possesseur d'un Trône au dépôt d'un cercueil,
Et possible déja de ses ennuis lassée,
A cette élection voudroit être forcée.

LE DUC.
La forcer à l'hymen & la faire enlever,
Sont les derniers moiens que je veux éprouver,
Avant que de tenter la moindre violence
Je veux la voir.
JACINTE.
Seigneur, la voici qui s'avance.
LE DUC.
Voi comment elle rêve, & comme ses pas lens.
Marquent de son esprit les troubles violens,
On void sur sa pâleur sa tristesse étalée.
JACINTE.
Laissez-moi l'aborder, passez dans cette allée.

SCENE II.

CLIMENE, JACINTE, LE DUC.

JACINTE.

Madame.....
CLIMENE.
Qu'on me laisse un moment seule ici ;
Que chacun se retire, & vous Jacinte aussi.
JACINTE.
Mais si le Duc.....
CLIMENE.
Sortez, sans achever le reste,
Ne prononcez jamais ce nom que je déteste.
LE DUC.
Ah ! que j'ai de malheurs !

JACINTE

JACINTE.

Je vous l'avois bien dit,
La douceur ne peut rien sur ce farouche esprit.

LE DUC.

Je suivrai ton conseil : sortons en diligence,
Sa fierté s'accroîtroit encor par ma presence.

JACINTE.

De peur qu'on ne vous voie, il faut la voir entrer
Avant que de ces lieux je vous puisse tirer ;
Je vais y prendre garde, & tandis votre Altesse
Peut dans ces promenoirs divertir sa tristesse.

SCENE III.

CLIMENE seule.

STANCES.

Toi, qui fais l'impossible avec facilité,
  Guide errant & sans yeux, enfant sans innocence,
Tiran des cœurs, Amour, qui t'es toujours vanté,
    Que la mort cede à ta puissance,
Contre elle de tes droits vien donner connoissance,
Ou permets qu'à ces traits je puisse recourir,
Fais revivre Fabrice, ou laisse-moi mourir.

Les objets les plus doux, loin de me divertir,
Accroissent de mes maux la rigueur & le nombre,
Le Soleil, qui me luit ne sert qu'à m'avertir,
    Que Fabrice n'est plus qu'une Ombre,
Les Lis me semblent noirs, & la verdure sombre,
Et la plus vive Rose, en ce fatal moment,
Paroît teinte à mes yeux du sang de mon Amant !

Tome II.

Cher Amant, triste Objet de mes cris superflus,
Dont l'image est sans cesse en ma memoire errante,
Ne me reproche point, si, quand tu ne vis plus,
   Je demeure encore vivante,
La mort n'auroit rejointe à ton Ombre sanglante
Si j'avois pû finir ma vie & ma langueur,
Sans faire encor perir Fabrice dans mon cœur.

Ton Rival animé du barbare dessein,
De terminer ton sort, qui lui faisoit envie,
Ne frappa que mon cœur, lors qu'il perça ton sein.
   Et n'attentât que sur ma vie,
Sa fureur est trompée, au lieu d'être assouvie,
En tranchant tes destins, il a trahi ses vœux ;
Car je mœurs dans ta cendre, & tu vis dans mes
  feux.

Et tu vis dans mes feux ! ah que dis-je insensée,
Ton image vivante en mon ame est tracée ?
Mais ces traits immortels, qui me flatent si fort,
Sont les traits de Fabrice, & de Fabrice mort !
Etoit-il raisonnable, injuste destinée,
Que la mort l'attendit si prés de l'himenée ;
Mais ne raisonnons point en de si grands malheurs,
Etouffons nos sanglots, interdisons nos pleurs,
Et pour de nos ennuis envenimer l'atteinte,
Ne nous accordons pas l'usage de la plainte :
Nourrissons notre deüil, & par des soins prudens,
De peur de l'affoiblir, renfermons-le au-dedans,
Signalons nos regrets, mieux qu'avec la parole :
Lors qu'on a tout perdu, qui se plaint, se console.
Oui, cher amant pour mieux déplorer ton trépas :
Mais quel bruit effroiable entens-je sous mes pas ?
Pour me joindre à Fabrice, il semble qu'un tonnerre
Se prépare à sortir du centre de la terre ? *

* *Il se fait un grand bruit sous le Theatre.*

TRAGI-COMEDIE.

Ciel ! le bruit se redouble, & par des coups nou-
veaux,
Je sens que sous mes pieds on creuse des tombeaux,
Je voi tomber les fleurs, déraciner les plantes,
Des arbres les plus forts les souches sont tremblantes,
Fuyons, mais je ne puis, la peur me le deffend,
Dieu ! le désordre augmente, & la terre se fend ? †
O Ciel ! Fabrice en sort, la force ici me laisse,
Je n'en puis plus, je meurs de crainte, & de foi-
blesse.

SCENE IV.

FABRICE, CLIMENE.

FABRICE *sortant de la Mine.*

GRace aux soins de Carlos, & malgré le Destin,
J'ose esperer de voir Climene en ce Jardin.
Mais pour cacher à tous cette étrange avanture,
Couvrons de cette Mine avec soin l'ouverture :
Ces caisses pourront rendre avec ces rameaux verts
Cette Mine invisible ; & ces débris couverts,
Il ne me reste plus que de chercher l'ingrate,
Devant qui je prétens que mon dépit éclate ;
Je lui veux reprocher mes services passés,
Son Amour inconstant, & ses sermens faussés,
De peur que mon trépas lui donne de la joie,
Afin de l'affliger, je veux qu'elle me voye,
Et que l'ingrate ici m'entende protester,
Que je veux vivre encor, mais pour la détester.
Je la voi ; je la voi, cette belle inconstante.
Mais helas je la voi, pâle, froide & mourante ;

† *Elle tombe sur un Gazon évanouie.*

A ce funeste objet, qui me rend interdit,
Une tendre pitié succede à mon dépit ;
Et si cette pitié, que son malheur me cause,
N'est pas encor amour, il s'en faut peu de chose :
Climene ! beau sujet de mon feu renaissant,
Jette encor sur Fabrice un regard languissant,
Malgré tout mon dépit, malgré ton inconstance,
Je n'ai point contre toi souhaité de vengeance,
Reviens, & si tu veux que je ne vive pas,
D'un regard tout au moins horore mon trépas :
J'entens quelqu'un marcher, cachons-nous sans l'attendre.
Si j'entrois dans la Mine, on pourroit me surprendre.

SCENE V.

LE DUC, CLIMENE.

LE DUC.

JE viens d'oüir des coups, qui m'ont inquieté,
Le bruit, qui m'a surpris est fait de ce coté
Avançons, j'apperçois Climene, qui sommeille ;
Mais, helas ! ô disgrace à nulle autre pareille ;
Elle a perdu le jour, & sous un voile épais
Ses beaux yeux sont fermez pour ne s'ouvrir jamais ?
Par quelle Loix faut-il ! ô destin tirannique,
Qu'une beauté si rare ait un sort si tragique,
Et que l'Astre naissant, dont mon feu s'est produit,
Trouve dés son matin une éternelle nuit ;
Mais, quelle est mon erreur ! ô merveille adorable,

TRAGI-COMEDIE.

Le sort est innocent, & je suis seul coupable,
C'est ce bras inhumain, qui par un coup fatal
M'a ravi ma Maîtresse, en m'ôtant mon Rival.

CLIMENE.
Helas....

LE DUC.
Elle respire, Amour sois moi propice.
Climene ouvrez les yeux.

CLIMENE.
C'est donc toi, cher Fabrice,
Fantôme, que j'adore, ombre de mon Amant,
Que veux-tu....

LE DUC.
Sa douleur trouble son jugement.

CLIMENE.
Viens-tu me reprocher d'une voix imprévuë,
Que tu verrois le jour, si tu ne m'avois vuë,
Et que de notre Amour, le feu jadis si beau
Brilla pour t'éclairer à décendre au tombeau.

LE DUC.
Non, non, détrompez-vous, adorable Climene.

CLIMENE.
Dis moi donc cher Amant, le sujet qui t'améne,
Viens-tu soliciter, & mon cœur, & mon bras,
De differer ma mort pour vanger ton trépas ;
Veux-tu que cette main, au sang du Duc plongée,
Rende ma perte juste, & la tienne vangée ?
Parle, parle : hé bien par un illustre effort
Il sera hors d'état de rire de ta mort ;
Au milieu de sa Cour, aux yeux de tout Ferrare,
J'irai percer le cœur de ce Prince Barbare.

LE DUC.
Ce n'est que de vos yeux que mon cœur craint les coups,
Connoissez qui vous parle & revenez à vous,
L'excés de vos ennuis vous fait un tort extréme.

CLIMENE.
Que vois-je....

LE DUC.
Vous voyez un Prince, qui vous aime.
CLIMENE.
Quel accident funeste, & quel cruel destin,
Au lieu de mon Amant, m'offre son assassin ?
Seigneur souffrez ce mot d'une Amante offencée,
Qui de vous respecter doit être dispensée.
Quoi, vous n'êtes donc pas assouvi pleinement,
D'avoir sû me priver d'un noble & cher Amant,
Et par des cruautez sans exemple & sans nombre,
Vous venez donc encor me priver de son Ombre ?

LE DUC.
L'ombre, dont vous parlez n'est qu'une illusion,
Que forme votre crainte, & votre affliction,
Et quand j'ai dissipé cette funeste image,
J'ai crû vous faire plus de faveur que d'outrage,
Quant à Fabrice mort, daignez vous souvenir
Que c'est votre interet, qui me l'a fait punir,
Le discours, qu'il vous tint avec tant d'insolence;
M'a porté justement à cette violence :
Je vous eusse offencée en lui laissant le jour,
Et j'aurois moins osé, si j'eusse eu moins d'amour.

CLIMENE.
A ce conte il faudra que je vous rende graces
De m'avoir exposé aux dernieres disgraces,
D'avoir cruellement fait perir à mes yeux
L'objet, sans qui pour moi le jour est odieux;
D'avoir ravi mon ame à la sienne assortie,
Et percé de mon cœur la plus chere partie :
De vos prétentions vous êtes éloigné,
En perdant un Rival, vous n'avez rien gagné,
Et l'art, que vous mettez à le noircir de blame,
Ne sçauroit l'empêcher de vivre dans mon ame ?
Quand ce mort que je sens vivant dans mes esprits
M'eût autant témoigné de haine & de mépris,
Que vous montrez d'amour & de respect encore :
Je l'eusse autant aimé, comme je vous abhorre.

LE DUC.

Je ne condamne point ce juste emportement,
S'il étoit mon Rival, il étoit votre Amant,
Et j'eus tort d'outrager d'une rage animée,
Votre image charmante en son cœur imprimée.
Je sai que ce Rival, qui m'étoit odieux
Eut plus de droit que moi de plaire à vos beaux yeux;
Son merite tout seul l'avoit rendu coupable,
Et je le haïssois pour être trop aimable :
Mais en le haïssant je vous aimois assez,
Pour voir sans murmurer ses soins récompensez,
S'il eut pû comme moi joindre en votre personne,
Au present de son cœur le don d'une Couronne ;
Vous pouvez recevoir ces deux biens de ma main,
Mais déja vos regards marquent votre dédain :
Pour moins vous irriter, je vous laisse & j'espere
Qu'un jour à mes desirs vous serez moins contraire.

CLIMENE.

Le temps n'a point pour moi de remede assez fort,
Mon mal n'aura jamais de terme que ma mort.

SCENE VI.

JACINTE, FABRICE, CLIMENE.

FABRICE.

Approchons, j'apperçoi le Duc, qui se retire,
Ma peine est dissipée, & Climene respire ;
Mais ! Dieu qui vient encor ici me traverser.

JACINTE à *Climene.*

Le funebre appareil à l'instant va passer.

CLIMENE.
Quoi celui de Fabrice ?
FABRICE.
Approchons, c'est Jacinte;
Pour elle il ne faut pas me faire de contrainte.
JACINTE.
Oui, de votre balcon dans ce même moment,
L'on peut voir le cercueil, qui cache votre Amant:
Son Pere, qui prétend rendre son deüil celebre,
Honore son trépas d'une pompe funebre ;
Et tandis qu'on le porte au temple destiné,
Vous pourrez voir passer ce corps infortuné.
CLIMENE.
C'est mon dernier souhait.
FABRICE *se découvrant.*
Il faut qu'il s'accomplisse.
Contentez-vous, voiez le malheureux Fabrice.
JACINTE.
Ciel contre ce Fantôme, où dois-je avoir recou
La fuite en ce peril sera mon seul secours !
Où puis-je me sauver ?
CLIMENE
Quoi, Jacinte me laisse
JACINTE *en s'enfuiant.*
Je ne reconnois plus que la peur pour Maîtresse.
FABRICE *retenant Climene.*
Vous me fuiez ingrate & perfide beauté,
C'est faire aller trop loin votre legereté :
Si sur votre ame encor quelque justice regne,
Aprés m'avoir trahi, souffrez que je me plaigne.
CLIMENE.
Moi vous trahir ? qu'entens-je, en quel étonnement
Me met la nouveauté de cet évenement ;
S'il faut croire mes yeux dedans cette rencontre ;
C'est Fabrice vivant, que ce hazard me montre ;
Mais si j'en croi sa voix, ce n'est assurément
Qu'un Fantôme trompeur d'un si fidelle Amant.

TRAGI-COMEDIE.

FABRICE.

Je suis ce même Amant, qui contre votre envie,
En perdant tout espoir n'a pû perdre la vie,
Ouï, ouï, je vis encore, & malgré mon courroux,
Ingrate je crains bien de vivre encor pour vous;
Je ne sai qui s'oppose au dépit, qui m'inspire,
Qu'au lieu de murmurer, je sens que je soûpire,
Et que toute l'ardeur, qui me reste en ce jour
Ressemble beaucoup moins au dépit qu'à l'amour.

CLIMENE.

A ce dernier aveu je reconnois Fabrice,
En secret, malgré lui son cœur me rend justice;
Et quand sa bouche injuste ose me condamner,
A me croire fidelle il semble s'obstiner.

FABRICE.

Fidelle! ah c'est au Duc, que ce discours s'adresse,
Il doit seul esperer toute votre tendresse.

CLIMENE.

Peux-tu bien m'imputer ces lâches sentimens!

FABRICE.

Ce sont des veritez, si j'en croi vos sermens,
Je douterois encor de ce malheur extrême,
Si je l'avois apris d'autre que de vous-même.

CLIMENE.

D'un mal, que l'on connoît le remede est aisé,
Je connois ton erreur, cesse d'être abusé:
Si dans le dernier soir fecond en infortunes,
J'ai marqué pour le Duc des bontez peu communes,
J'ai crû l'entretenir, & dessus cette foi,
Ce que j'ai dit pour lui ne s'adressoit qu'à toi:
Ton image qui sait avecque tant de gloire
Occuper tous mes sens, mon cœur, & ma memoire,
Fût seule criminelle en ce fatal moment,
Si c'est crime en amour qu'un peu d'aveuglement.

FABRICE.

Pour un Amant, dont l'ame aux soupçons s'abandonne,
La plus mauvaise excuse est toujours assez bonne;
Un mensonge, qui plaît, trompe agreablement,

T 5

Et tout ce qu'on souhaitte est crû fort aisément,
Quand toutes tes raisons seroient des raisons feintes,
Il est si doux pour moi de voir finir mes craintes,
Et flatter les ennuis que tu m'as sçu causer,
Que tu m'obligerois de vouloir m'abuser.

CLIMENE.

De ces lâches soupçons que ton cœur se délivre,
Si tu veux t'éloigner, je suis prête à te suivre ;
Tu connoîtras par tout l'équité de ma foi,
Soit qu'il me faille vivre ou mourir avec toi :
Que le Ciel favorise ou trompe notre attente,
Je vivrai satisfaite, & je mourrai contente.

FABRICE.

Que dois-je....

CLIMENE,

Tu ne dois aucuns remerciment,
En suivant tes desirs je suis mes sentimens :
Mais qui t'a pû sauver.

FABRICE.

Le destin m'a fait grace,
Un passant a peri dans la nuit en ma place,
Et cette mine encor m'a donné le moien
Du logis de Carlos de passer dans le tien.

CLIMENE.

Tu peux entretenir ici tes rêveries ;
Cependant que j'irai prendre mes pierreries :
Passe sous ce berceau, je crois ouir du bruit,
Je te viendrai trouver si-tôt qu'il sera nuit.

SCENE VII.
FABRICE, JACINTE.

FABRICE.

SI je ne suis trompé, Jacinte ici s'avance,
De ma cheré Climene elle a la confidence,
De tout point aujourd'hui le sort me sera doux,
Si je puis l'obliger à partir avec nous.

JACINTE.

De ma derniere peur remise encor à peine,
Je retourne en tremblant au logis de Climene ;
J'ai fait perir Fabrice, & je dois bien juger
Qu'il vient de l'autre monde afin de se vanger :
Ma perte en ce moment seroit inévitable
Si j'allois rencontrer ce spectre épouventable.

FABRICE.

Arrête......

JACINTE.

C'est l'esprit, bon Dieu je meurs d'effroi ?
Ah ! Monsieur le Fantôme aiez pitié de moi,
Je reconnois ma faute, & je vous fais promesse,
De ne trahir jamais ni vous, ni ma Maîtresse.

FABRICE à part.

Qu'entens-je ? il faut savoir les secrets jusqu'au bout,
Ne me déguisez rien, aussi bien je sai tout.

JACINTE.

Ne me touchez donc point, je m'en vai vous tout dire
Il est vrai que toujours j'ai tâché de vous nuire,
Que pour servir le Duc j'ai fait tout mon effort,
Et que même je suis cause de votre mort.

FABRICE.
Esprit pernicieux.....
JACINTE.
N'entrez point en furie
Ce n'est pas encor tout, écoutez, je vous prie ;
J'oubliois que le Duc a, par mon sentiment,
De Climene aujourd'hui conclu l'enlevement ;
Et que ce même soir possible sans remise
On doit executer cette injuste entreprise.
FABRICE.
Quelle infidelité.....
JACINTE.
J'ai tout dit mes forfaits ;
Trouvez bon maintenant que je vous laisse en paix
Et sachez que pour moi la peine est sans seconde,
D'entretenir long-temps des gens de l'autre monde :
Si vous n'étiez point mort vous seriez assez bon
Pour à mon repentir accorder mon pardon.
FABRICE.
Il me seroit honteux de punir une femme :
Allez.....
JACINTE.
Monsieur l'Esprit, Dieu veüille avoir votre ame,
Le Duc doit enlever Climene cette nuit :
Ciel ! mon espoir encor doit-il être détruit ;
Mais d'une vaine peur mon cœur se laisse atteindre,
Puis que je suis aimé, je n'ai plus rien à craindre.
Allons, souvenons nous qu'il n'est rien d'assez fort
Pour des-unir deux Cœurs que l'amour met d'accord ;
Et qu'augmentant sa force au milieu des obstacles,
Ce Dieu sait toujours l'art de faire des miracles.

Fin du troisième Acte.

ACTE IV.

SCENE PREMIERE.

FABRICE.

Voici l'heure propice, où j'espere de voir
La beauté dont mon cœur adore le pouvoir;
Déja l'astre du jour achevant sa carriere,
Ne lance plus ici qu'une foible lumiere;
De ses derniers raions il pare l'Occident,
Il tombe avec éclat, il brille en se perdant;
Et le reste brillant de sa clarté mourante,
Rend sa chûte pompeuse, & sa perte éclatante.
Pardonnez, ô Soleil ! dont la splendeur me nuit,
Si mon espoir s'accroît quand votre éclat s'enfuit:
L'amour ingénieux assemble pour ma peine
Tout l'éclat qui me charme aux beaux yeux de Cli-
    mene;
Et bien-tôt ses regards me rendront des clartez,
Qui passent de beaucoup celles que vous m'ôtez;
Mais qu'elle tarde ! ô Ciel, qu'elle a de négligence,
Elle ne paroît point, & la Lune s'avance;
Tout mon espoir déja s'éteint avec le jour,
Ce long retardement marque un défaut d'amour !
On marche, & si mes yeux sont des témoins fideles,
Je voi venir enfin ce miracle des Belles.

SCENE II.

CLIMENE, FABRICE.

CLIMENE.

Fabrice ?.....
FABRICE.
Il n'est pas loin, beau sujet de mes feux,
Ce Fabrice fidele autant qu'il est heureux.
CLIMENE.
Auprés de toi plutôt j'esperois de me rendre,
Je crains de t'avoir fait ennuier de m'attendre.
FABRICE.
Pour Fabrice en effet croi que de tes beaux yeux
Le moindre éloignement est beaucoup ennuieux;
Je t'attendois plutôt, & pour ne te rien feindre,
J'avois dessus ce point résolu de me plaindre;
Mais pour tout oublier, il suffit de te voir,
De me plaindre à tes yeux je n'ai pas le pouvoir,
Et le plaisir present qui flate ma pensée,
M'ôte le souvenir de ma peine passée.
CLIMENE.
Puis que l'amour te force à ne pas m'accuser,
La même passion m'oblige à m'excuser.
Le soin des Diamants, dont je me suis chargée,
A ce retardement ne m'a pas engagée;
Le soin de prendre un tems propre à notre départ,
A pu seul m'obliger à te joindre si tard.
FABRICE.
Il faut de ces discours remettre ailleurs la suite,
Achevons nos desseins, & hâtons notre fuite;
Du sort injurieux je crains encor les coups,

TRAGI-COMEDIE.

On s'y doit moins fier lors qu'il paroît plus doux.
CLIMENE.
Hâtons-nous, j'y consens, mais que vois-je paroître,
Je crains que ce flambeau ne te fasse connoître ?
Cache-toi......
FABRICE.
Je mourrai plutôt que me cacher,
On peut te faire outrage, & je dois l'empêcher ;
Je suis bien averti que le Duc se prépare
A te faire enlever par un ordre barbare.

SCENE III.

LE DUC, VALERE, CLIMENE, FABRICE, Gardes.

VALERE.

Elle doit être ici....
LE DUC.
Je me tire à l'écart ;
J'entendrai tout ; allez, & parlez de ma part.
FABRICE.
Quoi, souffrir qu'on t'enleve, & même en ma présence.
CLIMENE.
Non, si tu t'apperçois de quelque violence,
Avance à mon secours, cependant cache-toi,
Et ne me laisse encor à craindre que pour moi.
Que cherchez-vous, Valere, en ces lieux à telle heure ;

VALERE.
Je ne fouhaitois pas de rencontre meilleure ;
Un caroffe à prefent vous attend ici prés,
Je vous y dois conduire, & j'en ai l'ordre exprés.
CLIMENE.
De qui vous vient cet ordre ?
VALERE.
Il vient du Duc mon Maître,
Qu'ici pour Souverain chacun doit reconnoître.
CLIMENE.
Tout Souverain qu'il eft, il doit pourtant favoir,
Que l'ame de Climene eft hors de fon pouvoir.
Mon cœur dépend d'un autre, & quoi qu'il puiffe dire,
Ce n'eft pas un fujet qui foit fous fon empire.
VALERE.
Madame, je vous plains, mais il faut obéir.
CLIMENE.
Croit-il fe faire aimer, comme on fe fait hair ?
Perdant la liberté, penfe-t-il que je prenne
Pour des effets d'amour tant de marques de haine ;
De fon inimitié que peut-on redouter,
Si, quand il m'aime, il cherche à me perfecuter ?
VALERE.
Je fuis autant forcé que vous êtes contrainte,
Mais quoi, votre ame en vain s'abandonne à la plainte,
Suivez-moi promptement où je vai....
LE DUC.
Arrêtez.
Pour fouffrir qu'on l'outrage elle a trop de beautez,
Ou plutôt quelque peine, où fa rigueur m'engage,
J'ai trop de paffion pour fouffrir qu'on l'outrage.
Oui, de votre mépris, confus, defefperé,
A votre enlevement je m'étois préparé ;
J'en attendois l'iffuë, & j'avoüerai, Madame,
Que l'amour furmontoit le refpect dans mon ame :
Mais à vos premiers mots par un foudain retour,
Le refpect dans mon ame a furmonté l'amour !

TRAGI-COMEDIE. 449

Cessez, cessez de craindre, ô merveille charmante,
L'ardeur de cet amour un peu trop violente :
Votre cœur dût-il être aussi dur qu'un rocher,
J'emploierai le respect tout seul pour le toucher ;
J'ai plus de passion que vous n'avez de haine,
Par tout où je serai vous serez Souveraine ;
Et je tiendrai mon sort trop heureux & trop doux,
Non de donner des loix, mais d'en prendre de vous.

CLIMENE.
Je rendrois grace au Duc d'un aveu si propice,
Si je pouvois flater l'ennemi de Fabrice.

LE DUC.
Encore que sa perte ait lieu de m'obliger,
Puis qu'elle vous afflige, elle doit m'affliger :
Mais il court sur ce point un bruit qui m'épouvente,
On dit que ce Fantôme à vos yeux se presente.

CLIMENE.
Ce bruit n'a rien de faux, il est vrai qu'en ces lieux
Fabrice aprés sa mort s'est offert à mes yeux.

LE DUC.
Afin de dissiper les craintes dangereuses,
Que vous pourroient causer des visions fâcheuses,
Quatre ou cinq de mes gens, & des mieux résolus
Auront ordre à l'instant de ne vous quitter plus.

CLIMENE.
Ah ! Seigneur, ce n'est pas ce que je vous demande.

LE DUC.
C'est le moindre devoir qu'il faut que je vous rende,
Souffrez que l'on vous garde

CLIMENE.
        Il n'en est pas besoin.

LE DUC.
Votre repos me touche, & j'en dois prendre soin.

CLIMENE.
Au lieu de m'obliger votre dessein me blesse,
Mes desirs de ce soin dispensent votre Altesse.

LE DUC.
Ce seroit vous trahir que suivre vos desirs,

La vision d'un mort accroît vos déplaisirs.
Permettez...

CLIMENE.
Non, Seigneur, deffendez qu'on me suive,
La vision m'en plaît, & je crains qu'on m'en prive.

LE DUC.
Ce spectre troublera toujours votre raison,
Tant que vous resterez seule en cette maison.

CLIMENE.
S'il ne tient qu'à changer de logis pour vous plaire,
Dés ce même moment je veux vous satisfaire;
Le logis de Carlos au mien se trouve joint.

LE DUC.
Si vous en faites choix, je n'y contredits point,
Sa Mere est fort prudente, & ses conseils solides
Seront un grand secours pour vos esprits timides;
Souffrez que je vous méne en son appartement.

CLIMENE.
Seignenr, cette priere est un commandement; *
De le suivre en ce lieu je ne puis me deffendre,
Puis qu'aussi-bien Fabrice a dessein de s'y rendre.

FABRICE.
Dequoi donc si long-tems peut-elle discourir?
Mais Dieux le Duc l'emmene, allons la secoutir.

LE DUC.
Ce fantôme est l'effet d'une triste pensée,
Tous les sens sont troublez lors que l'ame est blessée.

FABRICE.
Eteignons la lumiere.

LE DUC.
Enfin je vous promets,
Qu'il n'est point de Fantôme, & qu'il n'en fut jamais;
Mais que vois-je, ô prodige? ah Ciel quelle est ma peine.

FABRICE.
C'est Fabrice qui vient vous arracher Climene.

* *Climene parlant tout bas.*

TRAGI-COMEDIE.

CLIMENE *à part.*

Fabrice, à quel danger es-tu venu t'offrir ?

FABRICE.

Sauve-toi ma Climene, ou laisse-moi périr.

CLIMENE.

Mes jours sont en péril lors que tu te hazardes ;
Je m'éloigne, sui-moi.

LE DUC.

Que l'on s'avance, Gardes ;
Je veux être éclairci, ne m'abandonnez pas.

FABRICE.

Climene est éloignée, allons suivre ses pas.

VALERE.

N'en doutez point, Seigneur, c'est l'Ombre de Fabrice.

LE DUC.

N'importe, il faut encor que je m'en éclaircisse.

SCENE IV.

CARLOS, VALERE, LE DUC.

CARLOS *sortant de la mine.*

Secourons notre ami, ce bruit me fait juger,
Que ses jours en ces lieux courent quelque danger.

VALERE.

D'un Fantôme trompeur la prise est impossible,
Il est pris toutefois, & c'est un corps sensible.

LE DUC.

Ah ! traître ! ah, le plus grand de tous mes ennemis.

CARLOS.
Ah, Seigneur ! quel forfait Carlos a-t-il commis ?
Vous n'avez jamais eu de sujet plus fidele.
LE DUC.
Qu'entends-je ! c'est Carlos, la surprise est nouvelle,
Tous mes raisonnemens se trouvent ici vains,
Venez-vous d'enlever Climene de mes mains ?
CARLOS.
Moi, Seigneur ? nullement, le bruit qu'on vient d'entendre,
Pour en savoir la cause en ce lieu m'a fait rendre.
LE DUC.
Qui donc en ce jardin est venu m'arrêter ?
VALERE.
C'est l'ombre de Fabrice, en pouvez-vous douter,
Nous en pouvons tous rendre un fort sûr témoignage,
Nous avons bien connu sa voix & son visage.
LE DUC.
Je les ai remarquez aussi distinctement.
CARLOS.
De Fabrice, Seigneur, c'est l'ombre assurément.
LE DUC.
Ce prodige me laisse en une étrange peine,
A quiter ce logis j'avois porté Climene,
Et jusqu'en la maison j'allois l'accompagner,
Quand ce spectre est venu, qui l'a fait éloigner.
CARLOS
Ainsi que vous, Seigneur, ce succés m'épouvente.
LE DUC
Carlos, il faut trouver cette Beauté charmante,
Et pour sa seureté la conduire chez toi.
Cherche de ce côté : vous autres suivez-moi.
CARLOS.
Ah Ciel ! tout est perdu la fourbe est averée,
Si Fabrice est trouvé, sa perte est assurée ;
Mais si malgré la nuit, je ne m'abuse pas,
J'apperçoi qu'une femme adresse ici ses pas.

SCENE V.

CARLOS, CLIMENE.

CLIMENE.

Fabrice, est-ce toi.....

CARLOS.
Non....

CLIMENE.
Ah, ma peine est extrême.

CARLOS.
Si ce n'est lui, du moins, c'est un autre lui-même,
C'est Carlos....

CLIMENE.
Ah, Seigneur, quel malheur est le mien.

CARLOS.
J'ai sçu votre disgrace, & n'en ignore rien,
J'ai tout apris du Duc, qui brûlant de colere,
Vous cherche avec un soin qui n'est pas ordinaire.

CLIMENE.
Fabrice est en ces lieux, s'il alloit le trouver,
Il seroit impossible aprés de le sauver ;
Carlos, si vous l'aimez, détournez ses disgraces,
Pour rejoindre le Duc, marchez dessus ses traces,
Afin de l'éloigner, il le faut avertir,
Que de ce lieu fatal je suis prête à sortir ;
Et qu'enfin j'ai promis ici de vous attendre,
Pour en votre logis avecque vous me rendre.

CARLOS.
J'y cours ; vous, essaiez d'avertir votre amant ;
Et sur tout, rendez-vous en ce lieu promptement.

CLIMENE.
La fortune pour moi n'est pas assez propice,

Pour souffrir qu'à present je rencontre Fabrice,
Avecque trop d'ardeur son couroux me poursuit,
Pour m'accorder ce bien : toutesfois, j'ois du bruit :
Possible que l'amour favorable à mes flames,
Guide ici mon amant ; Mais quoi, ce sont deux fem-
    mes ;
Elles m'ont apperçu, ou je m'abuse fort,
Allons chercher Fabrice, & fuions leur abord.

SCENE VI.

JACINTE, ISABELLE.

JACINTE.

C'Est Climene, approchez avec toute assurance,
Et souffrez qu'au logis je rentre en diligence,
Ma conduite & mes soins ici sont superflus.
ISABELLE.
Demeure ; elle s'éloigne, & je ne la voi plus,
Marchons dessus ses pas, & prenons cette route.
JACINTE à part.
Dieu ! si j'allois trouver l'esprit que je redoute.
ISABELLE.
Tu sais tous ces détours, & tu m'y peux guider,
Passe devant....
JACINTE.
    Qui, moi ? Dieu m'en veuille garder ;
Je sai bien mon devoir, quoi que fille grossiere,
Madame, c'est à vous de passer la premiere ;
Ah ! si l'Esprit venoit punir ma trahison.
ISABELLE.
Mais tu trembles....
JACINTE.
    Helas ! ce n'est pas sans raison.

TRAGI-COMEDIE.

ISABELLE.
Demeure donc, sans toi je vai suivre Climene.
JACINTE.
Elle me laisse seule, ah, ma perte est certaine,
Madame, où courez vous ?
ISABELLE.
N'arrête point mes pas.
JACINTE.
Vous deussiez-vous fâcher, vous ne la suivrez pas.
ISABELLE.
Ton importunité, sans mentir est extrême,
Pourquoi m'arrêtes-tu ?
JACINTE.
Parce que je vous aime,
Vous seriez en péril, si vous alliez plus loin,
Votre salut m'est cher, & j'en veux prendre soin.
ISABELLE.
Laisse-moi.....
JACINTE.
Non, sachez une chose incroiable,
Il revient en ces lieux un Esprit effroiable.
ISABELLE.
Est-ce un esprit folet....
JACINTE.
Non, il n'est point plaisant,
C'est plûtôt un esprit malin & mal-faisant.
ISABELLE.
Qui te l'a dit....
JACINTE.
Mes yeux, Madame, & je vous jure
Que je l'ai vu vingt fois sous diverse figure,
Tantôt en forme d'homme, & puis en loup garou,
Et chaque fois tout prêt à me tordre le cou.
ISABELLE.
Climene donc ici n'est pas en assurance.
JACINTE.
Je ne sai, mais je croi qu'ils ont fait connoissance,
Ils s'accordent fort bien, mais je l'avois bien dit,
En forme de Geant voici venir l'esprit.

SCENE VII.

FABRICE, JACINTE, ISABELLE.

FABRICE.

C'Est Jacinte, & Climene est sans doute avec elle.
JACINTE.
Elle aproche, ah fuions, sa rencontre est mortelle.
ISABELLE.
C'est à moi qu'il s'arrête ; ô Ciel que j'ai d'effroi.
FABRICE.
Climene c'est Fabrice, arrête, écoute-moi.
ISABELLE.
Parlons bas, c'est mon frere, ah Dieu quelle sur-
    prise,
Feignons, pour découvrir quelle est son entreprise.
FABRICE.
Le Duc, à qui mes soins viennent de t'arracher,
Sans doute en ce moment s'emploie à te chercher ;
Ne perdons point de tems pour fuir sa violence,
Au logis de Carlos passons en diligence :
De plus, je crains ma sœur, car chez mon pere au soir,
Elle me témoigna qu'elle viendroit te voir ;
S'il faut qu'elle me voie, au même instant mon pere,
Qui me croit déja loin, aprendra le contraire,
Ce n'est pas que ma sœur soit fine au dernier point,
Elle est fort innocente, & ne me nuira point,
Mais elle a le défaut de ne pouvoir rien taire.
ISABELLE.
Vous m'obligez beaucoup, continuëz mon frere.
FABRICE.
C'est ma sœur Isabelle : ah quel est mon malheur.

ISABEL-

ISABELLE.
Poursuivés donc.....
FABRICE.
Helas j'en ai trop dit, ma sœur,
Excuse d'un Amant la foiblesse & les craintes,
Si ton cœur ressentoit de pareilles atteintes,
Tu saurois que le Dieu, qui preside aux amours,
Est un enfant timide, & qui tremble toûjours.
ISABELLE
Des maximes d'Amour je suis fort ignorante,
Et pour les bien savoir je suis fort innocente :
Quant à votre sejour, que j'apprens à regret,
Ce secret sû de moi n'en est pas moins secret :
Je veux, en vous montrant que je sai bien me taire
Etre meilleure sœur, que vous n'êtes bon frere.
FABRICE.
Ah! c'est avoir pour moi des sentimens trop doux.
ISABELLE.
J'entens quelqu'un marcher, mon frere éloignés-vous.
FABRICE.
Je suivrai ton avis, sors de cette demeure,
Et t'en va chés Carlos, je te suis tout à l'heure.

SCENE VIII.

LE DUC, CARLOS, ISA-BELLE, Suite.

CARLOS.

Vous voiés en ce lieu Climene, qui m'attend.
LE DUC.
Conduis-là c'est assez, je sortirai content.
CARLOS à *Isabelle*.
Madame c'est Carlos, suivez mes pas sans crainte,
Parlés bas....

Le Fantôme Amoureux,
ISABELLE *à part.*
C'est Carlos suivons le sans contrainte.
LE DUC.
Gardes, suivez Climene, il faudra pour ce soir
Que mes yeux soient privez du bonheur de la voir.
Mon amour à la suivre en vain me sollicite.
Differons à demain de lui rendre visite,
Le bien, que j'en attens seroit trop acheté,
S'il coûtoit à Climene une importunité.
Sortons, & flâtons-nous encor de l'esperance,
Qu'on vient à bout de tout par la perseverance,
Et qu'il n'est point de cœur, soit de bronze ou de fer,
Que des feux bien ardens ne puissent échauffer.

SCENE IX.

CLIMENE, FABRICE, LE DUC.

CLIMENE.

Fabrice.....
FABRICE.
Ma Climene....
LE DUC.
Ah Ciel qu'ai-je entendu ?
Mon Jugement ici se trouve confondu,
Climene suit Carlos, quel charme que j'ignore
Avec l'Ombre d'un mort la fait trouver encore.
CLIMENE.
Chacun est retiré, nous sommes seuls enfin,
Et le Duc à present n'est plus en ce Jardin :
Je viens d'oüir un bruit de gens, qui se retirent,

TRAGI-COMEDIE.

Achevons le dessein, où nos souhaits aspirent ;
Pressons notre retraite, & fuyons sans terreur,
L'amour de ce Tyran, pour qui j'ai tant d'horreur.
LE DUC.
Dans un gouffre d'erreur ce prodige me plonge :
Est-ce une verité, seroit-ce point un songe ?
FABRICE.
Hâtons-nous, mais je crains que dans l'obscurité
Tu n'entres dans la Mine avec difficulté.
CLIMENE.
Il faut de ce Jardin sortir d'autre maniere,
Il m'est aisé d'ouvrir la porte de derriere :
J'en ai pris dessus moi la clef secretement,
Nous pouvons chés Carlos passer commodément,
Et dés qu'il fera jour je serai preparée
De suivre ta fortune en toute autre contrée.
FABRICE.
Par quels remercimens....
CLIMENE.
                Hâtons-nous de sortir,
Ne perdons point de temps, suis-moi sans repartir.
LE DUC.
Il n'en faut point douter, la chose est tres certaine,
Fabrice, vif ou mort enleve encor Climene,
Ha je ne puis souffrir cet outrage à mes yeux,
Allons, il faut nous perdre ou la sauver : ah Cieux !
    LE DUC *courant pour secourir Climene*
        tombe dans la Mine.

Fin du quatriéme Acte.

ACTE IV.

SCENE PREMIERE.

CARLOS, ISABELLE, *dans une Salle du logis de Carlos.*

CARLOS.

Que vois-je, qu'ai-je fait ! ah rencontre cruelle,
Ne n'abusai-je point, est-ce vous Isabelle ?
ISABELLE.
Qu'entens-je ! quoy Carlos, vous me méconnoissez,
Mes traits en un instant se sont ils effacez ?
Non, ils me sont restez, & j'ai bien lieu de croire
Que s'ils sont effacez c'est de vostre memoire.
CARLOS.
Ce soupçon est injuste ; avec sincerité
Je vous veux sur ce point dire la verité.
ISABELLE.
Quelle sincerité de vous peut-on attendre ?
CARLOS.
Ne me condamnez point avant que de m'entendre :
J'avois fait un dessein, qui n'a pas réussi,
Je prétendois conduire une autre femme ici ;
J'avouerai qu'à regret je vous vois en sa place,
Et que vôtre presence en effet m'embarasse ;
Mais.....
ISABELLE.
Il suffit ingrat, ton crime est confessé,
Et plus sincerement que je n'aurois pensé.

TRAGI-COMEDIE.

CARLOS.
Souffrez que je m'explique.
ISABELLE.
Il n'est pas necessaire,
Quelle explication pourroit être plus claire ?
CARLOS.
Écoutez ce qui reste.
ISABELLE.
Ah ! je n'écoute plus.
Tous tes déguisemens sont ici superflus.
CARLOS.
Mais sçachez.....
ISABELLE.
Je n'ai rien à sçavoir davantage,
Ne m'as-tu pas appris que ton ame est volage;
Tu prétendois conduire une autre femme ici,
Tu veux que je le croye, & je le crois aussi.
CARLOS.
Je n'ai.....
ISABELLE.
Tu n'as pour moi que froideur & qu'audace,
Avec regret, dis-tu, tu me vois en sa place,
Et d'une injuste ardeur ton esprit emporté,
Passe de l'inconstance à l'incivilité.
CARLOS.
Souffrez que je vous parle.
ISABELLE.
Hé que me peux-tu dire ?
Que d'un plus digne objet tu reconnois l'empire,
Qu'à ses charmes ton cœur en vain a resisté
Et que pour t'acquerir j'ai trop peu de beauté.
CARLOS.
Ah ! prenez moins de soin à vous tromper vous même,
Et soyez moins injuste pour mon cœur, qui vous aime.
ISABELLE.
Je perdrai peu, perdant un cœur comme le tien,
Il est fourbe, il est lâche, & je n'y prétens rien :
Adieu.

V 3

CARLOS.
Quoi sans m'entendre ! ah demeurez de grace ;
Arrêtez.
ISABELLE.
Ma presence en ce lieu t'embarasse.
CARLOS.
C'est la verité même.
ISABELLE.
Ingrat, la verité ?
CARLOS.
Vous ne sortirez point sans m'avoir écouté.
Souffrez que sur ce point j'explique ma pensée.
ISABELLE.
De tes discours encor je serois offencée.
CARLOS.
Ce que je vous dirai se peut verifier.
ISABELLE.
Non, non, je te deffens de te justifier.
CARLOS.
Pour la derniere fois laissez moi dire encore,
Que ce n'est que vous seule aujourd'hui que j'adore,
Que je suis tout à vous.
ISABELLE.
Hé bien fais moi donc voir
S'il me reste en ton ame encor quelque pouvoir.
CARLOS.
Madame, commandez, vous serés satisfaite.
ISABELLE.
Ne dis rien, qui t'excuse & souffre ma retraite ;
Je l'ordonne, obéis.
CARLOS.
Pour un parfait Amant,
C'est crime d'obéir un peu trop promptement.
ISABELLE.
Non, non, sur ton esprit si j'ai quelque puissance,
Montre encor ton respect par ton obéïssance.
CARLOS.
L'amour par des respects se fait mal exprimer.

TRAGI-COMEDIE. 463

Qui sait bien obeïr ne sait pas bien aimer :
Ce conseil favorable, ô beauté trop cruelle ;
Fut donné pour Carlos.

ISABELLE.
                  Oui pour Carlos fidelle,
Mais ce conseil fatal, dont tu presumes tant,
Ne fut jamais donné pour Carlos inconstant.

CARLOS.
Quel est mon crime ?

ISABELLE.
              Ingrat je veux bien te l'apprendre,
J'ai toujours eu pour toi je ne sai quoi de tendre,
Et ce ne sai quoi commençoit en ce jour
D'être peu different de ce qu'on nomme Amour ?
J'étois Amante, enfin, alors que pour ma peine,
J'ai sçu que mon amour n'a produit que ta haine ;
Oui, tu n'es plus atteint quand je me sens toucher,
Je deviens importune à qui me devient cher ;
Lors que mon feu paroît, ta flame est consommée,
Et commençant d'aimer, je cesse d'être aimée.
Aimée ? a qu'ai-je dit, j'apprens par les effets,
Que tu feignis toujours ; & ne m'aimas jamais :
Ingrat pour t'excuser que pourrois-tu répondre ?
Un reproche si doux a droit de te confondre.
Pour te justifier tu ne t'empresses plus,
Tu reconnois ton crime, & tu restes confus.

CARLOS.
Cette confusion qui dans mes yeux s'exprime,
Vient de votre injustice, & non pas de mon crime.

ISABELLE.
Deffends-toi, qu'ai-je dit que tu puisses nier ?

CARLOS.
Vous m'avez deffendu de me justifier ;
De mes discours encor vous seriez offencée.

ISABELLE.
Non, non, parlez Carlos ma colere est passée ;
Fussiez-vous inconstant, m'eussiez-vous pu trahir,
Je pourrai bien me plaindre, & non pas vous haïr,

V 4

Et quelque changement, que vous faſſiez paroître,
Vous ſerez excuſé, ſi vous le voulez être.
CARLOS. *
Deſſus vos belles mains pour cet aveu charmant,
Que j'xprime ma joie & mon reſſentiment.

* *Il lui baiſe la main.*

SCENE II.

ALPHONCE, ISABELLE, CARLOS.

ALPHONCE.

Que voi-je ?
CARLOS.
Vos ſoupçons me font un tort extrême.
ISABELLE.
Mes ſoupçons à Carlos font ſavoir que je l'aime.
ALPHONCE.
Vous l'aimez.
ISABELLE.
Dieu, qu'entens-je ?
CARLOS.
O ſort trop inhumain.
ISABELLE.
Il faut me diſpoſer à mourir de ſa main :
Mon Pere.
ALPHONCE.
Indigne objet de ma juſte colere,
Je ſuis ton ennemi, je ne ſuis plus ton Pere.
Quoi perdant à la fois l'honneur & la raiſon,

TRAGI-COMEDIE.

Tu viens chercher Carlos de nuit en sa Maison ;
Et méprisant le Cloître, où je t'ai destinée,
A de lâches Amours tu t'es abandonnée.

ISABELLE.
De grace écoutés-moi, faites-vous cet effort,
Me refuserez-vous ?

ALPHONCE.
Oui, tout hormis la mort.

CARLOS.
Souffrez que l'équité par ma bouche s'exprime,
Je suis seul criminel si sa flâme est un crime.
Oüi ! si c'est un forfait, daignez vous souvenir
Qu'c'est moi, qui le cause & qu'on doit seul punir :
Sans être plus humain, soiez plus équitable ;
Conservez l'innocente, & perdez le coupable.

ISABELLE.
Non, soiez contre moi seulement animé,
Si c'est crime qu'aimer, c'est vertu qu'être aimé :
Tout ce que pour Carlos je ressens de tendresse,
Témoigne son merite, & fait voir ma foiblesse ;
Et si ma passion est digne du trépas.
Je suis seule coupable, & Carlos ne l'est pas.

ALPHONCE.
Tu mourras donc perfide.

CARLOS.
Ah ! perdés cette envie.

ALPHONCE.
Carlos avec l'honneur ôtés-moi donc la vie :
Pour assurer son crime il le faut achever.
Et si l'on ne me perd, on ne la peut sauver :
Ma mort peut seulement empêcher son supplice,
Et s'il faut que je vive, il faut qu'elle perisse.

CARLOS
Ne craignés rien de moi, j'ai du respect pour vous ;
Et puis que je n'ai pû calmer votre courroux,
Loin de combattre encor cette fureur cruelle,
Je ne vous presse plus que de perdre Isabelle.

T 5

ISABELLE.

Quoi vous pressez ma perte! ah c'est dans ce moment
Que je puis du destin me plaindre justement :
Je me plains de vous voir avec tant d'injustice,
Etre plutôt mon juge ici que mon complice.
J'allois mourir, Carlos, & mon sort m'étoit doux,
Quand je songeois qu'au moins j'allois mourir pour vous ;
Mais je ne croiois pas que dans cette avanture,
L'Amour dût me trahir ainsi que la Nature ;
Et qu'enfin je ne dûsse entrer au monument,
Que par le coup d'un Pere, & l'arrêt d'un Amant.

CARLOS.

Madame, je n'ai dit que ce que j'ai dû dire.
Oui, Seigneur, puis qu'il faut que votre fille expire,
Et qu'en vain je voudrois empêcher son trépas :
Contentez-vous, frappez, mais ne vous trompez pas,
Portez ici vos coups, c'est-là qu'est Isabelle ;
C'est-là qu'elle est amante, & qu'elle est criminelle.
C'est-là pour la punir, qu'il la faut attaquer,
En me perçant le cœur on ne la peut manquer.

ISABELLE.

Ah ne le croiez pas! tournez ici vos armes.

ALPHONSE à part.

Prêt à verser mon sang, je sens couler mes larmes ;
Ma colere s'éteint, & par un prompt effet
Je reste seul vaincu du combat, qu'ils ont fait.
Feignons encor pourtant. Carlos, votre artifice,
Pour bien peu de momens retarde son supplice ;
Mais sur ce qui m'ameine ôtez-moi de souci,
Dites-moi si mon fils n'est point encore ici :
S'il se trouve en ces lieux sa mort n'est que trop sûre.

CARLOS.

Il n'est point en ces lieux, & je vous en assure.

ALPHONSE.

Je n'en veux point douter, puis que vous l'assurez.

SCENE III.

FABRICE, ALPHONCE, CLIMENE, CARLOS, ISABELLE.

FABRICE.

ENfin des mains du Duc nous sommes délivrez.
ALPHONSE.
O Ciel ! est-il possible ?
FABRICE.
Ah ! funeste cette rencontre.
ALPHONSE à Carlos.
Quoi Fabrice à mes yeux encor ici se montre ?
J'avois à vos discours donné trop de crédit.
CARLOS.
Il n'étoit point ici lors que je vous l'ai dit.
ALPHONSE.
O toi fils aveuglé, par quelle ingratitude,
Fondes-tu tes plaisirs sur mon inquiétude ;
Qui te fait mépriser les volontez d'un Pere,
A qui tu sais, ingrat, que ta vie est si chere ;
Et pourquoi violant toute sorte de droits,
Fais-tu si peu d'état du jour, que tu me dois ?
FABRICE.
Le soin de mon salut vous donne trop de peine,
J'aime le jour, Seigneur ; mais bien moins que Climene.
ALPHONSE.
Je t'avois commandé de quitter ce sejour.
FABRICE.
J'en avois un autre ordre.

V 6

ALPHONCE.
Et de qui ?
FABRICE.
De l'Amour.
ALPHONCE.
L'Amour ne fait les loix, que pour qui veut en prendre,
Et la raison alors te le devoit deffendre.
FABRICE.
Ah Seigneur, la raison m'avoit abandonné,
Et pour pouvoir partir j'étois trop enchaîné.
ALPHONCE.
Peux-tu rester sans honte auprés d'une infidelle ?
FABRICE.
Ma Climene est constante autant comme elle est belle:
D'un injuste soupçon j'avois l'esprit frappé,
Elle est prête à me suivre, ie suis détrompé.
ALPHONCE.
A te suivre ?
CLIMENE.
Oui, Seigneur, je m'y suis engagée:
Si son sort est changé, je ne suis point changée.
ALPHONCE.
J'avois toujours douté jusques à ce moment,
Qu'une femme jamais pût aimer constamment ;
Mais si dans votre amour quelque raison vous reste,
Hâtés-vous de sortir de ce païs funeste.

FABRICE.
I' n'est rien, qui demain puisse arrêter nos pas,
Seigneur, je vous le jure.
CARLOS.
Ami, n'en jurez pas.
FABRICE.
Si vous ne le croiez, votre erreur est extréme.
Qui peut nous arrêter ?
CARLOS.
C'est peut-être moi-même.

TRAGI-COMEDIE.
FABRICE.
Vous ?
CARLOS.
Oui, soiez instruit d'un triste évenement
Qui doit être à tous deux funeste également.
Sachez qu'une infortune à nulle autre seconde,
M^{er} Climene en ma garde, & veut que j'en réponde:
J'en ai l'ordre du Duc; & pour dernier malheur,
J'ai cru prendre Climene, & j'ai pris votre Sœur.
ISABELLE.
Quoi; c'est donc le sujet, qui tantôt a fait naître
Le trouble que d'abord vous avez fait paroître.
CARLOS.
Avec peu de raison vous en avez douté;
Mais connoissez ma peine en cette extrêmité;
Si Climene s'enfuit, il faudra qu'au lieu d'elle,
Aux passions du Duc j'abandonne Isabelle.
Je l'aime, il n'est plus tems de vous rien déguiser,
Jugez en ce péril si je dois l'exposer?
FABRICE.
Notre malheur est grand.
ALPHONCE.
Bien moins qu'il ne nous semble;
Pour ne craindre plus rien, partez tous quatre ensemble:
Le Duc à s'appaiser après sera réduit.
CARLOS.
Ce moien est fort sûr; mais d'où provient ce bruit?

SCENE IV.

CELIN, ALPHONCE, CARLOS, FABRICE, CLIMENE, ISABELLE.

CELIN à Carlos.

Plusieurs hommes, Seigneur, armez de hallebardes,
Desirent vous parler.
CARLOS.
C'est le Duc & ses Gardes;
Leur dessein me surprend.
ALPHONSE.
Tout mon espoir se pert,
Carlos, assurément mon fils est découvert.
CARLOS.
Nous serons sur ce point éclaircis tout à l'heure.
Que sans clarté Fabrice en cet endroit demeure;
Et s'il se peut douter qu'on le vienne chercher,
Derriere ce faux mur il pourra se cacher. †
Vous voiez comme il tourne : avant sa mort mon
  pere,
Craignant ses ennemis en secret le fit faire,
Et je sai qu'il n'est point d'esprit assez adroit
Pour pouvoir découvrir Fabrice en cet endroit.
ALPHONSE.
Fais-toi ce peu d'effort pour assurer ta vie,
Ton pere t'en conjure.

† *Il leur montre un mur qu'on tourne sur un fer pointu.*

TRAGI-COMEDIE.

CLIMENE.
  Et Climene t'en prie.
FABRICE.
J'obéïs comme fils ; j'obéïs comme amant.
CARLOS.
Cessons de discourir & sortons promptement.
FABRICE *seul.*
Ciel ! faut-il que toujours & je craigne & j'espere,
Et qu'un amour si juste ait le sort si contraire ?
Le Duc aime, on l'abhorre ; & je reconnois bien
Que je dois craindre tout de qui n'espere rien ;
Et que sur toute chose il est dangereux d'être
Concurrent de son Prince, & rival de son Maître,
Mais quoi ! n'entens-je pas ici quelqu'un marcher,
Qui témoigne de moi se vouloir approcher.

SCENE V.
LE DUC, FABRICE.

LE DUC seul.

Aprés avoir passé par une étroite route,
J'entre en un lieu plus grand, & ne sors point de doute,
Mon espoir se confond & n'a point de clartez
Qui puissent m'éclaircir dans les obscuritez !
Suis-je entre les mortels ! Suis-je au creux de quelque autre !
Suis-je encor sur la terre, ou suis-je dans son centre ?
Fabrice massacré s'offre à mon souvenir,
Le Ciel de son trépas me voudroit-il punir ?
J'ois du bruit, qui va là ?

FABRICE.

C'est Fabrice.

LE DUC.

Fabrice !
Quoi, son Fantôme ici paroît pour mon supplice,
Et pour être puni des maux qu'il a soufferts,
Je suis donc descendu tout vivant aux enfers ?

FABRICE.

J'entends la voix du Duc qui m'est assez connuë,
Je n'en douterai plus pour peu qu'il continuë.
Seigneur Duc, c'est donc vous ?

TRAGI-COMEDIE.

LE DUC.

                  Tu ne t'abuses pas,
Oui, Fabrice, je suis l'auteur de ton trépas :
Je ne te dirai rien pour me sauver la vie,
Tu peux l'ôter sans crime à qui te l'a ravie.
Tout l'effroi qui me reste en un si triste sort,
Ne vient que de mon crime & non pas de ma mort ;
Et si dans ce moment quelque douleur m'accable,
Ce n'est pas de mourir, mais de mourir coupable.

FABRICE à part.

Il me croit toûjours mort, profitons de l'erreur.
Duc, vous avez sujet de craindre ma fureur,
Votre sort maintenant se trouve en ma puissance,
Rien ne vous peut soustraire au cours de ma vengeance,
Je puis sacrifier tout votre sang au mien,
Mais vous êtes mon Prince, & je n'en ferai rien ;
J'abhorre l'injustice, & malgré ma colere,
Seigneur, j'aime encor mieux la souffrir que la faire.

LE DUC.

Plus ton respect pour moi se fait encore voir,
Plus ta perte est injuste, & plus mon crime est noir ;
Mon forfait en devient doublement condamnable ;
Et moins tu me punis plus je suis punissable.
Mais si ton ombre encor prétend me respecter,
Qui t'oblige en tous lieux à me persecuter ?
D'où vient que tu me fais des faveurs imparfaites ?
Pourquoi me poursuis-tu ? qu'est-ce que tu souhaites ?

FABRICE.

Puisque vous l'ordonnez, Seigneur, je vai parler.
Sachez, s'il m'est permis de ne vous rien celer,
Que vous ne sauriez voir la fin de cette peine,

Que vous n'aiez devant cessé d'aimer Climene.
LE DUC.
Cessé d'aimer Climene ? ah ! c'est trop presumer,
Je puis cesser de vivre, & non pas de l'aimer:
Pour rendre de tes vœux le succés infaillible,
Tu devois souhaiter une chose possible ;
Mais je t'abuserois si je t'avois flâté
De l'espoir de cesser d'aimer cette beauté.
FABRICE.
C'est aimer en Tyran, que d'aimer de la sorte.
LE DUC.
Oui, oui, j'aime en tyran, je le sai, mais n'importe,
Sache aussi que l'amour, qui me donne la loi,
Est encore un tyran plus aveugle que moi :
Pour me forcer d'aimer cette ingrate Maîtresse,
Il n'a que trop de force, & moi trop de foiblesse ;
Et je puis seulement te donner quelque espoir,
Non de ne l'aimer plus ; mais de ne la plus voir.

FABRICE.
Qui peut perdre l'objet peut perdre aussi la flame,
Ce que l'on ôte aux yeux s'ôte aisément de l'ame,
De notre volonté l'amour tient son pouvoir,
Et pour cesser d'aimer on n'a qu'à le vouloir :
Pour perdre tous vos feux, perdez toute esperance,
Et cedez pour jamais Climene à ma constance.

LE DUC.
Mais toi que prétends-tu si je fais cet effort ?

FABRICE.
L'épouser.
LE DUC.
L'épouser ? quoi ? tu n'es donc pas mort ?
FABRICE *à part.*
Qu'ai-je dit ?

LE DUC.

Des vivans tu dois être du nombre,
Qui peut cherir un corps ne sauroit être une ombre,
Parle, & croi que ta mort m'a coûté des regrets.

FABRICE à part.

Il feint pour me connoître, & pour me perdre aprés.

LE DUC.

Je ne dis mot ? cherchons ; mais de peur qu'il ne sorte,
Il est plus à propos de garder cette porte,
Pour savoir où je suis il faut faire du bruit.
Hola quelqu'un à moi.

FABRICE.

Ciel ! où suis-je réduit ?
Avant que l'on nous apporte la lumiere,
Avançons vers ce mur, & nous cachons derriere.

LE DUC.

Nous sortirons d'erreur, voici de la clarté,
Qui pourra m'éclaircir de ce dont j'ai douté ?

SCENE VI.

LE DUC, CARLOS, ALPHONCE, VALERE, CLIMENE, ISABELLE, Gardes.

CLIMENE.

Voions-nous pas le Duc ?
LE DUC.
Voi-je encor ma Maîtresse ?
VALERE.
Ah, Seigneur ! en tous lieux nous cherchons votre Altesse.
LE DUC.
Est-ce un enchantement, où suis-je ?
CARLOS.
En mon logis.
LE DUC.
Mais qu'est-il devenu ?
ALPHONCE.
Qui, Seigneur ?
LE DUC.
Votre fils.
ALPHONCE.
Mon fils n'est plus, Seigneur, votre Altesse s'abuse.
LE DUC.
Je viens de lui parler, ne cherchez point de ruse.
ALPHONCE.
Ce sont des visions,

TRAGI-COMEDIE.

LE DUC.
Ce sont des veritez,
Mais il n'a pû sortir, cherchons de tous côtez.

ALPHONCE parlant à Carlos.
Ah! Carlos, que je crains.

CARLOS s'adressant à Alphonce.
Ne craignez rien, vous dis-je.

VALERE.
Seigneur, je n'ai rien vû.

LE DUC.
Ciel, quel nouveau prodige;
Jugez si j'ai raison de me croire enchanté :
Je sortois du jardin, où j'étois seul resté,
Croiant voir devant moi le spectre de Fabrice,
Lors que je suis tombé dedans un précipice ;
Et passant par des lieux que je ne connois pas,
J'ai porté jusqu'ici mon erreur & mes pas ;
Où pour combler d'effroi mon ame épouvantée,
Son Ombre devant moi s'est encor presentée,
Qui m'a parlé long-tems pour me persuader
De n'aimer plus Climene, & de la lui ceder.
Ce discours qui m'a mis en quelque inquietude,
M'a donné de son sort beaucoup d'incertitude :
J'ai douté qu'il fut mort, mais surpris & confus,
J'apprends de ce succés qu'il faut n'en douter plus.
Plût au Ciel que sa mort ne fut point veritable,
Je serois délivré du remords qui m'accable ;
Je lui ferois justice, & perdant tous mes feux,
Je me rendrois content en le rendant heureux.

ALPHONCE.
La generosité n'est pas grande de plaindre,
L'ennemi qu'on opprime, & qui n'est plus à craindre :
Vous croiez mon fils mort, & le plaignez en vain,
Mais s'il étoit vivant vous seriez moins humain.

LE DUC.
Je tiendrois ma parole, Alphonce je vous jure,
Par le Ciel, par Climene, & toute la nature.

www.ingramcontent.com/pod-product-compliance
Lightning Source LLC
Chambersburg PA
CBHW060239230426
43664CB00011B/1702